U0087999

劉伯溫與哪吒城

逖堂題

東大圖書公司

北京首都國際機場之「哪吒鬧海圖」（張仃繪圖）

（作者拍攝）

明「北京城宮殿圖」（現存最早的北京城宮殿圖）
（繪者朱邦，嘉靖末年製作。北京圖書館藏萬曆木刻墨印。）

「皇都積勝圖」（描寫嘉靖萬曆間北京正陽門一帶的城垣街景）

（繪者佚名，明末製作。北京中國歷史博物館館藏。）

風　物

一、舊北京城風貌

（清末至民國抗戰前攝影）

外城牆的西北角

（Siren, *Wall and Gates of Peking* 附圖。）

內城與外城交接點及東南角樓（同上）

德勝門箭樓與甕城殘垣（同上）

阜城門內外城與甕城（同上）

西便門甕城及箭樓 (Perckhammer, *Peking*, p.17.)

正陽門（前門）城樓（《舊都文物略》，〈城垣〉圖3。）

正陽門甕城全景（約 1900 年前後）
（《明清北京城圖》，頁 111。已故鄧之誠教授原藏。）

崇文門
(Perckhammer, *Peking*, p.7.)

東便門角樓（《舊都文物略》,〈城垣〉圖 5。）

紫禁城（故宮）全景（同上，〈宮殿〉圖6。）

紫禁城（故宮）角樓（同上，〈城垣〉圖10。）

神武門——紫禁城北門（同上，〈宮殿〉圖15。）

午門、筒子河 (Bredon, *Peking*, p.82.)

中華門（明之大明門，清之大清門，民國元年更名，1950 年代拆除。）

天安門

外城永定門甕城及箭樓

二、今日北京城風貌

正陽門城樓（謝閔聰拍攝）

正陽門箭樓（謝敏聰拍攝）

德勝門箭樓（謝敏聰拍攝）

復原後的西便門（謝敏聰拍攝）

故宮全景——可見中軸線中部（謝敏聰拍攝）

天安門廣場（謝敏聰拍攝）

神武門（謝敏聰拍攝）

午門──紫禁城正門（謝敏聰拍攝）

太和殿及太和殿廣場（謝敏聰拍攝）

太和殿前銅獅（謝敏聰拍攝）

景山綺望樓（前）
及萬春亭（後中）
（謝敏聰拍攝）

景山壽皇殿（謝敏聰拍攝）

北海瓊華島（謝敏聰拍攝）

北海九龍壁
（謝敏聰拍攝）

中南海（《俯瞰北京》，圖4。）

什剎海、
鐘樓、鼓樓
（謝敏聰拍攝）

天壇祈年殿（謝敏聰拍攝）

人　像

元世祖忽必烈汗像

（清宮南薰殿歷代帝王像之一，
見《故宮週刊》第 140 期，
1934/5/11。）

明太祖高皇帝像

（同左，第 152 期，1932/6/22。）

明太宗文皇帝（成祖永樂帝）像

（同上，第 133 期，1932/4/16。）

劉秉忠（釋子聰）像

《三才圖會》，〈人物〉卷8，頁5上。）

劉基（伯溫）像
（《誠意伯劉文成公文集》卷首，
《四部叢刊》本。）

《英烈傳》中之劉伯溫
（《雲合奇縱》插圖，萬曆四十四年序刊。）

27

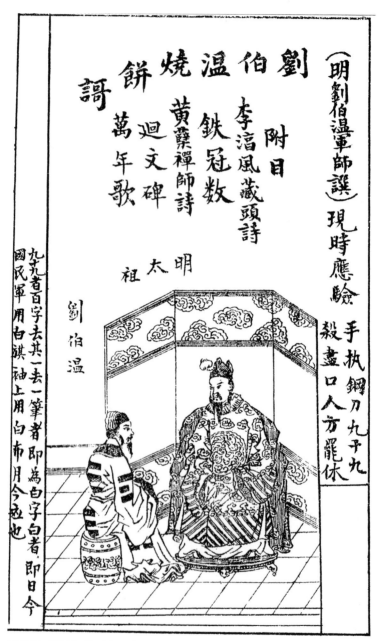

劉伯溫《燒餅歌》封面（昭和初年東京合群書社刊行）

姚廣孝（釋道衍）像
（見《故宮週刊》第 102 期，
1931/9/19。）

鐵冠道人張中

鐵冠道人張中像
（《晚笑堂畫傳》，頁 175。）

元明所傳那吒太子像

（《繪圖三教源流搜神大全》卷 7，頁 13 上，宣統元年刊。）

紅孩兒

《西遊記》之哪吒太子像
（《新說西遊記》插圖，光緒年間刻。）

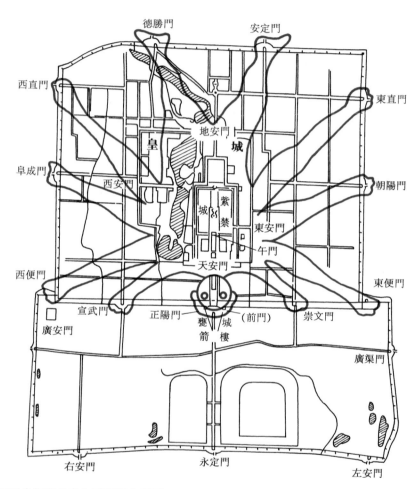

哪吒身軀與北京內城相應會意圖

（據 Arlington/Lewisohn, *In Search of Old Peking*, p.338, 與黃先登：《北平的傳
說》，頁 40 繪製。）

修訂二版説明

　　本書作者陳學霖教授為知名美籍華裔歷史學家，對宋、金、元、明史事均有所論，學術成就備受中外學者推崇。陳教授撰寫《劉伯溫與哪吒城：北京建城的傳說》一書，動機源起於民初以來北京人流傳著一個神怪荒誕的故事：據說北京城是劉伯溫與姚廣孝競賽，依照哪吒太子的模樣畫圖建造的！為了解開這個謎團，陳教授長期投入對北京城建置的研究，並輔以實地踏查，期望能釐清這個故事的來龍去脈。

　　全書以學術專著的規格詳細論證，用字遣詞樸實流暢，不時穿插徵引民間傳說故事，使通篇內容精采生動，實為一本兼具故事性、趣味性及知識性的通俗作品，也為歷史與民俗研究另闢蹊徑。

　　此次再版，編輯部除校正內容務求精確外，並重新繪製圖表、設計版面，且於書末附錄附上作者蒐羅引用的傳說故事，希冀能提供讀者更舒適的閱讀體驗，誠摯期盼此作品繼續流傳，以饗讀者。

編輯部謹識

Résumé

From the beginning of the Republican era in China, the residents of Peking have been enchanted by a bizarre popular legend about the building of their city. The legend holds that the city was designed by two much─mythologized early Ming imperial advisers Liu Po-wen (Liu Chi, 1311∼75) and Yao Kuang-hsiao (Monk Tao-yen, 1335∼ 1418). Liu and Yao are said to have vied for credit in the planning of the city by basing its layout on a scheme of the body of the Buddhist child deity No-cha (Nata), who appeared miraculously in an apparition. In the Tantric tradition, No-cha had three heads, six or eight arms, and two feet and was a guardian of imperial cities and a exorcist of the dragon lord who controlled all water resources.

The legend has enjoyed wide popularity and has been the inspiration for many folktales. It is, however, utterly fanciful. Peking was built during the reign of the Yung-lo Emperor (r. 1402∼25), many years after the demise of Liu Po-wen; Yao Kuang-hsiao engaged in no city planning; and although No-cha was a popular hero in the Buddhist tradition, he could hardly have made a contribution. How and why did this legend originate, what are its historical roots, how has it evolved over the centuries, and why has it continued to capture the imagination of the residents of Peking? The author, who has long studied Liu Po-wen and the early Ming dynasty, meticulously analyzes the rich and variegated historical, literary, religlous, and folkloric sources and offers his results in a lucid and fascinating narrative, which will hold both scholars and general readers spellbound. An English adaptation is being planned.

柳　序

　　學霖先生千里迢迢地從遠方把他的大稿《劉伯溫與哪吒城——北京建城的傳說》託人帶來教我閱讀，並且為這書寫一篇序文，這在我是一件極光榮的，樂意做的事情。學霖先生是史學家，像他的這一部大著，照傳統的中國書籍分類習慣，大概是歸入史部地理類的，在性質上和一些紀風土的著作很相近，所以也並不曾離開史家的領域範圍。正像已故的陳援庵先生（垣）撰文研究北京西長安街雙塔寺的海雲碑，那篇碑文也關涉元代開國的史料和海雲和尚的個人事蹟，學霖先生的這部大著，既提到元代的大都，也詳論及明代的北京，它也涉及到元初的劉秉忠，元末明初的劉伯溫（基）和明初的姚廣孝（僧道衍）這些風雲人物。雖然這麼說，我看學霖先生的這部大著，也仍和許多史部地理類的其他著作，有很大的差別。老實說，我覺得像他這部書的寫法，是打破了傳統的史學書的樊籬，而為它注入了新的活生生的養料的，那就是說，它是用了史學的架構，去發掘民俗學、人類學和社會學的新園地的。既說民俗，當然宗教也包括在內。它雖然不曾離開史學的大前提，但是它和普通的史學論文很不一樣，它實際是要把史學多和旁的有血緣的學問接筍，開創新的途徑，因而纔擴大了研究的內容。

　　佛教密宗裡的神毘沙門天王 (Vaiśravaṇa) 和他的第三個兒子哪吒 (Nalakūvara) 在宗教裡是兩個顯赫人物，在中國的小說和戲

劇裡，他們早已華化了成為托塔天王李靖和哪吒，也已是婦孺皆
知的了。哪吒在小說裡是三頭六臂，他有時候也有八臂哪吒之稱，
但是說他曾經用法力幫助劉伯溫和姚廣孝為明成祖建造北京城，
一切的皇城佈置，都是照著他的身體各部分的形象安排的，卻只
是一段元、明以來記錄絕少（不是沒有）的民間傳說故事。我們
讀歷史的人都知道劉伯溫和姚廣孝是明初不同時候活動的人，劉
基在明太祖洪武八年 (1375) 就死了，這個年分遠在建文元年
(1399) 成祖起兵「靖難」之前二十多年，更不要提有機會替他重
建北京城的後事了。姚廣孝卻是真正幫助成祖，策畫起兵造反成
功的人，當時的相士袁珙曾把他比做元代初年忽必烈下面的謀士
劉秉忠，他也是個和尚。民間的傳說不但把不同時的劉伯溫和姚
廣孝拴在一起，還說伯溫是劉秉忠的孫子，而事實上秉忠又是參
與元初建造大都的人。這樣不同背景的人，就在民間熱鬧的傳說
中被安排在一起了。這當然不是歷史，甚至還不是說來頭頭是道
的平話小說。然而它卻真實地反映了民間老百姓愛聽愛說的東西，
也確切地反映出文化低層次的知識和心理。

　　像這樣的原始、粗糙、荒誕不經的故事，史部地理類收納的
是不多的。北魏楊衒之的《洛陽伽藍記》這部書，《四庫提要》是
收在地理類的，雖然其中的許多故事多以佛教的為背景，然而也
有更是民間的，如卷四「城西」有云：

　　　　阜財里內有開善寺，京兆人韋英宅也。英早卒，其妻梁氏
　　　不治喪而嫁，更納河內人向子集為夫。雖云改嫁，仍居英

宅。英聞梁氏嫁，白日來歸，乘馬，將數人至於庭前，呼曰：「阿梁！卿忘我也！」子集驚怖，張弓射之，應弦而倒，即變為桃人；所騎之馬，亦變為茅馬；從者數人，盡變為蒲人。梁氏惶懼，捨宅為寺。

南陽人侯慶有銅像一軀，可高尺餘。慶有牛一頭，擬貨為金色，遇急事，遂以牛他用之。經二年，慶妻馬氏忽夢此像謂之曰：「卿夫負我金色，久而不償。今取卿兒醜多，以償金色馬。」悟覺心不遑安。至曉，醜多得病而亡。慶年五十，唯有一子。悲哀之聲，感於行路。醜多亡日，像忽自有金色，光照四鄰。一里之內，咸聞香氣。僧俗長幼皆來觀睹。尚書右僕射元順聞里內頗有怪異，遂改阜財為齊諧里也。

這兩段故事在原文裡是毗連的，因為它們都和阜財里有關係。後面一段無疑地是弘揚佛教的，但前面的故事卻更像是本土的關係。韋英白晝現形，《左傳》昭公七年記的「或夢伯有介而行」說來有點相似，《墨子‧明鬼》下篇「杜伯乘白馬素車……挾朱矢追周宣王射之車上」就是「實事」了。晚唐著《酉陽雜俎》的段成式，他的這部「多詭怪不經之談，荒渺無稽之物」的書是《四庫提要》收入小說類的。段柯古裒集的材料，雖然不經，卻和我們這裡說的哪吒城這種記載的荒誕性質很相近，可以說是一類的東西。清初大詩人王漁洋（士禎）的《香祖筆記》卷六說：

> 古今傳記……誕謾不經,然未有如《諾皋記》之妄者。一
> 事尤可捧腹,云:「天翁姓張名堅,字刺渴,漁陽人。少不
> 羈,嘗羅得一白雀,愛而養之。夢天劉翁責怒,每欲殺之,
> 白雀輒以報堅,堅設諸方待之,終莫能害。天翁遂下觀之,
> 堅盛設賓主,乃竊乘天翁車,騎白龍,振策登天,天翁追
> 之不及。堅既到天宮,易百官,杜塞北門,封白雀為上卿。
> 劉翁失治,徘徊五嶽作災。堅患之,以劉翁為太山太守,
> 主生死之籍。」鄙倍至此,不可以欺三歲小兒,而公然筆
> 之於書,豈病狂耶?段柯古唐之文人,何至乃爾!

王漁洋生當我們三百多年前,他的不能欣賞今日研究民俗人類學
要視為奇珍瑰寶的材料,是不足怪的。老實說段柯古何止是「唐
之文人」,他的父親段文昌數任節度使大官,《舊唐書》說他「研
精苦學,祕閣書籍披閱皆通」,大概不是溢美的話。在 1930 年代
楊憲益先生寫文章,曾發現《酉陽雜俎·支諾皋》裡有歐洲著名
的灰姑娘 (Cinderella) 的故事,《雜俎》裡所敘「古龜茲國王阿主
兒者,有神異力,能降伏毒龍」,又是西方尼別龍 (Nibelung) 故事
的根源。其實,照民俗學的詮說,這些同類的故事普通的分布,
有時候是因為同樣的心理狀態往往會產生同樣的行為,那些看似
荒謬的故事、神話,其實還是較後的開化了的民族的許多禮俗、
儀式的根據。清康熙間的劉獻廷在《廣陽雜記》卷二告訴他的朋
友韓圖麟說過:「戲文小說乃明王轉移世界之大樞機,……今更悟
得卜筮祠祀為《易》、《禮》之原,」這纔是明智通達有見識的話。

　　像上面引的這些材料，值得研究和保存是不待言的。然而因為古人有這種開明的見解的人不多，材料的湮沒損失就十分值得惋惜了。例如明末有無名氏撰《如夢錄》一卷，記敘當時開封繁盛的情況，大可以和《東京夢華錄》競爽了。這書被人鄭重地保存了兩百多年，只有鈔本，到清咸豐二年 (1852) 纔刻印，作序的常茂徠卻以為原書太俗，說：

> 《錄》中語多鄙俚，類皆委巷秕稗小說，荒誕無稽，為文人學士所吐棄，如言：繁塔為龍撮去半截，吹臺是一婦人手帕包土一拋所成，北關關王赴臨阜集買泥馬，相國寺大門下金剛被咬臍郎縕死臂膊上，唬金剛黑夜逃出北門，諸如此類僂指難數，實堪捧腹。

所以這些材料都在付刻的時候不幸被像他那樣的印書的雅人一刀刪除了！學霖教授用史學家的眼光來處理哪吒城研究的題材，是為史學界的人士多開了一頭窗，這對研究歷史，或是民俗學，或是廣義的人類學，都是裨益很大的。我希望這一部好書的出版，會鼓舞起學術界人們更大的興趣，更進一步了解雅和俗雖然不是漫無界說，但俗的東西其實另有一種更高更深的雅趣，如果我們能夠打通樊籬的局限。

　　　　　　　　　　1994 年 5 月，柳存仁敬序於澳洲坎培拉

緣起——自序

今日北京首都國際機場內裡的嘉賓餐廳，大堂的盡頭粉飾著一幅偌大長方形的壁畫，描述一個玄怪的神話故事，七彩繽紛，豔麗照人，很容易吸引往來穿梭的旅客。這幅畫以北京城作背景，上端有一座雄偉的五牌坊，底下左右角亙著一座不同形狀的雲山，每邊的天空各有一個赤著身、只在肚腹上圍著紅綾的小孩兒駕御著一條在騰躍的飛龍，其下左右各有三座彩色的旌旗，屹立在洶湧的波濤上飄揚。中央是一個鑲著紅光的大圓圈，內裡有一個從滴溜溜、圓轉如輪的五彩肉球走出來同一模相的孩兒。他頭上梳著兩個小抓髻，面如傅粉，唇似塗硃，金光射目，肚腹上圍著塊紅綾，露腿赤足，左手挽著一個金環，右手扣著一條紅綢，每邊足踝都套著一個金鐲，圍繞前後呼擁的又是幾條騰躍的飛龍。

這幅壁畫標題「哪吒鬧海」，繪者是北京名畫家張仃。稍知掌故的，都曉得哪吒便是小說傳聞上「托塔天王」李靖的第三太子，俗稱紅孩兒，據說北京城是仿照這孩子的身軀畫圖樣建造的。所以，這幅畫的主題，就是北京家喻戶曉的、大明軍師劉伯溫製造「八臂哪吒城」的故事。然而，這個故事是否出自談天說地的齊東野語，編織虛構，或是別有來歷，另有典故，可以從史籍文獻探賾索隱？這個在現代北京膾炙人口的故事，雖然經過許多媒介傳播迢遞，有幾種參差的版本，但到目前為止，仍未有專書或論文考究它的來龍去脈。這本小書，就是為要打開這個謎團而作。

　　凡是寫一篇文章、專書，去鑽研某個問題，總有一點動機，而動機的誕生，不免有些因緣湊合。我寫這本書，倒不是由於看到這幅「哪吒鬧海」的畫觸動靈感，因為故事極端錯綜複雜，千頭萬緒，若果沒有特殊機遇，就算百折不撓去追索探究，周咨博訪，亦未必能尋獲軌跡，辨析原委。我寫這本書，從孕育、構思，到找資料，以至斷斷續續的著筆，經過悠長的二十多個寒暑，是因為有一段因緣際會，現在趁殺青之日作一交代，並聊述個人研讀國史的心路歷程。

　　我原籍廣東新會，生長於香港，中學及大學都在洋學堂度過，後來赴美國負笈研究院，畢業後執教彼邦，至 1980 年，已到不惑之年始有機會躬履北京故都。在這樣的情況下，實在很難會沾上這一個題目，沈迷其間二十多載探幽尋祕，終於寫成這本理應是寓居燕都，深諳京華掌故的學者或文化界人士所寫的書。我有此機緣，是因為在普林斯頓大學深造史學，選擇博士論文題目時，決定以明太祖的輔弼劉基（伯溫）為對象，特別是探討他在小說稗聞和民間信仰的神化過程。由於要研究劉基形象的演變——如何從一位勳名蓋世的明太祖佐命功臣，輾轉蛻變為通曉天文曆數、逆知未來，撰作《燒餅歌》預言書的神祕人物就要探索他的各種傳說，因此，務須解決這個劉伯溫製造北京城的故事之來歷。

　　在孩提時代，我已從長輩及鄰里聽到中國古代有位大名鼎鼎，神祕莫測的預言家劉伯溫，但對這位叱吒風雲的超凡人物之事蹟，卻茫無所知。直至 1958 年進入香港大學，上故羅師元一（香林）教授的中國通史課，才曉得他就是大明皇帝太祖朱元璋的帷幄謀

臣、神算軍師劉基，浙江青田人士，伯溫是他的字，但在民間社會裡，一向以劉伯溫之名傳世。後來選讀《明史》，對劉基的勳業有更多的認識，但對他為何演變成神化的傳奇人物卻大惑不解。不過，當日年少旁騖，不屑侷於一史，對於魏晉六朝、宋金元以至近代史都感興趣，撰作過關於《金史》的纂修及史源，和中國首名留美學生容閎的年譜等論文，並未有投入鑽研劉伯溫的問題。大學畢業後，進入現為香港中文大學成員之一的崇基書院當歷史助教，兼在港大攻讀碩士學位，最初預備隨饒宗頤教授研究金朝元好問的文史之學，但後來為了配合教學需要改選北朝史為論文的範圍，暫時擱置其他的研究。

　　1963 年秋，我獲得普林斯頓大學研究院獎學金，到該校歷史系攻讀博士學位，但意想不到同時與劉伯溫結下不解之緣。第一學年，除卻修讀幾門外國史和社會政治學理論，選了牟復禮 (Frederick W. Mote) 教授的「中國近代革命史」（上學期）和「中國文化史專題」（下學期）。牟師早歲遊學華夏，取得金陵（今南京）大學文學士，學術湛深，識見淵博，是一位知名的漢學家。他曾師淑明史大師王崇武，因此在獲悉我對劉基有認識，便鼓勵我深造明史。上學期過後，牟師了解我的程度，不需上課，著我專注寫一篇學術報告。當時便跟從他的建議，去探討元朝忽必烈的漢人輔佐、釋道兼資的劉秉忠（僧子聰）的功業，作為研究劉基進階之門。這個建議洞燭精微，因為二者不但事業相垺，而且彼此都是風雲人物，兩者的傳說有些夾纏一起，互相影響，況且研究明初歷史需有元史的基礎。學年結束，寫成報告，辱承牟師

嘉許，推薦到在荷蘭萊登 (Leiden) 出版的盛名漢學學報 *T'oung Pao*（《通報》）發表，結果在 1967 年刊出。這篇論文不但誘導我繼續鑽研蒙元史，而且對日後的劉伯溫研究很有啟示，因為由此發現劉伯溫傳說發展的兩個關鍵，都來自劉秉忠，例如傳說稱劉伯溫是劉秉忠的孫兒，而北京「哪吒城」故事又濫觴於劉秉忠建造大都城的異聞。前者我在草創論文時已從閱讀《英烈傳》發現，但是後者卻要等待十年，到遠赴澳洲坎培拉 (Canberra)，參加由澳洲國立大學遠東史系羅依果 (Igor de Rachewiltz) 博士主持的「元人傳記計畫」，撰寫劉秉忠傳，重新檢讀資料時始知曉。

　　在普林斯頓的第二學年，由於牟師休假他往，我便修讀博士學位必須的其他外國史課目，和旁聽劉子健教授的「中國政制史」及「宋史專題」，使我拓展視野並獲得良師指導。同時，在學系的鼓勵和資助下，我每週乘車往紐約市哥倫比亞大學，參加由該校東亞研究系的明代思想史專家，狄別瑞 (Wm. Theodore de Bary) 教授所主持的「明代研究討論會」(Ming Studies Seminar)。這是每週一次的研究生集會，每次約三小時，題目包括政治制度、社會經濟、思想宗教、文學藝術等等，分別由哥大的中國研究教授和特約的國內外訪問學者主講。學員除卻哥大的本科生，還有數名就讀於毗鄰大學的研究生，濟濟一堂，談學論道，到會者深受其益。由此關係，我認識了哥大的名教授如狄別瑞、夏志清、蔣彝、唐德剛，及當時在該校主持「明人傳記計畫」(Ming Biographical Project) 的富路特 (L. Carrington Goodrich) 教授，和他的同事名學者房兆楹、杜聯喆夫婦，也結識了日本的明代思想專家岡田武夫、

酒井忠夫；還有，邂逅從前在香港見過面，但未有機會請益的澳
洲國立大學中文系柳存仁教授。以上諸位鴻儒，特別是富教授、
房氏伉儷、及柳教授對我的研究都很感興趣，熱情鼓勵和支持。
富教授隨約我撰寫劉基傳，數年後且邀請參加編纂工作，使我有
好幾年的機會潛心明史，至於柳教授對我的劉伯溫研究更亹勉有
加，這從他允肯為拙書作序見到。

　　1965 年春間，我通過博士學位初試，於是集中精力，全神貫
注撰寫論文，題目是：*Liu Chi (1311～75)：The Dual Image of a
Chinese Imperial Adviser* （《劉基：一個中國皇帝的謀士的雙重形
象》）。主旨是探討劉基在朝廷文書及士紳著作所表露的「官方形
象」(official image)，及如何蛻變成一個出現於小說稗聞、與前者
迥異的「民間形象」(popular image)，而貫串二者是考究正史的劉
基如何神化為傳說中的劉伯溫。普大擁有國際聞名的葛思德東方
書庫 (Gest Oriental Library)，庋藏漢籍善本及珍貴手稿甚多，內
裡恰巧有十來種署名劉基撰著的天文地理、曆算術數的書，而且
明清文集、筆記小說也佔相當數量。此外，哥大的東亞圖書館亦
藏有不少明清子集和近代漢學研究期刊，因此檢讀資料極為方便，
左右逢源，如魚得水。由於先前對明初史事已有粗略認識，論文
架構早在胸臆，所以一旦搜集到基本資料便動筆。一年下來，我
已擬好論文初稿，共五章，其中第四章考究劉基傳說的演進佔篇
幅最多，亦有若干新意，忝獲牟劉二教授的好評，認為對研究中
國人物及明代史事都有創見。

　　簡言之，這篇論文勾畫出劉基神化過程的階段。最初是當世

文人烘托誇大他的才智事業——始作俑者是為他撰述行狀的青田同鄉，成為傳說的基礎。到萬曆中葉，演開國事蹟的《英烈傳》面世，將他塑造成小說化的傳奇人物；在這裡，劉基被虛構為劉秉忠的孫子，又變成《三國演義》裡的諸葛亮——一位能呼風喚雨的道士和神算軍師。跟著坊間流傳不少嫁名於他的天文地理、曆算術數猥書，把他變得更神奇。到最後，由於反清復明的革命分子的煽動宣傳，劉伯溫進一步被神化為大預言家——遺下《燒餅歌》推測未來天下國家的命運。以上所言《英烈傳》對劉基神化的關鍵性，和剖析《燒餅歌》的來源——特別是它之脫胎於明初方外鐵冠道人張中的傳說，和最初的書名是《蒸餅歌》，都是新發現，使我感到興奮不已。但是對另一更玄異的傳說——劉伯溫製造北京城故事的來龍去脈，因為找不到線索，一籌莫展，無法交代。情急之下，唯有把習見的資料，如 E. T. C. Werner, *Myths and Legends of China*; L. C. Arlington and William Lewisohn, *In Search of Old Peking*，及金受申《北京的傳說》所收的口語敘述綜合作一介紹，並未試圖分析。這篇論文在 1966 年秋間通過口試，我於是便以劉伯溫研究取得普林斯頓大學的博士學位，跟著返港與翁健梅小姐訂婚，未幾，便應聘赴紐西蘭的奧克蘭大學 (University of Auckland) 出任亞洲史講席，開始漫長的教學生涯。

　　1967～1968 這兩年，我在奧克蘭大學講授中國通史及中國近代史專題，由於這些新設課程學生不多，教務輕鬆，亦無行政負荷，所以作息多暇。最初一年，便致力將論文部分改寫成兩篇單獨的文章，一篇論〈劉基的雙重形象所反映的歷史人物塑型〉，另

一篇談〈劉基在「英烈傳」中的小說化過程〉，分別刊於德國的《極東學誌》(*Oriens Extremus*, 15. 1, 1968)，和澳洲的《澳洲東方學會學報 (*Journal of the Oriental Society of Australia*, 5:1～2, 1967)。我沒有繼續修改論文成專書，主因是環境迥異，奧克蘭的漢文藏書貧乏，無法作深入的研究。所以第二年便改弦易轍，回復金史的探討，草成一本史學史論集，書名 *The Historiography of the Chin Dynasty (1115～1234): Three Studies* 《金朝史學研究三種》。這本書稿隨送到德國明興大學 (Universität München) 的傅海波 (Herbert Franke) 教授審閱，承他雅意，列為「明興東方學叢書」(Münchener Ostasiatische Studien) 第四種，於 1970 年出版。接著，傅教授邀我合作譯注《金史》，計畫編寫一本大型的《金代社會史》，因此二十年來大部分的精力都消耗於這方面，影響了劉伯溫研究，久久未有進展。

　　在奧克蘭期間，雖然學無恆侶，藏書簡陋，難有開拓，但是由於地域之便，我常有機會訪問在塔斯文海峽 (Tasman Straits) 彼岸的澳大利亞，向澳國大的柳存仁教授、及其他先進如王賡武教授（現任香港大學校長）和羅依果博士請教，對於日後的學術發展有很大的啟迪。1968 年初，富路特教授邀我回去哥大參加編纂《明代名人傳》，於是辭退奧克蘭教席。是年底，與內人返港省親，然後重返紐約，投身於明史研究工作。在香港度假時，適逢港大中文系歡送羅香林師榮休，集稿出版紀念論文集，徵文於門生故舊，於是將行篋攜帶的資料，勒成〈讀劉伯溫「燒餅歌」〉呈獻，這是我首篇以中文撰述關於劉伯溫的文章。前幾年，香港珠

海書院文史研究所籌印元一師逝世十週年紀念論文集 ，又續寫
〈「燒餅歌」新考〉致意，增補了若干新資料。

　　從 1969 年春天至 1972 年夏季，我在哥倫比亞大學的「明人
傳記計畫」充任研究員，進入另一階段學術生涯。這個附設於東
亞語文系的研究中心，係由美國亞洲學會 (Association for Asian
Studies) 倡議，由福特基金會 (Ford Foundation) 提供經費；此外，
亞洲基金會 (Asia Foundation) ，及美國七、八所設有重點中國研
究的名大學亦撥款支持 (澳洲國立大學亦曾贊助)。主要任務是編
纂一部猶如在 1940 年代，由美國國會圖書館、東方典藏部主任恆
慕義 (Arthur W. Hummel) 博士主編的 *Eminent Chinese of the
Ch'ing Period* （《清代名人傳》） (2 vols. Washington, D. C., The
Library of Congress, 1943～1944) 的傳記辭典，藉以推動明史去拓
展中國近世史的研究。富路特教授為執行長及總編輯，副手是房
兆楹與杜聯喆夫婦。房氏伉儷為《清代名人傳》的主要作者，此
刻合作編纂《明代名人傳》，正是相得益彰，為漢學界一盛事。我
在普大寫博士論文時，經常往哥大向他們請教，並在暑假時為該
計畫工作，撰寫劉基傳，因此留下印象，而這時剛好房夫人準備
退休，需要一位較年輕的助手接班，富教授便給我一個千載難逢
的機會，參與這一國際性的學術重任，真是意想不到。

　　此後三年半裡，我全時致力於明史研究。我的職務是審閱外
界的特約稿件，和挑選明代人物撰寫傳記，因此竟日檢讀明朝的
原手資料，包括《實錄》、政書、碑傳、文集、方志、筆記、小說
等等，大開眼界，對日後的明史研究有無限裨益。在這期間，由

於全神貫注在明人傳記，和經常參加有關明史或明朝以外的學術研討會，需要撰作論文，並無餘閒回到劉伯溫研究，只有隨時摘錄資料以備他日之用。不過，所撰的論文，有一篇是與劉伯溫直接有關，那便是鐵冠道人張中的預言傳說之起源和演變。這篇論文取材於為《名人傳》撰作的張中傳（此傳由已故的 Anna Seidel 博士擬稿，我作大幅修改，故此二人聯同署名），它補充了我的《燒餅歌》初稿，指出這本預言書濫觴於張中的《蒸餅歌》，為劉伯溫研究打下更堅固的基礎。論文隨送到德國的《極東學誌》，於 1973 年刊出。這幾年來，總共完成了八十篇明人短傳，俱收入由富路特、房兆楹主編的 *Dictionary of Ming Biography, 1368～1644*（《明代名人傳》），於 1976 年由哥倫比亞大學出版社刊行。是書上下兩冊，共 1644 頁，我執筆的傳記佔了篇幅六分之一強，總算為明史研究作出點成績。

　　上面提到在撰寫博士論文時，因為茫無頭緒，對於劉伯溫製造北京城的傳說無法剖析，只好闕如，等候機會再作道理。這個機會，終於在我結束《明代名人傳》的工作，準備返港省親、然後前往西雅圖華盛頓大學 (University of Washington, Seattle) 任教的時候來臨。1972 年春，蒙古史專家司律義司鐸 (Fr. Henry Serruys) 在美國蒙古學會 (The Mongol Society) 所編輯，慶祝拉鐵摩爾 (Owen Lattimore) 教授七十誕辰的紀念論文集，發表一篇極重要的論文。題目是：〈蒙文鈔本關於永樂皇帝的祖先為蒙古汗的傳說〉("A Manuscript Version of the Legend of the Mongol Ancestry of the Yung-lo Emperor")，主要的資料是一份於 1907 年抄錄，題名〈大

明永樂皇帝如何建造北京城〉的蒙古民間傳說故事。故事以蒙古相傳永樂為元順帝擴廓帖木兒的遺子為背景，說當洪武皇帝懷疑這個王子不是自己的骨肉，把他謫戍到北平朔漠，責成在其地營建一座城市之時，王子得到生母碩妃的錦囊，懇求派遣謀士劉伯溫隨行襄助，結果得請，後來在當地遇到一位黑臉的黑衣黑騎異人，獲他指授，請伯溫依計行事，這座城市不久便在今日的北京建造起來。司司鐸把蒙文鈔本作拉丁音寫並翻譯為英文，又附一簡短序引，但沒有勾稽明人史籍作深入分析。不過，這個資料給我打開劉伯溫建造北京城傳說的迷宮的鑰匙，因為它解答了為何永樂、劉伯溫雖然年代不相屬〔劉基卒於洪武八年 (1375)〕，傳說卻將他們結合一起，而把伯溫與北京建城套上關係。這篇論文並沒有解答所有的疑難，尤其它並無涉及「哪吒城」故事，但是它提示一面新的研究方向，使我領悟到要徹底解決這個謎案，需要從蒙古傳說著手。因此，待我安頓下來計畫寫這本書時，便先投入研究這個北京建城的蒙古傳說。這項工作，卻要再擱延好幾年才能實現，因為在完成《明代名人傳》初稿不久，便準備遷居到西北岸，一時無法投入這件複雜的研究。

　　1972 年初秋，我與內人及三歲的女兒以真來到西雅圖，在華盛頓大學重執教鞭，晃眼間已過了二十年。華大是美國西部中國研究的重鎮，自從 1950 年代戴德 (George E. Taylor) 教授創立遠東及俄國研究所 (Far Eastern and Russian Institute)，延攬各方名儒如蕭公權、李方桂、施友忠、梅谷 (Franz Michael)、衛德明 (Hellmut Wilhelm)、鮑培 (Nicholas Poppe) 等任教，陣容鼎盛，課

程充實，經費豐裕，一直為海內外莘莘學子所嚮慕，歷年造就人才甚眾，聲譽昭著，國際馳名。我能有機會入華大執教，是出於衛德明教授的引薦、牟復禮教授的玉成。這時華大這些碩彥多已退休，在校的華裔教授只有施友忠、徐道鄰、馬逢華與張桂生；我的職位原是蕭教授所據，他退休後由牟師來接任，但未幾牟師重返普大，是職再度出缺。由於華大中國史的課程廣泛，研究生眾多，我的教學與研究範圍因此逐漸擴大，包攬從宋至明的數朝歷史，並且兼顧蒙古、女真等外民族，對個人的學術發展有很大的影響。

自此之後，我的研究與寫作都集中在金史，亦兼及元史和宋史，主因是與傅海波教授有約，合作譯注《金史》，仿照曩昔魏復古 (Karl A. Wittfogel) 與馮家昇撰述 《遼代社會史》〔*History of Chinese Society: Liao (907 ～ 1125)*, Philadelphia: American Philosophical Society, 1948〕 之例，並得到美國學術團體聯合會 (American Council of Learned Societies) 資助經費。不久，我開始撰寫一本專書，探討金朝章宗與宣宗之集議「德運」，推定金為「土德」上承宋之「火德」為正統王朝的政治與文化意義，作為《金史》研究的一環。這本書在 1980 年脫稿，題名 *Legitimation in Imperial China: Discussions under the Jurchen Chin Dynasty, 1115～1234*，為研究中國歷代政權合法化的首創，但遲至 1984 年始由華大出版。1976 年初，我接到王賡武教授與羅依果博士的邀請，出任澳國大太平洋研究院遠東史系的研究員，專司撰作元人傳記，於是向華大請假一年，秋間舉家（包括小女以真和兩歲的

長子以舉）前往坎培拉履新。一年間完成了七、八篇傳記，俱收入與羅博士及蕭啟慶合編的 *In the Service of the Khan: Eminent Personalities of the Mongol-Yüan Period, 1206～1300* （《大汗之侍從：蒙元前期名人傳記集》）此書已在 1993 年底由德國的 Harrassowitz 書店出版。在坎培拉時，因為參加研討會，對明末思想家李贄（卓吾）的史料發生興趣，閒來把新發現的李氏先人墓碑及有關傳記資料譯注，並附加他的著作及近人論述目錄，彙編成一專書。這書未幾完成，題名 *Li Chih (1527～1602) in Contemporary Chinese Historiography: New Light on His Life and Works* （《近代中國史學上之李贄》），蒙牟復禮師寵賜序文，又得到李又寧教授的協助，於 1980 年由紐約的 M. E. Sharpe 書店出版。因此，這一年的工作有相當收穫，只是沒有機會賡續劉伯溫研究。

1977 年秋天返回西雅圖後，因為積稿亟待整理，加上要開新的教學科目，又以接受美國學術團體聯合會聘請為該會中國文化研究小組的委員，並與哥大狄別瑞教授籌辦探討蒙元統治下之思想與宗教的研討會，工作極為繁忙勞碌。這個研討會於 1979 年冬在西雅圖近郊的伊瑟闊 (Issaquah) 市舉行，出席的中外學者有二十多人，論文甚多創見，討論亦頗熱烈，洵為一成功聚會，事後並編輯論文集出版。這個會議過後，新的工作又降臨。事緣年前牟復禮師應《劍橋中國史》(*The Cambridge History of China*) 的總編輯崔德澤 (Denis C. Twitchett) 教授邀請，主編《明代史》，分上下兩冊，上冊述政治，下冊論制度，得到美國聯邦政府的國家人

文學科基金 (National Endowment of the Humanities) 撥款支持，因此約我參加工作。由於機會難逢，於是答允，又向華大請假一年 (1979～1980)，舉家回到普林斯頓（是時幼子以鳴剛好滿歲），埋首撰述建文、永樂、洪熙、宣德四朝史事。上冊蹉跎好幾年，到 1988 年始出版，下冊已經定稿，希望不日付梓問世。

1979 年歲暮，我在普林斯頓工作方酣，卻得一個意外的機會履足神交已久的北京，那是以美國學術團體聯合會中國文化研究小組委員的身份，參加專團，應中國社會科學院邀請訪華從事學術交流。全程一共三週，於聖誕後一日出發，訪問北京、成都、上海、南京、廣州等城市，到翌年元月中旬才返美國。這次旅行最興奮的是有機會親履舊京，雖然時間短促，行程緊湊，我卻能偷閒踱步天安門、故宮、景山、北海公園，也遠足十三陵、頤和園和八達嶺長城。此行不但瀏覽燕都名勝古蹟，而且把多年在紙堆裡打轉的冥想與現實聯結一起，加強我研究北京城的決心。此後有幾次赴華參加學術會議，在首都作短暫停留時，也儘量撥冗到舊城內外徘徊瞻仰。這次初訪神州，無疑是在普林斯頓工作一段最有意義的插曲，可是《劍橋史》的稿約限時完成，未有餘晷從事其他的研究。

1980 年秋天，我返回華大授課，以後兩三年間都為清理積壓勞形，不但要修訂《劍橋史》明代篇的稿子，與狄別瑞教授合作編輯蒙元之思想與宗教研討會的論文集 （書名為 *Yüan Thought: Chinese Thought and Religion under the Mongols*），還需校對前此已完成的金代「德運」論議專書的排印稿。這兩本書終於在 1982 和

1984 年分別由哥大與華大出版社刊行,了結多年的心頭大事。在這時候,仍有一項未完成的工作,那就是元人傳記的編纂事宜。於是,1983 年夏天,再應羅依果博士的邀約,回去坎培拉澳國大十星期。在這期間除卻修訂元人傳記,又接受當時任太平洋研究院院長王賡武教授的雅囑,擔任該年度的莫禮遜紀念講座(George Ernest Morrison Memorial Lecture),以 "Control of Publishing in China: Past and Present"(「中國對出版事業管制之今昔」)為題,在該院作一學術演講,轉瞬間三個月就此過去。

　　然而,沒想到這個夏天卻是我下決心去鑽研北京建城的傳說,解決這一謎案,動筆撰寫這本小書的開始。主因不是工作時間表出現空檔,可以重理舊業,而是在修訂元人傳記之時,意外發現足以破解一個多年令我困惑苦惱的問題之線索。這個線索來自劉秉忠的傳記。事緣在增補這篇舊傳時,檢讀剛出版的陳高華所著《元大都》(這書在 1982 年出版,一年後才在海外流通),發現兩則冷僻的史料,修訂了我對劉伯溫製造哪吒城故事的緣起之推斷。是書敘述劉秉忠設計營建大都城,曾產生「那吒城」的傳說。這個故事首見張昱的〈輦下曲〉其中一首詩:「大都周遭十一門,草苫土築那吒城,讖言若以磚石裡,長似天王衣甲兵。」隨後署名長谷真逸撰的《農田餘話》申釋:「燕城係劉太保定制,凡十一門,作那吒神三頭六臂兩足」,再把故事渲染誇張。這裡道出「那吒城」的傳說,始於好事者穿鑿附會,曲解劉秉忠之在大都開闢十一座城門,是為要象徵那吒神的身軀模樣。那吒作為托塔天王的第三太子,據說具備守護城垣和降龍治水的法力,所以劉秉忠

在設計大都城時要崇祀神靈以求庇護。這兩則史料提供我多年冀望不得的答案，正好填補了拼圖缺失的片塊，使我恍然大悟，原來劉伯溫製造哪吒城的故事濫觴於元代營建大都城！我這本書的論證因此有了初步的架構和解釋，那就是劉秉忠設計大都城為始作俑者，而明人訛傳劉伯溫為秉忠的孫兒，所以大都「那吒城」的傳說，便移花接木似的栽植到他身上。至於劉伯溫何以跟北京建城沾上關係，那就是從蒙古流傳永樂皇帝獲得黑臉異人（影射真武神）的翊助，指授劉伯溫興建城市的傳說演變而來。

　　這個發現使我極感興奮，而不久又幸運地有一個機會把這題目整理頭緒，爬梳記載，先行供諸同好商榷以便修正。這一機會是我的同窗、當時任教香港大學中文系的趙令揚教授提供的。是年底港大馮平山圖書館為紀念創館五十週年，得到馮氏哲嗣秉芬爵士、秉華博士等資助，舉辦學術講座以誌慶典。講座由趙教授主持，共邀海內外學者作一連串演講，出席者有王賡武、席文(Nathan Sivin)、瞿同祖、馬幼垣，趙教授聯同本人共六人。我於是趁此機會以「北京的歷史與傳說」為題，用粵語將劉伯溫製造哪吒城的傳說的源流作一介紹，引起聽眾的興趣，發問頗眾，可惜時間有限，未能隨意發揮。會後，講座同寅建議集稿編印論文集，因此便將講稿改寫，可是下筆不能自休，一年未過累積三萬字，依然未入正題。本來預備濃縮，但是其他講者俱未交卷，人皆拖延，結果出版計畫流產，不過，我已決心撰寫專書交代。

　　此後幾年，在教學與行政百忙之際，仍儘量抽暇撰寫劉伯溫製造北京城的傳說故事。寫作時斷時續，無大進展，因為從 1980

年代開始，海峽兩岸學術活動頻繁，多次得臺灣、大陸，和香港的學術界邀請參加研討會，需要提供論文，消耗時間及精力不少。這些會議包括宋、金、元和明史，使我有機會與神州各地的學者切磋琢磨，開拓眼界，收穫良多。為了維持劉伯溫研究不輟，儘量利用北京城傳說的資料撰寫赴會的報告。因此，當 1986 年我參加在南京召開的國際元史會議，提供的論文是〈元大都城建造傳說探源〉，而翌年出席在呼和浩特舉行之國際蒙古學會議時，亦以英文撰作〈蒙古流行關於永樂帝建造北京城的傳說〉宣讀。這兩篇文章隨後又相繼在臺北的中央研究院歷史語言研究所，和國立臺灣大學歷史系的學術座談會上作過討論，跟著修改發表，前者刊在臺北的《漢學研究》，5. 2, 1987，後者見於 *Asia Major*, Third Ser 3. 2, 1990，為今日這本小書奠下重要基礎。

　　1988 年春季，我應國立臺灣大學歷史系邀請，出任客座教授一學期，課餘埋首撰寫北京城傳說的稿子，到年底回西雅圖時已經盈帙，頗有規模，私心竊喜。就在這時候，香港中文大學新亞書院歷史系友人譚汝謙博士及李弘祺博士（譚君現受聘為美國明尼蘇達州 Macalester College 教授；李君則較早已轉任紐約市市立大學教授），盛情推薦我為該院之 「龔氏訪問學人」，時間訂在 1990 年 3 月中旬。是年春抵達新亞後，便用北京城傳說的初稿作學術報告，題目是「北京城建造傳說之歷史考察」，分兩次以國語講述，先講元大都，繼講明北京，聽眾踴躍，不少提出問題質疑，使我受益不少。由於這次演講，我更下決心完成此稿，可是此後兩三年間，有幾種舊作亟需清理，包括兩篇金史論文和一本關於

蒙古滅金的小書要準備出版，而且又因出席在匈牙利布達佩斯、和在德國柏林舉行的常設國際阿爾泰學會議 (Permanent International Altaistic Conference) 年會 (1990, 1991)，俱要繳交論文。數項工作同時進行，北京城傳說的撰作便緩慢下來，到 1992年秋天，應高錕校長盛意邀請返港出任中大歷史系主任，兩年間勉力賡續，至最近始完成芻稿。想不到從一動念到開花結果，晃眼間就過了二十多年。

　　本書的誕生，因此是極其曲折和戲劇性的，從構思到搜集資料以至著筆，都走過迂迴反復，柳暗花明的道路，並非經過殫思竭慮、破釜沈舟而獲得結論，而是由於因緣湊合，水到渠成始有收穫。遺憾的是個人未嘗寓居燕都，孤陋寡聞，所論皆多依據文字記錄推理分析，並未與當地嫻熟掌故之耆老印證，迹近閉門造車。管中窺豹，必有偏失，尚祈博洽君子包涵指正。

　　在寫作期間，我欣幸得到多位師長、先進及學侶的誘導、獎掖、和給予種種襄助，謹此鳴謝致意。首先，要感謝普大業師牟復禮教授，若非他建議我選擇劉伯溫作博士論文，我的學術研究方向便會轉變，不會寫出這本書來。已故的劉子健師和哥大的富路特、房兆楹教授，對我早年的史學研究，特別是明史方面，都有很大的啟迪和幫助。柳存仁教授對我向來熱誠支持和鼓勵，他早年寓居京華，對「哪吒城」傳說素感興趣，承他檢讀拙稿一遍，提出寶貴意見，又荷寵賜序文，黽勉有加，隆情可感。在搜集資料方面，東京的李獻璋博士和臺北的曹仕邦博士，曾熱心地提示哪吒神在民俗與佛教的資料，益我良多。北京中國社會科學院歷

史研究所的王春瑜、杜婉言、陳高華、黃振華諸教授；近代史研究所的蔡美彪教授，以及北京大學地理系的歷史地理者宿侯仁之教授、法律史研究所饒鑫賢教授，北京社會科學院北京史研究室的蘇天鈞教授，和前遼寧省民族研究所所長金啟孮教授，亦多次分別寄贈有關北京史地的書籍和論文，充實拙稿內容，尤為銘感。此外，還要向香港大學的趙令揚教授，並前中大歷史系譚汝謙博士、李弘祺博士致敬意，沒有他們的邀請作學術演講，這本書便失去催生的機會，也許到現在仍未殺青。

　　最後，必須感謝賢內助健梅的真摯愛護與操持家務，撫育兒女，使我能長期專心教學和寫作。多年來她知道我沈迷研究劉伯溫，曾聽我縷述《燒餅歌》和「哪吒城」的軼聞，興趣盎然。今日目睹這本書稿完成，而且最近有機會舉家漫遊北京舊都，把故事與景物印證，相信她一定會把這份分享的喜悅珍藏起來。是為序。

1994 年 7 月，陳學霖書於美國華州西雅圖

補　記

　　脫稿未幾，即在中大休假一年回美重返華大任教，暇中將各篇補訂，充實內容。承歷史系辦公室陳惠森先生及楊頌妍小姐效勞作文書處理，長兒以舉複製部分圖像，中國社會科學院考古研究所徐蘋芳教授同意轉載珍藏舊照片，中央研究院歷史語言研究所廖伯源教授查檢資料、及淡江大學歷史系謝敏聰教授提供親自攝影照片。本書能夠順利出版，多蒙東大圖書公司編輯部悉心處理編印事宜。復承杜婉言教授代向《北京的傳說》等三種故事集的編者、作者，及《俯瞰北京》攝影集的編者取得同意轉載部份資料及照片。又荷饒師固庵教授為書名題簽，增添光采。拙作行世有日，諸位及所屬單位皆匡助良多，特掇數言以誌其事并申謝悃。

1996 年 1 月，於香港新界馬料水

劉伯溫與哪吒城 北京建城的傳說

目　次

修訂二版說明

Résumé

柳　序

緣起──自序

補　記

前　言　1

北京建都和都城傳說　3

「劉伯溫製造北京城」傳說　7

「哪吒城」故事的傳播　11

北京城建置的沿革　15

一、從薊城到幽州城　17

　　遠古至燕國的薊城　18

　　秦漢的薊城　20

　　隋唐的幽州城　23

二、遼金的燕京城　26

　　遼代的南京城　26

　　金代的中都城　30

三、元代的大都城　37

　　蒙古崛興與建都燕京　37

　　劉秉忠營建大都城的貢獻　40

　　大都城的規劃與建置　43

　　大都城水利的發展　47

四、明代的北京城　50

　　明太祖營建南京、中都城　50

　　永樂帝遷都建造北京城　57

　　北京城的設計與建置　61

　　北京城的規劃與特色　67

　　北京城的水源問題　70

五、清代的北京城　73

　　紫禁城的擴建和制置　75

京城的規劃及管理　78

西郊園林的營建　80

郊區水利的發展　83

京城多元化的特色　85

清朝後期的變化　90

元代大都城建造的傳說　95

一、劉秉忠建大都城的傳說　97

二、「那吒城」傳說溯源　101

那吒的出身與蛻變　103

那吒降龍治水的傳說　107

劉秉忠建上都城的傳說　109

那吒故事在民間的展開　112

三、那吒傳說對北京城的影響　121

明代北京城建造的傳說　123

一、「哪吒城」傳說的源流　125

Werner 所傳劉伯溫建城故事　127

金受申所傳「哪吒城」故事　129

Lewisohn 所傳「哪吒城」故事　131

又一劉伯溫建城故事　134

劉伯溫、姚廣孝等建城故事　139

二、劉伯溫的勳業與傳說　141

劉伯溫的生平與勳業　141

劉伯溫的傳說溯源　144

三、「哪吒城」傳說的剖析　165

傳說產生的歷史基礎　165

傳說何故嫁名於劉伯溫？　168

餘　　論　185

傳說詮釋的理論架構　187

傳說所見大小傳統的交融　190

傳說研究的現代意義　195

附錄：資料篇　199

甲　篇　201

乙　篇　220

引用及參考書目　286

前

言

北京建都和都城傳說

　　北京是中國最著名、歷史悠久和古蹟豐富的名城，也是當今馳名世界，人文薈萃，新舊交融的一雄偉國都。這座位在華北小平原，背山臨水，形勢險峻，居於南北交通要津的城市，在近三千年的歷史上，從戰國時期開始直至近代的中華民國，一共當過十二個政權的都城，為時達一千五百餘年。在人類發展史上，特別是都城的歷史上，這是輝煌驕人的記錄。[1]

　　在公元前八百年，這座從聚落崛起當時稱為薊的城邑，是戰國七雄之一的燕國的都城，規模不大，但由於地理形勢關係，越來越重要，從秦漢至於隋唐歷朝皆有修繕增建。到了遼金元三代，塞外遊牧民族入主中原，因升格為陪都或京師：遼名「南京」、金稱「中都」、元號「大都」，作為帝王的居所和統治之中樞，各建城垣宮殿廟壇，規模宏大，瑰麗壯觀。明永樂帝繼定都其地，改稱「北京」，又再悉心經營，使這古城變為金碧輝煌、莊嚴肅穆的都城。滿清亡明，亦以北京為京師。辛亥革命成功，締造中華民國，1912 年元月孫中山先生在南京就任臨時大總統，但未幾辭

---

1. 根據閻崇年所歸納史料，以北京地區為都城的十二個政權為薊、燕、前燕、大燕、中燕、遼、金、元、明、大順（李自成）、清、與中華民國前期政府，共約一千五百餘年。見所作：〈北京「十二為都」芻議〉，收入氏著：《燕步集》（北京：燕山出版社，1989），頁 317～325。關於北京的建置沿革，略見王燦熾所撰論文，收入氏著：《王燦熾史誌論文集》（北京：燕山出版社，1991），頁 315～357。

職，由袁世凱繼任，仍以北京為首都，此後歷屆北洋政府皆沿承
其制。1927 年 4 月，蔣介石領導國民黨在南京成立國民政府，率
師北伐，改北京為北平，劃為特別市，翌年奠都南京。1949 年
10 月，毛澤東領導之共產黨在內戰取得勝利，成立新政府，改國
號為中華人民共和國，將北平復名北京以為首都。這一有三千年
歷史的文化政治都邑，便再度成為掌握全國命脈的中樞，發展為
人口超逾千萬，睥睨寰宇的偉大都會。[2]

---

2. 研究北京歷史風物的文獻書刊汗牛充棟，繁不勝紀，詳見〈引用及參考
書目〉所列張次溪（江裁）、王燦熾，及首都圖書館地方文獻組編纂之書
目。中英文專著亦多，謹將有代表性者臚列：Osvald Siren, *The Walls and
Gates of Peking*, ... (London: John Lane, 1924)（見許永全譯：《北京的城牆
和城門》，北京：燕山出版社，1985）；同前作者，*The Imperial Palaces
of Peking with a Short Historical Account* (Paris and Brusseles: G. van Oest,
1926); L. C. Arlington and William Lewisohn, *In Search of Old Peking*
(Peiping: Henri Vetch, 1935); Jeffrey F. Meyer, *Peking as a Sacred City*
(Taipei: The Chinese Association for Folkore, 1976); Edward L. Farmer,
Early Ming Government, The Evolution of Dual Capitals (Cambridge, Mass.:
Harvard University Press, 1976); James P. Geiss, *Peking under the Ming
Dynasty, 1368~1644* (Ann Arbor, Mich.: University Microfilms, 1980)；侯
仁之、金濤：《北京史話》（以下簡稱《史話》，上海：上海人民出版社，
1980）；北京大學歷史系《北京史》編寫組：《北京史》（以下簡稱《北京
史》，北京：北京出版社，1985）；謝敏聰：《明清北京的城垣與宮闕再研
究》（以下簡稱《北京的城垣》，臺北：臺灣學生書店，1989），與 Yan
Chongnian, *Beijing: The Treasures of an Ancient Capital* (Peking: Morning

　　舉凡中外名都，由於歷史久遠，世代迭有經營，多留下琳瑯的文獻記錄和瑰麗的名勝古蹟，但同時亦孕育玄怪神話和荒誕傳說，流播人間，久而不浸。歐西之雅典、羅馬、巴黎、威尼斯、君士但丁堡，其都城的肇興和變革，皆有離奇詭異神話。中國文化深厚綿長，古都眾多，著名的如長安、洛陽、開封、燕京、金陵，亦不乏神怪奇趣傳說。這些古代中外名城的傳說，很多已成為學者研究對象，因為它們不但詭奇玄怪，引人入勝，而且浮現個別歷史文化的一些特徵。[3] 簡言之，這些傳說的滋生和流傳，

Glory Press, 1987) 等。此外，北京史研究會所編之《北京史論文集》二輯 (1980, 1982)；北京歷史考古叢書編輯組所編之《燕京春秋》(1982)；《北京文物與考古》第 1～2 輯 (1983, 1989)；北京市社會科學研究所（今稱社會科學院）編纂之《北京史苑》四輯（北京：北京出版社，1983～1988）、《北京史研究》㈠ (1986)，《燕都春秋》(1988)（以上由燕山出版社出版）及蘇天鈞主編之《京華舊事存真》第 1～2 輯（北京：北京古籍出版社，1992），俱收錄有關北京歷史風物之重要文章。侯仁之主編之《北京歷史地圖集》（以下簡稱《地圖》，北京：北京出版社，1985），與曹子西主編之《北京通史》十卷（以下簡稱《通史》，北京：中國書店，1994），皆為研究北京史地必備之參考工具書。

3. 有關歐西古代都城之建造與神話，參見 Arnold Toynbee, ed., *Cities of Destiny* (London: Thames & Hudson, 1967) 所收個別論文及附列書目。中國古都不乏傳說，大多與建城有關，但極少學術性研究。個別探討，略見 G. William Skinner, ed. *The City in Late Imperial China* (Stanford, Calif.: Stanford University Press, 1977) 所收 Arthur F. Wright 與 F. W. Mote 對長安及南京之討論；又見〈北京城建置的沿革〉注 23.、〈明代北京城建造的

很多方面表露各國文化體系中，單元或多元的「大傳統」(Great Tradition) 和「小傳統」(Little Tradition) 的不同層次，和彼此間長期的依存和融會交流。這些現象，都是西方文化和人類學者所一向關心。「大傳統」和「小傳統」這兩個名詞，是已故美國學者雷斐德 (Robert Redfield)，在他的名著《農民社會與文化》(*Peasant Society and Culture*) 中正式提出，其涵義與前此學者提出的，如高層文化 (High Culture)、士紳（或菁英）文化 (Elite Culture)、和低層文化 (Low Culture)、民間文化 (Popular Culture) 等概念類似。雷氏所楬櫫的大小傳統理論主旨，認為大傳統係由少數有教育思考的上層人士創造出來，而小傳統則由大多數知識膚淺，甚至文盲的農民，在鄉村生活中逐漸發展而成。這個理論極強調大小傳統的彼此依存、互相交流的關係；因此，在研究民俗傳說時，可以借用來解釋傳說故事的始源、演變，以及在各方面所產生的影響。[4]

傳說〉注 23.所揭拙著對元大都與明北京建城之研究。

4. 關於雷斐德對「大傳統」與「小傳統」之討論，見所著 *Peasant Society and Culture: an Anthropological Approach to Civilization* (Chicago, Ill: University of Chicago Press, 1956), chap. 3。余英時曾就其學說有裨益於國史研究之範疇作一詮釋，見所著：《史學與傳統》（臺北：時報出版公司，1982），序言：〈從史學看傳統〉，頁 11～17。又參見〈餘論〉注 1.所揭論著。

「劉伯溫製造北京城」傳說

在近代來說，中國古都傳說最膾炙人口、家喻戶曉的，莫如有關明代北京城的建造——「劉伯溫製造哪吒城」的故事（「哪吒」之名，唐宋元皆書作「那吒」，明清則作「哪吒」或「哪叱」，俗寫為「哪咤」，今日亦然，本書沿用各時代之不同寫法）。這個傳說，大概從清季開始流行，到現在依然不衰。根據 1950 年代，人民政府成立以後，寓居京都的滿族文藝家金受申編寫的、《北京的傳說》中之「八臂哪叱（吒）城」一節，故事簡要如下：[5]

> 當大明皇帝永樂（即明太祖朱元璋第四子燕王朱棣，登基後改元永樂），決定要建築一座首都北京城，就派工部大官去營造。眾官大為恐慌，趕忙上奏，說北京這塊地，原是個苦海幽州，底下的孽龍非常屬害，臣子降服不了，請皇上另派軍師去辦。永樂想想亦有道理，於是請他底下通曉天文地理和鬼神的軍師出主意。好多許久都不敢答話，只有大軍師劉伯溫和二軍師姚廣孝自告奮勇，擔當建造北京城。兩人都意氣高張，彼此輕視，所以領到聖旨後，便趁機一較身手。他們跟著協議，一去東城，一去西城，各想

---

5. 見金受申：《北京的傳說》第 1 集（北京：通俗文藝出版社，1957），頁 23～26；又見同前書 1981 年北京出版社合刊本，頁 3～8。此書有英文節譯，見 Gladys Yang, *Beijing Legends* (Peking: Panda Books, 1982)。

主意，十天後見面，然後脊背對坐獨自繪圖，畫好交換比較，以見本領高下。因此，劉伯溫便去東城，姚廣孝去西城，分別構思繪圖建城。

始初兩天，兩位軍師雖然沒在一起，也沒出外看地形，但是大家的耳朵都聽見一句話：「照著我『畫』，不就成了嗎？」聲音像個孩子的，很不清晰，好像是說：「照著我的『話』」，這「話」是什麼「話」呢？十分納罕。到了第三天，他們各自無論走到那裡，總看見一個穿紅襖短褲的小孩，在前面蹓躂，可是沒法趕得上。回家以後，又分別聽到從前那句話：「照著我『畫』，不就成了嗎？」許久，兩人恍然大悟，這個紅襖短褲的孩兒，難道不就是哪吒嗎？劉伯溫還不相信，第四天早上於是帶著個隨從，去幫他看是不是哪吒，姚廣孝也依樣葫蘆。大家又分別碰見那個小孩，這回他穿的紅襖像一件荷葉邊的披肩，肩膀兩邊有浮鑲著的軟綢子邊，一吹真像是有幾條膀臂似的。軍師們一看，便知道他定是「八臂哪吒」，於是趕緊往前追，想揪著孩子，可是他跑得更快，一會兒不見了，只聽見那一句話：「照著我『畫』，不就成了嗎？」劉伯溫回到他的東城公館，沈思一會，結果想出哪吒那句話：「照著我『畫』」，「畫」一定是畫圖的「畫」字，不是說話的「話」字，定是要我照他的模樣畫城圖，好使能鎮壓得住苦海幽州的孽龍。姚廣孝同時回到他的西城公館，也是這麼地想，於是各自都立定主意如何繪圖。

到了約定的第十天正午，兩位軍師便依前議，來到城中的大廣場，那裡已經擺下兩張桌子，兩把椅子，椅子背對椅子背。劉伯溫於是朝著東坐，姚廣孝朝著西坐，彼此不見面，各自拿起筆來繪城圖。到太陽剛往西轉，兩人都畫好，隨即交換看。一看大家哈哈大笑，原來兩張城圖完全一樣，都是「八臂哪吒城」。姚二軍師於是請劉大軍師解釋怎麼叫「哪吒城」。劉伯溫隨即指著城圖的形制，逐一說是代表哪吒的腦袋、五官、八臂和兩足。（詳後）姚廣孝都點頭同意，跟著又問：「這個哪吒沒有五臟，空有八臂行嗎？」劉伯溫紅了臉，答道：「那裡有沒五臟的哪吒！」說著立即一指城圖：「那城裡四方形兒的是『皇城』，皇城便是哪吒的五臟。皇城的正門——天安門——是五臟口，從五臟口到正陽門哪吒的腦袋，中間這條長直的平道便是哪吒的食道。」姚廣孝接著笑起來，慢條斯理地說：「大軍師畫得細緻，那五臟兩邊的兩條南北的大道，是哪吒的大肋骨，大肋骨上長著的小肋骨，就是那些小胡同，是不是？」

這一來，兩位軍師繪的北京城圖都是「八臂哪吒城」，劉伯溫沒奪到頭功，姚廣孝亦佔不了上風。據說劉大軍師還不怎麼著急，但是姚二軍師越想越惱，就出家當了和尚，專等著劉伯溫修造北京城。因此，現在北京的老居民都相信和傳說：「劉伯溫、姚廣孝脊梁對脊梁畫了北京城」。

這個傳說的主角劉伯溫和姚廣孝，都是明朝初年顯赫的輔佐

名臣，勳業蓋世，留下不少輝煌記錄。劉伯溫即是劉基（伯溫是他的字，以下為行文方便俱用字代名），今浙江青田人，元至大四年 (1311) 生，至順初年舉進士，深通經史，擅長天文地理、兵法術數，後來出仕明太祖為帷幄軍師，以奇謀神算稱著，為開國創業奠定基礎，洪武八年 (1375) 卒。[6] 姚廣孝初名釋道衍，今江蘇吳縣人，元至元元年 (1335) 生，始以高僧入侍燕王朱棣藩府，善行軍，有謀略，為「靖難」篡奪建立大功。燕王即位後還俗，拜少師，獲賜名廣孝，主持監修《永樂大典》，未幾退隱，永樂十六年 (1418) 卒。[7] 二者時代有先後，未嘗共事一主，雖然運籌帷

6. 劉基（伯溫）的傳記詳見張廷玉等纂修：《明史》（北京：中華書局，1974），卷 128，頁 3777～3782；雷銑修、王棻纂：《光緒青田縣志》〔光緒二年 (1876)〕，卷 10，頁 3 上～6 下；王馨一：《劉伯溫年譜》（上海：商務印書館，1936）（參見郝兆矩：《增訂劉伯溫年譜》，鄭州：中州古籍出版社，1990）；劉德隅：《明劉伯溫公生平事蹟拾遺》（臺北：自印本，1976）；拙著 (Chan Hok-lam), "Liu Chi," 收入 L. Carrington Goodrich and Chaoyang Fang, eds., *Dictionary of Ming Biography, 1368～1644* (New York, N. Y.: Columbia University Press, 1976), pp. 932～938；與郝兆矩、劉文峰：《劉伯溫全傳》（大連：大連出版社，1994）。有關劉伯溫傳說之研究，見〈明代北京城建造的傳說〉注 12. 、30.所揭論著。

7. 姚廣孝釋名道衍，傳記詳見《明史》，卷 145，頁 4079～4082；牧田蹄亮：〈道衍傳小稿〉，《東洋史研究》，第 18 卷第 3 號（1959 年 10 月），頁 57～79，與 Eugene Feifel，"Yao Kuang-hsiao," in *Dictionary of Ming Biography*, pp.1561～1565。又見 Heinz Friese, "Der Mönch Yao Kuang-hsiao," *Oriens Extremus*, 7 (1960): 158～184，及商傳：〈明初著名政治家姚廣孝〉，《中國史研究》，1984 年第 3 期 (1984)，pp.119～130。

幄，功勳彪炳，但並無主持修建北京城。劉伯溫曾在應天府（古之金陵、元稱集慶）卜地營建新都（後稱南京），規劃「紫禁城」，唯是北京城的擴建，係始於永樂四年 (1406) 的詔令，距劉氏卒年已三十載。姚廣孝雖然在燕王登基亦參與新朝建制，然按史所記，負責拓展北京城自始至終都是泰寧侯陳珪，姚氏與此並無關係，況且永樂十八年 (1420) 底新城竣工時，經已去世兩年。（詳後）傳說盛言劉伯溫、姚廣孝競賽畫出北京城圖，乃是明清以來京師民眾對他們的勳業極度尊崇，把歷史人物神化，附會為建造都城之奇才英雄的結果。

「哪吒城」故事的傳播

事實上，這一暢行現代的傳說故事，雖然可以追溯到元末大都城建造的異聞，但據下面的考察，大概要到晚清民國然後定型。明清以來，野史稗乘記載劉伯溫的奇蹟異行不可勝數，然而並無提到他修建北京城。民國北京的著名掌故家瞿宣穎（兌之）、張江裁（次溪）所撰述及編纂之各類燕都風土筆記史料叢書，俱未有關於劉伯溫製造北京城故事的記載。這類故事，很可能是出於京師嫻熟掌故，善於口頭創造的無名文藝家所編織虛構，經過說書、演劇、唱曲等媒介的渲染增飾，傳播大眾，更而透過文字，在報刊小說和通俗讀物散佈，以訛傳訛，後來為學者專家採錄整理，作為研究民俗歌謠的資料。

　　根據作者所曾寓目，劉伯溫製造哪吒城的一類故事，較早摘錄於 E. T. C. Werner, *Myths and Legends of China (1924)*，但是十分簡略。稍為詳細的，見於嚴工上：《北平話語匯》〈附錄〉(1932)，和 L. C. Arlington & Wm. Lewisohn, *In Search of Old Peking (1935)* 所轉述。[8] 這些故事最完整的，應是 1950 年代金受申編寫之《北京的傳說》所傳錄各篇。金氏採用馬列主義、毛澤東思想的「無產階級」文藝觀點，把劉伯溫和其他類似的傳說故事解釋是「北京勞動大眾創造的口頭文學，去表現他們的集體智慧和血汗勞力的貢獻」。此書有「首編」(1957)、「二編」(1959) 及「合編」(1981) 各本，又有東京村松一彌日譯 (1976)，臺北黃先登改編 (1979)，與北京 Gladys Yang 英文節譯 (1982)。這一經過

---

8. 見 E. T. C. Werner, *Myths and Legends of China* (London: George G, Harrap, 1924), pp. 227～230; Arlington and Lewisohn 前揭, pp.175～176, 338～339. 嚴工上《北平話語匯》一書筆者未曾寓目，是書〈附錄：北平的傳說〉介紹劉伯溫製造「哪吒城」故事，係據美國《世界日報》中華民國 72 年 (1983) 9 月 22 日〈人間閒話〉版、汪侗：〈「北平話語匯」與其他〉（上）一文所轉引。近人回憶北平舊事，亦有提到劉伯溫製造「哪吒城」的軼聞，見陳鴻年：《故都風物》（臺北：正中書局，1970），頁 140～142；白鐵錚：《老北平的古典兒》（臺北：慧龍出版社，1977），頁 167～170；楊明顯：《城門與胡同》（臺北：純文學出版社，1982），頁 1；與翁立：《北京的胡同》（增補本）（北京：燕山出版社，1992），頁 46～47；卜系舟補述：《推背圖》（臺北：書裕出版品開發工作室，1994），頁 163～164 等。

藻飾加工、和政治意識形態過濾過的劉伯溫製造「哪吒城」故事，最近又收入張紫晨、李岳南合編：《北京的傳說》(1982)、《中國地方風物傳說選》第一輯 (1982)，和王文寶編：《北京風物傳說故事選》(1983)。[9] 由此可見這些故事深入人心，反映北京民間最膾炙人口的傳說，但到目前為止，雖然有不少傳錄文字，仍未見學術性的論著，不無遺憾。[10]

　　本書所述，係筆者多年鑽研劉伯溫史事及其神化經過的部分成果。主旨在勾稽明清野史稗乘所記伯溫的玄怪軼事，探溯其歷

---

9. 見上注 5.。村松一彌日譯題名：《北京の傳說》（東京：平凡社，1976），故事見頁 1～7；黃先登改編本稱：《北平的傳說》（臺北：常春樹書坊，1979），故事易名：〈八隻手的哪吒之城〉，見頁 77～85。「哪吒城」故事又見張紫晨、李岳南合編：《北京的傳說》（上海：上海文藝出版社，1982），頁 1～5；《中國地方風物傳說選》第 1 輯（上海：上海人民出版社，1982），頁 5～21；王文寶編：《北京風物傳說故事選》（福州：福建人民出版社，1983），頁 1～11，與李勉民：《中國神話與民間傳說》（香港：讀者文摘遠東有限公司，1987），頁 166～168。後者根據北京所傳資料改寫，但略去劉伯溫與姚廣孝二大軍師姓名。

10. 侯仁之曾以答讀者問形式，在《北京日報》1962 年 7 月 31 日，發表〈北京城和劉伯溫的關係〉一文，認為傳說附會劉伯溫建造北京城，大概是因為劉氏曾為明太祖卜地建造應天府（南京）的新城，而永樂時興建北京的京城亦以其為藍圖之故。此外，劉伯溫在元末曾到過大都（北京城前身），寫下與京都有關的詩篇，而且也留下一個關於他讀書過目不忘的軼事。不過，侯氏並無論及「八臂哪吒城」故事的來源及其與劉伯溫傳說的關係，所以這個問題的學術性評述迄今仍是一片空白。

史背景，考究其演變軌迹，以求對這一流傳廣遠的北京城傳說故事之起源、蛻變及傳播作一合理，科學性的解釋。並且，透過這個傳說的分析，進一步探討中國文化中「大傳統」和「小傳統」底相互關係，希能對流行的民俗學理論有所印證和闡發，和加深認識元明史事與人物、對近代民間信仰與傳說發展之影響。至於此故事創造者為誰，時代若何，則以生於異代，又未曾寓居其地，聞見局促，不敢作為定論，尚祈他日能發現更多資料，或得碩學通人指點而有所修訂改進焉。

北京城建置的沿革

一、從薊城到幽州城

圖　例　1:600,000

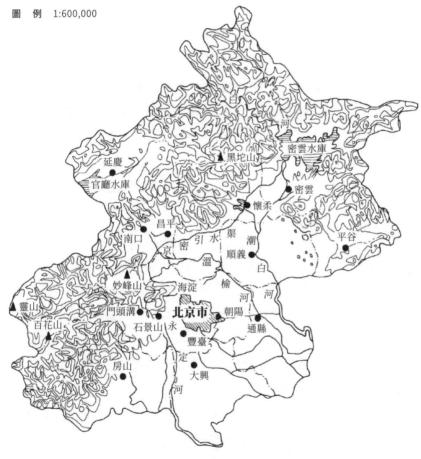

北京地勢示意圖

（據侯仁之等：《北京歷史地圖集》圖 3 繪製。）

遠古至燕國的薊城

首先，應將北京城建置的沿革，從遠古至明清作一簡述。現在的北京位於河北省西北角，通稱北京小平原之上，西、北和東北三面群山圍繞——北依燕山山脈，西方有太行山，狀似圍屏，只有正南一面向廣闊的華北大平原展開，形成一半封閉的海灣，有「北京灣」之稱。小平原背後，因為崇山峻嶺橫亙，自古以來就是南北交通一極大障礙，幸而有兩個峽谷：東北角的古北口，西北角的南口，形成了南來北往孔道。古代之時，小平原的東南一帶水網稠密，淀泊和沼澤星羅棋布，因此又構成通往南北的天然障礙。在這樣的地理環境下，古代從大平原北上或是從小平原南下，都必須通過橫亙中央的主要河流，今日稱為永定河（古名灤水、桑乾、盧溝河等）的渡口，然後取道往南北各地。本來，這裡應是最適宜產生城市聚落的地點，但因為夏季河水汎濫無常，影響交通居住，故此旅客商販便遷移到較北離渡口最近，不受洪水威脅的一帶聚市。這個便是後來建置都城，為北京作為首都奠下基礎的地區。[1]

從歷史記載所見，這個地區在傳疑的三代屬於幽都或幽州，到公元前 1000 年的周朝時隸屬燕國；及武王分封黃帝之後於薊，封召公奭於北燕，既而燕盛併薊，便遷都其地，故城就在今日的北京範圍內。春秋戰國時諸侯爭霸，燕是七雄之一，薊因此成為

---

1. 略見《史話》，第 2 章；《北京史》，第 2 章。

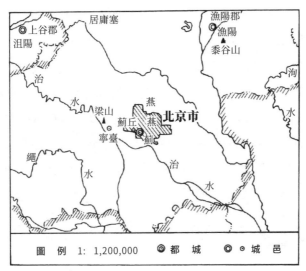

戰國時代 (475～221B.C.) 的薊城（燕國都城）

（據侯仁之等：《北京歷史地圖集》圖 12 繪製。）

重要都邑，城牆遺址大約在今日北京廣安門附近。戰國時代的薊，
除是燕之都邑外，又是北方的交通貿易樞紐，儼為當世「富冠天
下」一名城。近人考定薊城是在公元前 1057 年成為燕國的都城，
以此上推，北京建都便可說已有近三千年的歷史。[2] 公元前 221

2. 周武王封黃帝之後於薊，及燕併薊事略見司馬遷：《史記》（北京：中華
　書局，1962），卷 24〈樂書〉，頁 1229；卷 34〈燕召公世家〉，頁 1549、
　1561。關於燕國及薊城的早年史跡，詳見侯仁之：〈關於古代北京的幾個
　問題〉，載氏著：《歷史地理學的理論與實踐》（上海：上海人民出版社，
　1979），頁 141～146；常徵：〈召公封燕及燕都考〉，收入《北京史論文
　集》，頁 1～14；趙其昌：〈薊城的探索〉，收入《北京史研究》㈠，頁

年，秦滅六國，統一天下，廢封建為郡縣，燕被分作六郡，薊遂變為廣陽郡治所，成為鎮守北邊抵抗遊牧民族入侵一重鎮。[3] 從此時至唐朝末年的一千餘年間，薊城的任務都沒多大變化。每逢中原漢族統治者勢力強大，要向北方開拓疆土，薊便是經略東北的基地；反之，當這些統治者勢力衰弱，遊牧民族乘機覬覦，它就變成漢族王朝軍事防守的堡壘。到了鎮防瓦解，邊區被異民族佔據，薊城由於地處華北大平原北方的門戶，遂成兵家必爭之地，甚至成為入侵者進一步南下的據點。

秦漢的薊城

從秦到唐這一千年間，薊城的地位雖無基本改變，但是它的發展卻經過幾段重要歷程。首先在秦朝統一之後，始皇帝為要鞏固中央集權，曾以首都咸陽為中心在全國修築馳道，其中一支便通達遠在東北的薊城，不僅用以加強對地方控制，而且又有重要軍事意義。還有，為要抵禦匈奴等遊牧民族入侵，始皇帝驅使役

37～51，李江浙：〈薊城前史初探〉，刊於《京華舊事存真》第 2 輯，頁 17～39，及《通史》，第 1 卷，第 3、4 章。有關北京建都始源的討論，又見侯仁之：〈論北京建城之始〉，《燕都》，1991 年第 4 期，頁 2～4，及王燦熾：〈北京建城始於公元前 1057 年〉，刊於《王燦熾史誌論文集》，頁 308～315。

3. 見《史記》，卷 6〈秦始皇本紀〉，頁 233、238；酈道元：《水經注》（上海：商務印書館，1936），卷 13〈灅水〉，第 3 冊，頁 24。

夫近百萬，自西北臨洮（甘肅岷縣）起點，沿著戰國秦、趙、燕所建的舊邊牆至東北的遼東，建築長城萬餘里。這一來，薊城便為長城以南一軍事要地。[4]

　　漢朝代興，始初重建燕為封藩，繼而廢藩國置幽州刺史領廣陽郡，皆以薊為治所，隨後歷經魏晉、南北朝，除一二例外，都是如此。從兩漢至魏晉，薊城不單是邊防戰略重鎮，又是北方經濟都會，溝通四方的商業中心。《史記‧貨殖列傳》嘗言：「夫燕亦勃碣之間一都會也，南通齊、趙，東北邊胡，……有魚鹽棗栗之饒。北鄰烏桓夫餘，東綰穢貉朝鮮真番之利。」[5] 在這幾個朝代裡，薊城因為華北平原氣候乾燥，雨量失調，常遭水旱災害，地方郡守為要發展農田水利，解決民生問題，曾在城郊進行大規模的灌溉工程。最早的就是在公元250年曹魏時代，由征北將軍劉靖主持修建的戾陵遏和車箱渠。戾陵遏是一座攔水壩，建築在現今石景山（古梁山）南麓的永定河上。（另有學者認為應係建於石景山北麓與黑頭山之間。）車箱渠則是一條引水渠，鑿通後把

---

4. 見《史記》，卷6，頁241；卷88〈蒙恬傳〉，頁2565。參見曹子西編：《秦漢魏晉十六國北朝時期薊城資料》（以下簡稱《薊城資料》，北京：紫禁城出版社，1986），頁1～9；又見《史話》，第2章；《北京史》，第3章；《通史》，第1卷，第6、9章。

5. 見《史記》，卷129〈貨殖列傳〉，頁3265。參見王玲：〈略論北京古代經濟的幾個特點〉，刊於《北京史苑》第1輯(1983)，頁212～215；于德源：〈元以前北京的商業經濟〉，刊於《北京史苑》第2輯(1985)，頁55～58；《通史》，第1卷，第7章第2節。

由戾陵遏分出的河水，順地形導疏注入薊城西北高梁河之上源，然後沿河兩岸再開支流，灌溉土地凡兩千頃。至 262 年，郡守又重修戾陵遏，將豐沛的河水注入高梁河，並在河之上游自西而東，增闢一水道東趨今日的（潮）白河（古潞水）。這一水利建設，不但增加農田灌溉面積，而且溝通薊城東西、相去四十公里的兩大天然水系，對後代北京城的水源開發有很大的作用。[6] 到了南北分裂的北朝，薊城由遊牧民族統治，由於軍事形勢關係，變為幾個政權的都城，直至隋代統一為止。例如從公元 350～370 年間，薊城是鮮卑慕容部所建立之前燕的政治中心，而此後半世紀，它除卻處於氐族前秦統治下的十餘年外，一直是慕容部的故都龍城（今遼寧朝陽）與新都鄴城（河南安陽）之間的交通樞紐。慕容雋曾在城內修建太廟和宮殿，又在今日東掖門下鑄銅馬一座，足見當日統治者對薊城之重視。[7]

---

6. 曹魏時代劉靖主持薊城水利工程事見陳壽：《三國志》（北京：中華書局，1964），卷 15〈魏書‧劉靖傳〉，頁 464；《水經注》，卷 14〈鮑丘水〉，第 3 冊，頁 30。參見《薊城資料》，頁 187～189。詳見侯仁之：〈北京都市發展過程中的水源問題〉，載所著《歷史地理學》，頁 274～279，與蘇天鈞、王北辰所撰有關古代北京水源問題之論文，刊於侯仁之等主編：《環境變遷研究》第 1 輯（北京：海洋出版社，1984），頁 45～46、147～150。又見蔡蕃：《北京古運河與城市供水研究》（北京：北京出版社，1987），頁 12～18，及《通史》，第 1 卷，第 10 章第 2 節。有關戾陵遏原址的爭議，詳見羅保平：〈劉靖建戾陵遏位置之商榷〉，收入《京華舊事存真》第 1 輯，頁 221～227。

隋唐的幽州城

　　從隋唐時代開始，由於政治軍事和經濟的轉變，薊城有顯著不同的發展，對後代統治者建都有很大的影響。隋文帝統一中國後，更定疆域，仍設幽州 (583)，未幾煬帝廢置改立涿郡，亦以薊為郡邑。在隋朝統治下，這一地區再次成為北方邊防的重鎮。煬帝向東北擴張勢力，先後三次遠征高麗，都以薊城為兵馬糧餉集中地。此外，這座古城在隋代亦有重要經濟意義。煬帝於大業元年 (605) 開鑿通濟渠，利用古邗溝與淮水把長江和黃河溝通；其後四年，又開鑿永濟渠，利用沁水（在河南西北）南通黃河，北達薊城。故此，在用兵高麗時，四方舟楫都是經行水道，攜備糧餉，直到薊城然後分發出征。[8] 唐朝肇創後，復涿郡舊名幽州，薊仍為治所，所以又稱幽州城，此後有盛大的發展。一方面它依然是北方軍事重鎮，如太宗貞觀十八年 (644) 討伐高麗，便在薊城聚兵誓師；但另一方面，其地區變為農業生產和手工業中心。

7. 見房玄齡等纂修：《晉書》（北京：中華書局，1974），卷 110〈慕容儁載記〉，頁 2831、2832、2835、2838；參見《薊城資料》，頁 221～225；又見《史話》，頁 27～28；《北京史》，頁 55～56；《通史》，第 1 卷，第 11、12 章。

8. 見魏徵等纂修：《隋書》（北京：中華書局，1973），卷 3〈煬帝紀下〉，頁 63、70；卷 4〈煬帝紀下〉，頁 79、83；卷 24〈食貨志〉，頁 687；卷 30〈地理志〉，頁 857；詳見《史話》，頁 32～33；《北京史》，頁 57～59，《通史》，第 2 卷，第 1、2 章。

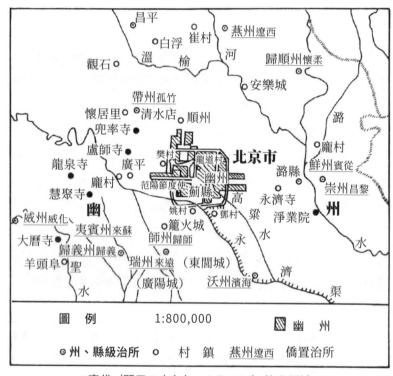

唐代（開元二十九年，A.D. 741）的幽州城

（據侯仁之等：《北京歷史地圖集》圖 20 繪製。）

唐代幽州城南北九里，東西七里，城牆高峻，開十門，城內劃分為若干坊，四周築有圍牆，出入口又有坊門和樓門，成為中古之典型州城。由於經濟發展蓬勃，幽州城內各行業十分興旺，城區北部設有固定的商業和手工業區，稱「幽州市」。隨著州城的發展，幽州又成為北方佛教中心，不獨附近的山麓鑿有無數石窟，保存精心雕刻的石經，而且近郊也興建不少著名寺廟，許多這些唐代有名的古剎，千年來屢經翻修或重建，一直保存到現代。[9]

---

9. 見薛居正等纂修：《唐書》（北京：中華書局，1975），卷 3〈太宗紀〉，頁 57；卷 39〈地理志〉，頁 1515；歐陽修等撰：《新唐書》（北京：中華書局，1975），卷 2〈太宗紀〉，頁 43；卷 39〈地理志〉，頁 1019。關於隋唐時代幽州城的概況，詳見常潤華：〈隋唐時期幽州的歷史地位〉，魯琪：〈唐幽州城考〉，俱刊於《北京史論文集》第 2 輯，頁 94～106、107～123，及向燕生：〈隋末唐初幽州史略論〉，收入《京華舊事存真》第 1 輯，頁 77～88。又略見《史話》，頁 33～34；《北京史》，頁 61～68；《通史》，第 2 卷，第 4、8、9 章。

二、遼金的燕京城

遼代的南京城

　　唐朝繁盛的幽州城，到了五代藩鎮割據中原，發生劇烈變化。李唐覆亡以後，幽州地區先後陷落於後梁 (907～923)、和後唐 (923～936) 兩個軍閥政權，他們都設立節度使，實施軍事管制。936 年夏，後唐河東節度使石敬塘為要篡奪皇位，不惜求援於在遼東崛起的契丹族，願意割讓以現今北京、和大同為雙中心的燕雲十六州，作為出兵酬償。石敬塘廢立成功，是年底獲契丹主耶律德光 （太宗）、冊封為後晉皇帝 (936～943) 於大梁 （河南開封），但因為喪失幽燕州郡，石晉無險可恃抗拒契丹陵夷，九四六年底便被敵騎攻陷都城而滅亡。[10] 耶律氏在取得燕雲地區後，即詔以皇都為上京 （今內蒙巴林左旗南），升幽州為南京 （後稱燕京，隸析津府），改南京（今遼寧瀋陽）為東京，到降服後晉翌年 (947)，便建國號名大遼。契丹原是遊牧民族，逐水土而居，初不

---

10. 關於契丹佔據燕雲十六州的經過與影響，略見姚從吾：〈從宋人所記燕雲十六州淪入契丹後的實況看遼宋關係〉，《大陸雜誌》，第 10 卷第 28 期（1964 年 5 月），頁 7～12；趙鐵寒：〈燕雲十六州的地理分析〉，《大陸雜誌》，第 17 卷第 11、12 期（1958 年 12 月），頁 3～7、頁 18～22；又見《通史》，第 3 卷，第 1 章第 2 節。

重視城郭，既然為了統治需要建立兩座京城，何故又要在幽州設置陪都？這個決定，固然因為利用該處地理優勢，作為南侵的基地，但與華北的經濟發展亦有關係。原因是契丹族自從據有燕雲十六州，疆域大大擴張，而且新增拓的地區人口稠密，物產豐饒，經濟文化遠遠超越契丹本部，故有營建幽州為陪都，以加強控制的必要（後來因為新形勢的需要，又添設中京和西京，共成五京）。[11] 契丹自建國後雄視北邊，但不到二十餘年，趙匡胤廢立後周，開創宋朝於汴梁（開封）(960)，南北由是變成對峙之勢。宋代君主一直想從遼國奪回幽燕地區，可是經過多年戰爭和媾和都不得逞，到了真宗在契丹大軍壓境，訂下喪辱的「澶淵之盟」(1005)，歲輸貢幣締結弟兄之國，更把收復的希望斷送。因此自從契丹佔據燕雲十六州，幽州便淪入外民族手中，一直至明朝才回歸漢人統治。[12]

---

11. 見脫脫等纂修：《遼史》（北京：中華書局，1974），卷 4〈聖宗紀〉，頁 44～45；參見于傑編：《北京史資料長編》〈遼金部分〉（北京：燕山出版社，1986），頁 4；略見《史話》，頁 40～60；《北京史》，頁 69～79；《通史》，第 3 卷，第 2 章。關於遼統治下燕京（南京）的發展與作用，詳見朱偰：〈遼金京城郭宮苑圖考〉，《國立武漢大學文哲季刊》，第 6 卷第 1 號 (1936)，頁 50～60；陳陸：〈遼幽州市容舉例〉，《中和月刊》，第 2 卷第 9 期（1941 年 9 月），頁 33～48；那波利貞著、劉德明譯：〈遼金南京燕京故城疆域考〉，《中和月刊》，第 2 卷第 12 期～第 3 卷第 1 期（1941 年 12 月～1942 年 1 月），頁 58～67、頁 80～90；王玲、毛希聖：〈遼代南京（燕京）的歷史作用〉，載《燕京春秋》，頁 10～20。

在遼朝統治下的南京，到了十世紀末季，由於種種關係，已成為華北地區的政治經濟和文化重鎮。它是當日北方最大的城市，規模為五京之冠，但基本上是沿襲唐代的城址建築加以修繕，直至興宗重熙五年 (1036)，建國差不多一百年，才開始重建宮闕府署。根據《遼史・地理志・四》所載，南京城周三十七里（疑為二十六里之訛），城牆高三丈，寬一丈五尺，有八座城門。皇城在大城西南隅，幅員五里，有內外三門，內有宮殿與供皇帝遊幸娛樂的毬場、內果園和泛舟遊覽的湖泊。由於地理形勢關係，京城十分繁華，人口號稱三十萬，除卻漢族，還有許多異民族寄居其間。城中劃二十六坊，街巷、坊市、廨舍、寺觀，井然有序。城區北部為商業中心，不但集中各地的海陸百貨，而且與中原地區維持密切關係。此外，因為幽州在隋唐時已是釋教中心，契丹統治者也極為崇信，遼代南京的佛事十分興盛。京城內外建有大量寺廟殿塔，規模宏麗，造型精巧，不少著名建築都倖免戰火的摧毀留存至今，在文化和藝術方面作出重大貢獻。[13]

---

12. 關於宋遼締結「澶淵之盟」的始末，詳見蔣復璁：〈宋遼澶淵之盟的研究〉，載所著《宋史新探》（臺北：正中書局，1966），頁 100～150；王民信：〈遼宋澶淵之約締結的背景〉，《書目季刊》，第 9 卷第 2 期（1975 年 9 月），頁 35～49；第 3 期（12 月），頁 45～56；第 4 期（1976 年 12 月），頁 53～64。又見陶晉生：《宋遼關係史研究》（臺北：聯經出版事業公司，1984），第 2 章；柳立言：〈宋遼澶淵之盟新探〉，《中央研究院歷史語言研究所集刊》，第 61 本第 3 分 (1990)，頁 693～760。又略見《通史》，第 3 卷，第 6 章。

　　燕京城的發展，到了十二世紀初葉，由於女真族崛起東北松花江流域，在完顏部族長阿骨打的統領下推翻契丹的統治，有了重大變化。1115 年春，經過一連串對遼朝戰爭的勝利，阿骨打正式稱帝（太祖），國號大金，建都於遼東會寧府（後稱上京，今黑龍江阿城市）。女真的興起與北京的擴展有很大的關係，因為後來金主亮（被弒後貶為庶人，隨改封海陵郡王）遷都其地，奠定燕京為今後統治中國的首都。始初幾年，燕京數度遭戰火的洗禮。徽宗政和八年 (1118)，宋室乘著女真的勝利，遣使與金主結盟夾擊遼國以湔雪恥辱，兩年後約成，協議雙方用兵以長城為界，遼亡後金將幽燕地區歸還，宋仍以原來輸納遼朝歲幣給予金國。此後金兵勢如破竹，1123 年初攻下南京，佔據幽燕地區。宋室隨要求歸還所允土地，但是阿骨打渝盟，苛索百萬緡額外「代稅錢」始肯交還燕京六州；金人又同時乘機毀壞城垣，搜括人財，結果宋朝只得一座殘破空城。1125 年春，太宗吳乞買嗣位不久，女真翦滅遼國，繼而捲土重來再取燕京，渡過黃河，年底直逼宋都汴梁。徽宗引咎倉惶讓位其子欽宗，改明年為靖康元年 (1126)。欽

---

13. 見《遼史》，卷 18〈興宗紀〉，頁 217；卷 40〈地理志〉，頁 494；參見于編：《北京史資料》，頁 21，及上注 11.所揭資料。遼代南京城的狀況，路振在其於真宗大中祥符元年 (1008)，奉使遼國歸來撰述之〈紀行〉，《乘詔錄》有簡要記敘。見賈敬顏：〈路振、王曾所記的燕京城〉，刊於《北京文物與考古》第 1 輯，頁 233～239；其經濟及佛教發展情況見王崗：〈遼燕京地區佛教與寺院經濟述略〉，收入《京華舊事存真》第 1 輯，頁 89～108；詳見《通史》，第 3 卷，第 3、10、11 章。

宗隨割地納款求和，然金將拒絕，十二月攻陷汴京，將二主及宗室三千餘擄去，掠奪金銀財物無數，北宋由是覆亡。此後女真雄據華北，徽宗子高宗移蹕臨安（浙江杭州），藉長江天塹延續趙宋命脈，是為南宋。[14]

金代的中都城

自從阿骨打開國，金朝統治者從吳乞買至熙宗亶皆以上京為首都，但到完顏亮篡位 (1149)，改變統治中原的政策，便將都城移到燕京。這些轉變，與金朝政治的發展和疆土擴大有很大關係。當金人重佔燕京後 (1125)，即用前遼朝漢人宰相劉彥宗、韓企先等，在其地設置中書省和樞密院，後來改設都元帥府和行臺尚書省，由宗室將領統籌，負責漢地軍政事宜。到了降滅北宋，金主憂慮朝廷力量薄弱，不能控制中原，於是設立傀儡政權，先後冊

---

14. 關於宋徽宗與金國結盟夾擊契丹始末，參閱趙鐵寒：〈宋金海上之盟始末記〉，《大陸雜誌》，第 25 卷第 7～9 期（1962 年 9～10 月），頁 9～14、頁 14～19、頁 26～34；Herbert Franke, "Treaties between Sung and Chin," in *Études Song (Sung Studies) in Memoriam Étienne Balazs*, ed. Françoise Aubin, ser. 1, pt. 1 (Paris: Mouton & Co., 1970), pp. 60～80；又見《通史》，第 3 卷，第 8 章；第 4 卷，第 1 章。專題研究見 Dagmar Thiele, *Der Abschluss eines Vertrages: Diplomatie Zwischen Sungund Chin-Dynastie, 1117～1123*, Münchener Ostasiatische Studien vol.6 (Wiesbaden: Franz Steiner, 1971).

封張邦昌為楚皇帝 (1127)、劉豫為齊皇帝 (1130～1137) 管轄華北，作為緩衝權宜。這兩個地區因此成為女真統治漢地的中樞，但是大權旁落宗室將領之手，到完顏亮弒殺熙宗篡位才改變形勢。金主亮（海陵王）是女真漢化最深的皇帝，為要達成專擅和統一中國的野心，登位後厲行中央集權，採取一連串急劇的措施，其中影響深遠的是把京師遷到燕京。遷都的原因很複雜，主要是上京偏處一隅，交通不便，而且土地貧瘠，不足為拓展王朝的都城；反之，燕京位當華北中央，地廣土堅，人物蕃息，正是統一天下的理想京師。天德三年 (1151) 春，海陵王便任命漢臣張浩、盧彥倫等設計規劃，在遼舊城的基礎上營建新都宮城。工程浩大，時間逼促，動用役夫百餘萬，耗費金銀錢財物資無數。貞元元年 (1153) 三月，新宮落成，金主詔令遷都，改燕京名中都，更析津府名永安（隨改大興），汴梁為南京。自此之後，燕京便成為統治中國的首都，雖然金主亮於正隆六年 (1161) 為要配合侵略南宋，遷都到汴梁，但未幾因征伐喪師為部屬所弒，嗣位的世宗（烏祿）和他的後人仍以燕京為京師，因此繼續促進它的發展。[15]

---

15. 關於海陵王篡位及其中央集權政策之展開，見脫脫等纂修：《金史》（北京：中華書局，1975），卷 5〈海陵王〉；宇文懋昭（？）：《大金國志》，卷 13～15（見崔文印：《大金國志考證》，北京：中華書局，1986）。近人研究，略見陶晉生：《金海陵帝的伐宋與采石戰役的考實》（臺北：國立臺灣大學文學院，1963），第 1 章；劉肅勇：〈論完顏亮〉，《中國史研究》1985 年第 4 期，頁 89～99。關於海陵王遷都燕京及營建中都城的經過，見《金史》，卷 5〈海陵王〉，頁 97；卷 24〈地理志〉，頁 572；卷 83〈張

　　金中都的營建有兩方面值得注意：它不僅是在北京原始聚落舊址上發展的最後一座大城，為未來統治王朝的首都奠下基礎；而且是利用遼南京城舊址，參照北宋汴京的規制而建造的都城，因此在城市建築史上有承先啟後的作用。新建的中都城凡三重，最外面的大城在東、西、南三面都比舊城向外擴張，只有北城牆未有移動。大城周長三十七里餘（據 1950 年代的勘測是 18,690 公尺），位置相當於今日北京宣武區西部的大半，略呈長方形，每邊開三門，共有十二門（一說北面有四門，故共為十三門）。大城中部的前方為皇城，內有宮城，宮城西則為風景秀麗的苑圃。中都城設計最突出的，就是刻意把發源城西的西湖，即今日蓮花池中間、一條名洗馬溝的小河圈入城內；一方面利用這條河的水源，開鑿環繞大城的護城河，另一方面又把河水引入皇城西部，造成一座優美的御用園池。都城內規劃整齊，共分六十二坊，東邊二十坊，西邊四十二坊，設兩縣（大興、宛平）分治。中都建成後，金主亮曾下令徵調四方之民充實京師，人口因此大增，據說大興府共有戶二十二萬五千餘，較遼代增加一倍以上。城中北部是全

浩傳〉，頁 1863；《大金國志》，卷 13，頁 470。詳細討論，見田村實造：〈金の海陵王燕京遷都一考察〉，刊於《紀元二千六百週年紀念史學論文集》（京都：京都帝國大學文學院，1941），頁 33～53；毛希聖：〈金海陵王遷都燕京原因初探〉，刊於《北京史論文集》第 2 輯，頁 124～130；李曉菊：〈論金完顏亮遷都燕京〉，《東北師大學報》「哲學・社會科版」，1984 年第 6 期，頁 52～56；于傑、于光度：《金中都》（北京：北京出版社，1989），第 1 章，與《通史》，第 4 卷，第 3 章等。

城最繁華的商業區，設有官吏徵收賦稅，管理市場。居住於新都城和往來貿易的塞外民族甚為複雜，包括有來自西域的回鶻商人；因此，中都又是金朝的商業貿易、中外交通往來的重要城市。[16]

中都城最重要的建築，是位於中央偏南、豪華壯麗的皇城，故址在廣安門以南，為長方形小城。皇城之內有宮城，宮城西側為風景優美、建築精緻的苑囿。中都的皇城宮室模仿北宋汴京的制度，但亦保留遼代一些原有宮殿。皇城周長九里三十步，開闢四門，正南是宣陽門，門內有馳道和東西千步廊。自此往北就是宮城，南門名應天門。在宣陽門與應天門之間有太廟、尚書省、會同館和主要的官署。宮城內最主要的建築是大安殿，和遼代已有的仁政殿，分別是金朝皇帝舉行盛大慶典、臨朝聽政的地方。

---

16. 金中都城之主要史料，出自南宋奉使其國之使臣所撰之紀行，如范成大：《攬轡錄》(1170) 及樓鑰：《北行日錄》(1169～1170)。前者收入徐夢莘：《三朝北盟會編》〔光緒四年 (1878) 刊本〕，卷 245；後者收入氏著：《攻媿集》（《四部叢刊》本），卷 110～111。詳細介紹，見拙著：《宋史論集》（臺北：東大圖書公司，1993），頁 241～338，及王著：《王燦熾史誌論文集》，頁 86～126 所收有關論文。關於金主亮對燕京（中都）城的擴拓及其都市狀況，略見《史話》，頁 46～65；《北京史》，頁 82～87。詳見注 11.揭朱偰論文，頁 60～80，及那波利貞著、劉德明譯文，頁 91～97。又見 G. N. Gates, "A New Date for the Origins of the Forbidden City," *Harvard Journal of Asiatic Studies* 7 (1942～1943): 180～202；閻文儒：〈金中都〉，《文物》，1959 年第 7 期，頁 8～12；于傑、于光度：《金中都》，第 2、8 章，及《通史》，第 4 卷，第 3、4 章。城圖見《地圖》，頁 24。

西邊玉華門外，便是利用洗馬溝河水引入，建成專為皇室遊幸、玩樂的園池，名叫同樂園，又稱太液池，裡面闢有瑤池、蓬瀛等風景中心。此外，由於女真統治者亦熱烈崇拜佛教，所以中都城內又建造不少寺廟。根據《元一統志》記載：「都城之內，招提蘭若如棋布星列，無慮數百，其大者三十有六焉。」（〈中書省‧大都路條〉）並且，因為金朝後期的帝王又尊奉道教，特別是全真道，中都由是也興建許多道觀，但是許多卻在蒙古入侵時被戰火摧毀。[17]

金世宗嗣位不久，又在中都城郊建造幾處離宮作為避暑憩息之所，最著名的就是大定十九年 (1179)，在都城東北，屬於高梁河水系的湖泊區內興建的大寧宮。這座後來改名萬寧的離宮，位在風景秀麗的湖濱（即元代太液池，今日北海公園境內），建有許多樓臺亭閣，極為富麗幽雅，千妍百態。湖中有一小島，名瓊華島，島上的小山（今白塔山），據說是金人滅宋後，將汴梁徽宗所建的「艮嶽」的假山石運來堆成，山頂就是著名的廣寒殿。世宗的嫡孫章宗開始遊幸的習慣，常於三、四月間到萬寧宮，八月間才回中都，年中有幾個月住在離宮。此外，都城南亦建有行宮，名建春宮；城西的香山和玉泉山亦有行宮，但沒有萬寧宮重要。這座金世宗建立的離宮，國亡後成為忽必烈建造宮城的新址，由是為元大都城奠下重要基礎。[18]

---

17. 詳見《金中都》，第 3 章。

18. 詳見《金中都》，第 4 章。

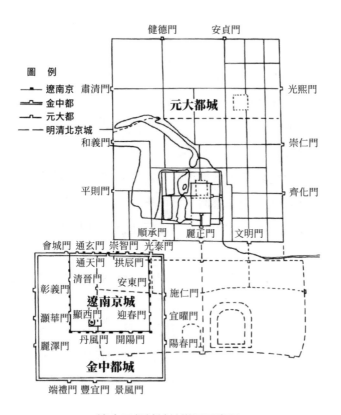

遼金元都城城址變遷示意圖
（據曹子西等：《北京通史》卷3，圖3繪製。）

　　最後要注意的，金朝自定都燕京以後面臨一迫切的問題，就是如何浚治水道，把華北的稅糧物資直接運輸至京師。這些運輸始初由水道匯集，然後循著潞水（潮白河），逆流而上到中都以東的通州（今通州區），稱為漕運；但是從通州至都城這一段短距離並無河道，需用人工運河（漕渠）或陸路挽運，才能轉輸至京師。

這裡開鑿運河的困難，是中都地勢比較高峻，不能把潞水西引入漕河，因此起初要利用城東北郊的高梁河，從中游開渠，引水東下通州注入潞水，然而流量有限，難以滿足需求。隨後，又在高梁河上西北，元代稱為甕山（今頤和園內萬壽山）、和玉泉山下的湖泊（今昆明湖），另鑿渠道，引水轉流高梁河一同注入運河。由於地形比降很大，必須沿河設閘以節流水（故別名閘河），可是這一渠道又因地勢峻陡，水急不留，容易成淺，以致舟膠不行。世宗時雖然曾發大量役夫濬治，仍不能解決困難，時常需要兼用陸路挽運。故此，大定十年 (1170)，朝廷議決開中都西邊的盧溝河（今永定河）以通漕運，於是重開古代車箱渠下游，稱金口河，引水東下城北的護城河，然後沿閘河直達通州以接潞水。這條渠道開鑿後 (1172) 仍未收效，因為河床坡度過陡，水大則易於衝決，水小又不能行船，而且每逢盧溝河洪水暴漲，波濤洶湧，還直接威脅都城的安全，因此不久就將金口河口堵塞不用。所以金朝一代中都的漕運，都因水源發生困難，故此當蒙元政權建都其地，便要嚴重地處理這個問題。[19]

---

19. 關於金中都城的水源困難與漕運的開展，見《金史》，卷 27〈河渠志〉，頁 682～683、686～687。詳見注 6. 引侯著收入《歷史地理學》論文，頁 281～288；蘇天鈞、王北辰著收入《環境變遷研究》論文，頁 46～68、153～155。又見蔡著：《北京古運河》，頁 19～21；段天順：《燕水古今錄》（北京：燕山出版社，1991），頁 186～196；《通史》，第 4 卷，第 8 章第 3 節。

三、元代的大都城

蒙古崛興與建都燕京

　　金代銳意經營的中都城，經過半世紀的繁華昌盛，又被戰爭摧殘而沒落，這是蒙古族在成吉思汗（太祖）的統領下，向金國發動全面侵略的結果。1211 年初，即鐵木真登大汗位第五年，蒙古分兵搶掠河北、山西諸州縣，是年秋奪取中都西北的居庸關，但未幾退師北還。到 1213 年底，統帥木華黎率大軍猛攻華北，直逼中都；金宣宗乞和無效，翌年五月倉惶遷都汴梁（南京），又後一年中都不戰而降。蒙古佔據之後，鑒於中都的特殊地位，並無橫暴蹂躪，但是城垣宮殿因為在淪陷前後二度遭火災，已經殘破不堪。成吉思汗隨後改名燕京，設置燕京路總管，作為華北行政中樞，此後歷經窩闊臺（太宗）和蒙哥汗（憲宗）時代，都是管治漢地的重鎮。在這時期，蒙古統治者專事搾取稅糧錢財，常遣官吏濫定差發賦役，橫加搜括，並隨意將土地民戶分賜貴族功臣，時稱「頭下」，以致民不聊生，大大破壞地方安寧和經濟發展。這個動盪不安的局面，直到成吉思汗的嫡孫忽必烈繼立，徹底改革蒙古統治中國的政策才告終止。[20]

---

20. 關於金末及蒙古佔據華北初期中都城的情況，略見《史話》，頁 62～64；
　　《北京史》，頁 93～96；《金中都》，頁 283～297；《通史》，第 5 卷，第

　　1259 年秋，蒙哥（成吉思汗第四子拖雷長子）遠征南宋，殂命於四川合州釣魚城軍次。翌年五月，胞弟忽必烈（世祖）得到多數王族推戴，壓倒幼弟阿里不哥，在開平（後稱上都，今內蒙正藍旗東）即大汗位。由於他學養豐富的母親、莊聖皇后唆魯和帖尼 (Sorqaqtani) 所影響，忽必烈很早受到漢文化薰陶，1244 年年未三十，居處和林 (Qara Qorum) 潛邸之時，已開始延聘藩府舊臣和四方儒士，廣備咨詢，講明治道，為將來基業構繪藍圖（和林故址在今蒙古共和國後杭愛省厄爾得尼召北）。當中影響最巨的漢人謀士，就是禪宗大師海雲（宋印簡）、和他的博學多才弟子劉秉忠。〔1216～1274，河北邢臺人，時名釋子聰，稱聰書記，至 1264 年（至元元年）始奉詔復姓劉氏，賜名秉忠。〕1251 年夏，蒙哥繼大汗位，便遣其弟管治赤老溫山（今河北沽源縣南）漠南漢地的軍國庶事。忽必烈隨在金蓮川地區（今內蒙正藍旗閃電河之地）設置幕府，在開平建築新城（事在 1256 年，由劉秉忠規劃，後稱上都），並加緊籠絡中原俊彥，以吸收經驗和爭取支持。一時在王庭的漢人幹材，除劉秉忠外，有張文謙、姚樞、竇默、張德輝、董文炳兄弟等數十人。他們倡議採用漢法，建官制，立法度，興學校，勸農桑，並曾於邢州（今河北邢臺）藩地改革窳政，促進生產，由是民殷物富，州縣大治。忽必烈登基後，便大舉延用漢儒士輔政，創建官制朝議，定禮樂，立國子學，重農薄賦，並在燕京築造新都城，最後 (1271) 建國號曰「大元」，將蒙

1 章。

古統治中國帶進一新紀元。[21]

　　忽必烈選擇燕京為都城，因為它不但是歷史上的古都，又是管治漢地之中樞，在此建都，有利於南下統一全國。當時受命設計新都的便是劉秉忠，他是大汗的親信，博覽經史兼通釋道，而且擅長天文地理、陰陽術數，前此又曾規劃開平城。《元史》本傳說他「於書無所不讀，尤邃於《易》及《邵氏經世書》，至於天文地理、律曆、三式六壬遁甲之屬，無不精通。」又記其營建都城的事蹟云：「初，帝命秉忠相地於桓州東，灤水北，建城郭於龍岡，三年而畢，名曰開平，繼升為上都，而以燕為中都。四年，又命秉忠築中都城，始建宗廟宮室。八年，奏建國號曰『大元』，而以中都為大都。」[22]

21. 關於忽必烈的崛起及其援用漢人輔政始末，詳見姚從吾：〈忽必烈汗對於漢化態度的分析〉，收入所著：《東北史論叢》下冊（臺北：正中書局，1959），頁 263～301；拙著："Liu Ping-chung (1216～1274): A Buddhist Taoist Statesman at the Court of Khubilai Khan," *T'oung Pao*, 53.1～3 (1967)：98～146；張躍銘：〈試論士大夫在元初政權建設中的作用〉，《北方論壇》1982 年第 4 期，頁 89～95；周良霄：《忽必烈》（長春：吉林教育出版社，1986），頁 27～64，與姚景安：〈忽必烈與儒臣和儒學〉，《中國史研究》，1990 年第 1 期，頁 31～39。又見 de Racheniltz, Hok-lam Chan, Hsiao Chí-chíng and Peter W. Geier, eds., *In the Service of the Khan: Eminent Personalities of the Early Mongol-Yüan Period (1200～1300)* (Wiesbaden: Harrassowiltz Verlag, 1993), Part II 所收之拙作劉秉忠、王鶚、姚樞、竇默、許衡等英文傳記。

22. 劉秉忠的傳記詳見蘇天爵：《國（元）朝名臣事略》（《叢書集成》本），

劉秉忠營建大都城的貢獻

　　關於劉秉忠對營建大都城的貢獻，除卻《元史》紀傳，同時人的文集，及殘存元末熊夢祥所纂的大都城志書《析津志》，俱有扼要記載，足以窺見忽必烈的雄謀，與秉忠的策劃及其僚屬的參議。簡言之，忽必烈考慮建造新都城時，最重要的決定，是不在舊城基礎上修葺補充，而是利用近郊金世宗所建之萬寧離宮為中心，重新興建城垣宮殿。根據專家的研究，這一決定基於三個因素：一是中都城過於殘破，原有的宮闕已成廢墟，特意修繕還不如重新更造；二是舊城周三十七里，作為一個人物阜盛大帝國的首都，已隘不足以容納；三是中都城所依靠、今日稱蓮花池的水系，容量有限，「土泉疏惡」，影響漕運和城市發展。在東北隅之金代萬寧宮則不然，該處有修竣的瓊華島，可作新城宮殿的基礎，

卷 7，頁 87～89；宋濂等纂修《元史》（北京：中華書局，1976），卷 157，頁 3687～3694。主要資料係他的同僚張文謙、王磐及徒單公履分別撰作之〈行狀〉、〈神道碑〉、〈墓誌銘〉，俱收錄於劉氏文集《藏春集》（《四庫全書珍本》六集，臺北：臺灣商務印書館，1975），卷 6。參見王德毅等編：《元人傳記資料索引》（臺北：新文豐出版公司，1982），頁 1840～1841。近人論秉忠的論著不少，除了注 21.所揭拙作徵引外，又見袁冀：《元太保藏春散人劉秉忠評述》（臺北：臺灣商務印書館，1974），與顏吉鶴：〈試論劉秉忠的歷史作用〉，收入《北京史苑》第 3 輯 (1985)，頁 21～32。關於劉秉忠對開平城的規劃營建，詳見陳高華，史衛民：《元上都》（長春：吉林教育出版社，1988）。

而且周圍湖泊，上接高梁河，水源興旺，足以應付京都的需求。[23]
在劉秉忠和他的同僚悉心指授下，工程很快就開始，最先建造皇
城、宮城和宮殿，始於至元三年 (1266)；期年大城正式動工，再
經過幾年，主要的宮殿次第落成。至元九年 (1272) 二月，忽必烈
詔改中都為大都，宮城隨即竣工，但是大都城的基本工程，到至
元二十年 (1283) 底才完成，而兩年後始遷舊城居民入新城。一時
監造的官員包括漢軍萬戶張柔、弘略父子，行工部尚書段禎（段
天佑），管領石匠楊瓊，蒙古人野速不花，女真人高觿和大食人也
黑迭兒 (Ikhtiyār al-Diñ) 等 ，動用工匠數百萬 ，耗費錢財物資無
算，經過十多年才建成這一巍峨壯麗，舉世知名的偉大都城。[24]

　　劉秉忠籌劃建造大都城，從考古與文獻所見，基本上是遵照

23. 關於劉秉忠對大都城營建的實質貢獻，除上注所揭傳記資料，又見熊夢
祥：《析津志（輯佚）》（北京：北京古籍出版社，1983），頁 8、32、213。
詳見袁著：《元太保藏春散人》，頁 96～99；侯著：〈元大都城與明清北京
城〉，載《歷史地理學》，頁 160～164；陳高華：《元大都》（北京：北京
出版社，1982），頁 36～38；顏吉鶴：〈劉秉忠主持修大都城〉，《學習與
研究》，1983 年第 10 期，頁 42～43，與拙著：〈元大都城建造傳說探
源〉，《漢學研究》，第 5 卷第 1 期（1987 年 7 月），頁 102～109。

24. 見《元史》，卷 6〈世祖紀〉，頁 113、114；卷 7，頁 140；卷 12，頁
257，及上注所揭《析津志》資料。詳見陳著：《元大都》，頁 36～38；同
作者：〈元大都史事雜考〉，載《燕京春秋》，頁 139～144；拙著：〈元大
都城〉，頁 104～105，及 Cary Y. Liu, "The Yüan Dynasty Capital, Ta-tu:
Imperial Building Program and Bureaucracy," T'oung Pao, 78: 4～5 (1992):
264～301。又見《通史》，第 5 卷，第 5 章。

中國傳統皇城的設計原則,去體現儒家與陰陽家揉合的天極至尊、皇極神授的政治思想。《周禮‧冬官‧考工記》所描述之理想皇都:「匠人營國,方九里、旁三門,國中九經九緯,經涂九軌,左祖右社、面朝後市」,象法天地,經緯陰陽,便是後世規劃都城的圭臬。從漢長安、洛陽開始,都城建築的樣式、佈局與色彩,儘多與天垣星宿,陰陽五行配合,而門闕宮殿的圖像、命名與格調,亦反映這些天人合一、陰陽協調的理念。北宋汴京和金中都城,都根據這一稽古的藍圖和理念營建,大都城亦然,不過它還考慮到基址上的建築和水源。由於在決定建造新城時,選擇中都東北萬壽離宮的湖泊區為中心,新建宮殿便按照地形,分三組鼎立,環列後來稱為太液池的東西岸。東岸興築以皇帝正殿為主的宮城(大內),即明清「紫禁城」前身;西岸另建南北兩組宮殿,分別為皇室所居。在三組宮殿四面,後來加增一道牆(稱為蕭牆)建成皇城,然在外面環繞興築大城。大城設計最突出的,是以在太液池東邊的宮城為中心而開始建築。這處恰好位於全城的中軸線上,沿宮城的中心線向北延伸,一直到太液池上游名積水潭(海子)的大湖東北岸,便選定全城平面佈局的中心。這個中心點上豎著一石刻的測量標誌,題名「中心之臺」,位置相當於今日北京城內鼓樓所在地。中心臺建立後,便用它起點向南包括皇城的一段距離作為半徑,以確定南北城牆的位置,又用往西包括積水潭的一段距離作為半徑,來確定東西城牆的位置。這樣精確的測量和佈局,充分把理論和環境相互配合,在古代城市建築史上實是創見。[25]

大都城的規劃與建置

　　大都城的外郭周長六十里（實地測量為 28,600 公尺），南北略長，呈長方形。南牆在今北京城東西長安街南側，北牆在德勝門和安定門以北五里處，東牆和西牆與今日的東直和西直門，各在南北一條垂直線上。城牆全部用夯土築成，以葦蔽之，自下砌上，以防雨水摧塌。北有兩座城門（東曰安貞，西名健德），其餘三面各闢三門（東邊名光熙、崇仁、齊化；西邊名肅清、和義、平則；南面東曰文明、中間名麗正、西名順承），一共有十一門。南面本應亦只開兩門，但因為宮城位於全城中央向南，有御道直通皇城之外，需在正中特闢一門（即麗正門）專備鑾駕出入，故此多開一門。每座城門以內都有一條筆直的幹道，而兩門之間，

---

25. 參見陳著：《元大都》，頁 52～58；上注 23. 揭侯著論文，頁 164～175；杉山正明：〈クどウイと大都〉，刊於梅原郁編：《中國近世の都市と文化》（京都：京都大學人文科學研究所，1984），頁 495～505。《周禮·冬官·考工記》引文見鄭玄注、賈公彥疏：《周禮注疏》（《四部備要》本），卷 41，頁 14 上～14 下。關於〈考工記〉城邑規劃制度之研究，見賀業鉅：《考工記營國制度研究》（北京：中國建築工業出版社，1985）。有關北宋汴京之設計藍圖，論者甚多，略見 E. A. Kracke, jr., "Sung K'ai-feng: Pragmatic Metropolis and Formalistic Capital," in *Crisis and Prosperity in Sung China*, ed. John W. Haeger (Tucson: University of Arizona Press, 1975), pp. 49～77；吳濤：《北宋都城東京》（鄭州：河南人民出版社，1984），第 1 章。

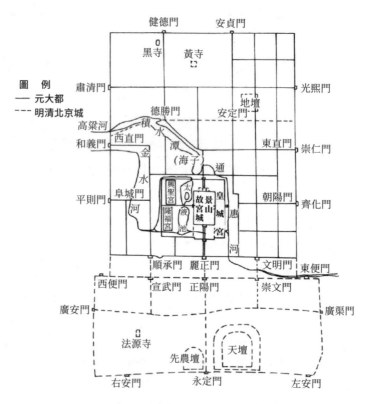

元大都與明清北京城關係示意圖

（據《考古》1972 年第 6 期，頁 26 繪製。）

亦多數加闢一幹道，彼此縱橫交錯，全城因此共有南北東西幹道
各九條。在這些大道所劃分的地區，除少數例外，又都是縱橫排
列的街道，有大街、小街和「胡同」（一作「衚衕」，原出蒙語
gutung，即「水井」之義）。根據《析津志》的記載，當時有「三
百八十四條街巷，二十九條胡同」。皇城外面便是居民區、一共劃

分為五十坊，採《易經》「大衍」之義，坊各有門，所以看來全城
整齊，井然有序。這裡除卻府署、佛寺、道觀和民居外，有三組
重要的建築，那是在皇城東面的太廟，西面的社稷壇，和在城中
「中心臺」左方的鼓樓和鐘樓。此外，城裡有三處主要市場。一
處是皇城以北，在積水潭北岸的斜街，稱「斜街市」，是全城商業
最繁盛的地點。一在皇城之西，順承門內，今西四牌樓附近，名
為羊角市，是羊馬牛駱駝驢騾交易之所。還有一處在皇城之東，
文明門內，今東四牌樓西南，名「舊樞密院角市」，麇集不少商
販，販賣各類日常用品。[26]

　　大都城最顯要部分，無疑是處於太液池風景區，建築金碧輝
煌，巍峨宏麗，遠遠超逾遼金兩代的皇城。城牆周約四十里，東
牆在今南北河源西側，西牆在今西皇城根，北牆在今地安門南，

26. 參見陳著：《元大都》，頁45～52、頁59～61；《史話》，頁67～75。關於
大都城平面設計的研究，詳見朱偰：《元大都宮殿圖考》（上海：商務印
書館，1939），第3章；王樸子：〈元大都平面規劃略述〉，《故宮博物院
院刊》，1970年第2期，頁61～62；趙正之：〈元大都平面規劃復原的研
究〉，《科技史文集》第2輯（1979年5月），頁15～25。又見注25.揭杉
山正明論文，頁505～515；Nancy Shatzman Steinhardt, "The Plan of
Khubilai Khan's Imperial City," *Artibus Asiae*, 44. 2～3 (1983): 137～158；
同前作者，*Chinese Imperial City Planning* (Honolulu: University of Hawaii
Press, 1990), chap. 7。關於元大都城的「胡同」的發展，參見翁著：《北京
的胡同》，頁43～57。有關「胡同」的研究，又見張清常：《胡同及其
他——社會語言學的探索》（北京：北京語言學院出版社，1990）。

南牆在今東、西華門大街以南。皇城的中央偏東就是宮城，規模
形制都是仿照汴京的宮闕制度。城址在太液池東岸，周九里三十
步，共闢六門，所有宮門金鋪朱戶、丹楹縷繪，十分壯觀。宮城
的主要建築，就是南北對望的大明殿和延春閣，二者一同處於全
城的中軸線上；大明殿最為重要，皇帝登基、正旦、會朝等重大
慶典，都在此處舉行。殿和閣後面都有寢殿，中間以柱廊連接成
「工」字形；寢殿東西又各有小殿，四周都有百多間周廡圍繞，
略呈長方形。宮殿建築的形式和結構，主要是根據漢族傳統，但
也揉合不少域外民族的技巧和風格，像建築上的畏吾兒殿、棕毛
殿和水晶圓殿等。宮城設計亦有異於前代，就是把宮廷前空曠（後
稱廣場）的位置，從傳統的宮城正門，遷移到皇城正門前方，由
是使宮闕的佈置更突出，門禁變得更森嚴。宮城往北便是御苑，
種植奇花異木，西面就是太液池。池中有兩小島，北面的便是瓊
華島，至元九年改稱萬壽（歲）山，山頂著名的廣寒殿，就是全
城最高點，倒影在池上，湖光山色，極為優美。南面的小島名瀛
洲（今之團城），上有儀天殿，亦是帝王憩息之地。在兩島之間，
有約二百餘尺長的白玉石橋，連接二者以方便交通。此外，太液
池西岸，又有南北對峙的隆福宮和興聖宮，各建有正殿、寢殿和
周廡，結構與宮城大體一致，分別為太子及太后之居所。這些在
宮城郊外的兩組大建築，輝煌豪華遠跨前代，把皇城點綴得更美
輪美奐，雄偉壯觀無比。[27]

---

27. 關於大都皇城、宮城與宮殿的規模形制，除《析津志》外，明初工部主

大都城水利的發展

　　在營建大都城當中，城內外的水源問題也是整頓的對象。在這方面，劉秉忠的得力助手郭守敬——當世聞名之天文和水利工程專家——作出極大的貢獻。大都城內有兩條主要水道：一是高梁河、通惠河（運河）構成的漕運系統，另一是由金水河、太液池構成的宮苑用水系統。二者都有特別用途，不關涉民生日用，因為燕都地下水豐沛，居民多汲井水。但是在建城前後，這兩水道都需要浚治。首先，在至元三年，為配合都城的修建，重開金代已封閉之金口河，以便引導盧溝河水來運輸建築材料，卻因為河床過陡，水勢急湍，經常氾濫而沒收效。次項工程是疏浚玉泉山下的河渠，俾使供應宮苑的金水河河水，能經過專闢的渠道直接流入城內。同時，專家們又注意到城內排水問題。根據最近發現，大都城南北主幹大街兩旁都有排水渠，由石條砌成的明渠構成，可以將自北向南、順地形坡度流瀉的廢水排出城外。這些以排水渠為骨幹的排水系統，亦為明清北京城的設計者沿襲。最後，郭守敬所以垂名千載，便是開鑿運河改善大都的漕運。金人曾嘗

事蕭洵所撰的實地調查《故宮遺錄》亦提供重要史料。是書有《知不足齋叢書》本及北京出版社 1963 年排印本。參閱王劍英：〈蕭洵「故宮遺錄」考辨〉，收入《北京史論文集》第 2 輯，頁 49～57。近人論述見朱啟鈐、闞鐸：〈元大都宮苑圖考〉，《中國營造學社彙刊》，第 1 卷第 2 期（1930 年 12 月），頁 1～117；注 26. 揭朱偰專著，第 4、5 章，與陳著：《元大都》，頁 52～58。

試很多辦法，並未能解決從通州到京師的運輸問題，因此在至元二十八年 (1291)，經過多年實地勘察測量，守敬提出新的浚治漕渠建議。他主張引導在都城西北六十里外，昌平神山（今鳳凰山）下之白浮泉水，西折向東南經甕山泊入城，環匯於積水潭，復沿皇城東牆外南下，出東南城門與閘河（舊運河）相接。同時，又沿河建造新閘以節制流水，特別在坡度較大的河段，設置上下雙閘交替啟用，以調劑水量方便漕船。忽必烈批准他的計畫，翌年秋動工，次年（至元三十年，1293）完成，共浚通州至大都漕河十四，又鑿六渠以灌昌平諸水。運河全長一百六十四里餘，隨命名通惠河，由是漕船可從通州直達大都城內，解決財政和民生需要一大困難。[28]

　　在忽必烈悉心經營下，大都很快成為規模宏大，建築瑰麗，人口眾多，繁華旺盛的京都——根據元初記錄，都城有戶逾十萬，人數約四、五十萬，除定居的漢蒙、色目、和其他北方民族，還有眾多從中亞、歐洲來作短暫停留的使節商賈。因此，大都既是蒙古帝國的政治經濟、宗教文化的中樞，亦是當代世界最富庶、和商業最發達一首要都城。這些國際性多元化的發展，不論是政

---

28. 參見陳著：《元大都》，頁 38～40；注 23. 揭侯著論文，頁 175～182。關於大都城的水源問題與運河的開鑿，見 《元史》，卷 64 〈地理志〉，頁 1588；卷 164，頁 3846、2852〈郭守敬傳〉。詳細討論，見注 6. 揭侯著收入《歷史地理學》論文，頁 288～294；又見蘇天鈞：〈郭守敬與大都水利工程〉，《自然科學史研究》，1983 年第 1 期，頁 66～72；蔡著：《北京古運河》，第 3 章，與段著：《燕水古今談》，頁 145～151。

治的權力鬥爭，中外貿易往來的頻繁，本土和外來宗教的蓬勃（包括佛道二教、喇嘛教、回教和基督教等），或是程朱理學及其他文化的活動，文獻都有歷歷的記載。還有，透過到中國訪問的外國商人使者，像著名的馬可波羅 (Marco Polo)，在他所著世界遊記渲染誇張的記述，大都城恢宏壯麗的建築、富庶繁榮的市容，便輾轉流傳到歐洲，引起彼邦人士的驚奇和渴慕。故此，大都城極有歷史性的貢獻，甚至不因元朝覆亡而消失，因為半世紀後它又成為明代的京都，發揮簇新的功能和使命。[29]

---

29. 參見陳著：《元大都》，第 4～6 章；《史話》，第 5 章；《通史》，第 5 卷，第 10、11 章。馬可波羅對大都城的描述見馮承鈞譯、A. J. H. Charignon 校注之 *Le Livre de Marco Polo*, 3 vols. (Peking, 1924～1928)，題名《馬可波羅行紀》（上海：中華書局，1955 年重印），卷 2，第 85～97 各章（中冊，頁 323～402）。又參見張寧：〈「馬可波羅行紀」中的元大都〉，刊於余士雄編：《馬可波羅介紹與研究》（北京：書目文獻出版社，1983），頁 85～106。

四、明代的北京城

明太祖營建南京、中都城

　　十四世紀中葉，蒙古政權愈趨腐朽和殘暴，兩淮民眾紛紛揭竿起事，在祕密宗教，特別是白蓮和彌勒的領袖策動下，組織紅巾軍反抗元廷統治。經過十多年的鏖戰災亂，朱元璋脫穎而出，力敗群雄，1368 年即位於應天府（旋改稱南京），開創明朝，建元洪武，史稱太祖，恢復漢族的政權。[30] 是年八月，主帥徐達揮

---

30. 朱元璋戡定群雄，於應天府（南京）即位之史實見姚廣孝監修：《太祖實錄》（臺北：中央研究院歷史語言研究所，1962），卷 34，頁 1 上；張廷玉等纂修：《明史》，卷 1〈太祖紀〉，頁 19 上、21 上。關於元末紅巾軍反抗蒙古建立明朝的事蹟，近人論著可見和田清：〈明の太祖と紅巾の賊〉，《東方學報》，第 13 卷第 2 號 (1923)，頁 278～302；王崇武：〈論明太祖起兵及其政策之改變〉，《中央研究院歷史語言研究所集刊》，第 10 本（1943 年 5 月），頁 57～71；吳晗：《朱元璋傳》（北京：三聯書店增修本，1965），第 2 章，與 John W. Dardess, "The Transformation of Messianic Revolt and the Founding of the Ming Dynasty," *Journal of Asian Studies* 29. 3 (May 1930): 539～583。又參閱 *The Cambridge History of China* vol. 7: *The Ming Dynasty, 1368～1644*, part 1, eds. F. W. Mote and D. C. Twitchett (Cambridge, England: Cambridge University Press, 1988), chap. 1。並見張書生等譯：《劍橋中國明代史》（北京：中國社會科學出版社，1992），第 1 章。

軍攻下大都,更名北平府,元順帝擴廓帖木兒退走朔漠。《實錄》載在太祖諭令下,徐達入元都後「封故宮殿門」,「以兵防守」,而「兵無犯於秋毫,民不移其市肆」。跟著為方便防守,遂放棄都城北面的城牆,在其南五里以積水潭為界另築新牆,仍開兩座北門,其餘九門仍舊,是為北京城的內城。因此,傳聞言明祖出於迷信,認為元朝已亡,需要消滅「王氣」,下令拆毀其宮殿純係臆說。[31]明太祖既奠都應天,又將家鄉臨濠(今安徽鳳陽市)升為陪都(中都),對北平舊城未如前代的重視,但因為它是防範蒙古入侵的要塞,仍然垂意它的軍備。洪武三年 (1370),太祖建立藩國於全國要衝,分封諸王以為屏障,隨立第四子朱棣為燕王,駐節北平府。朱棣是時尚幼,十年後 (1380) 始出居封藩(藩府位在元故宮城的九華宮殿),然後逐漸經營元朝故都,作為擴張勢力的基地。[32]

　　開國未幾,明太祖便銳意建設應天和臨濠的都城和宮殿。應天南京城的擴建 , 始於朱元璋稱帝前兩年 , 即元至正二十六年

---

31. 見《太祖實錄》,卷 34,頁 1 上、7 上、9 下、11 上;《明史》,卷 2〈太祖紀〉,頁 21。參見《史話》,頁 97～98;《北京史》,頁 207～208;《北京的城垣》,頁 25～26,《通史》,第 6 卷,第 1 章第 1 節。有關元故宮在洪武元年秋徐達攻陷大都後的情況,詳見上揭蕭洵《故宮遺錄》。根據王劍英 、 王紅考證 , 明人說蕭洵奉命毀元故宮係從當年 「 縮其城之北五里」,改「舊土城」為磚城的更革穿鑿附會。見所著〈論從元大都到明北京的演變和發展〉,《燕京學報》新 1 期 (1995),頁 61～64。單士元揣測元故宮是在洪武六年 (1373) 至十四年 (1381) 之間拆除並無憑據 。 見氏著:〈元宮毀於何時?〉,《燕都》(1992 年 6 月),頁 22～25。

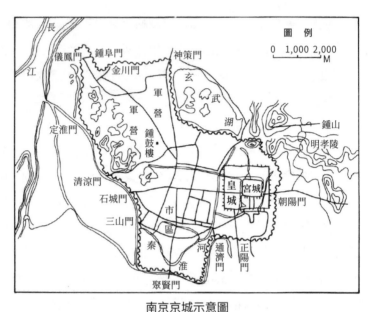

南京京城示意圖

（據董鑒泓等：《中國城市建設史》，頁 72 繪製。）

(1366)，奉命規劃的就是帷幄謀臣劉基。是年八月，伯溫卜地作新宮於鍾山之陽，在南唐舊城東白下門外二里許增築新城，東北盡鍾山之趾，延亙周圍凡五十餘里，規制雄壯，盡據山川之勝。明年（吳元年，1367）二月，拓都城訖工；八月，圜丘、方丘及

---

32. 朱棣獲冊封為燕王事見《太祖實錄》，卷 51，頁 6 上；卷 130，頁 4 下；《明史》卷 2，頁 24、35。關於明太祖營建家鄉臨濠為中都的始末，詳見注 34.所揭資料。燕王府之地址與修建的考證詳見王璞子：〈燕王府與紫禁城〉，《故宮博物院院刊》，1979 年第 1 期，頁 70～77；又見上注 31.揭王劍英、王紅論文，頁 64～68。

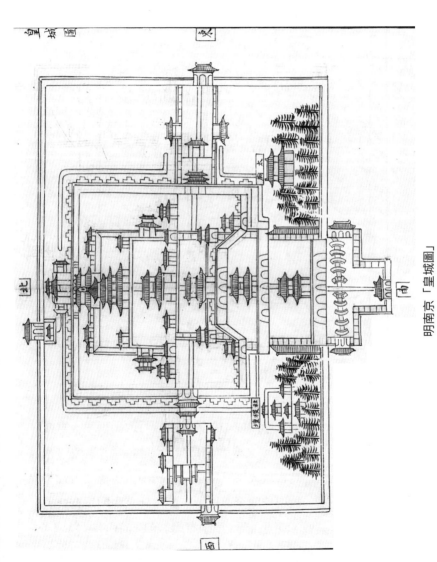

明南京「皇城圖」

（《洪武京城圖志》，附圖 1。）

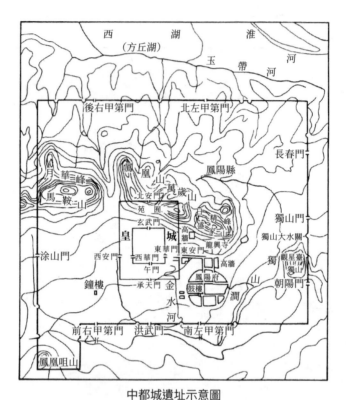

中都城遺址示意圖

（據王劍英：《明中都》附圖繪製。）

社稷壇成；九月，太廟及新內成；洪武元年八月改稱南京。宮城
在城中偏東，約二里見方，又稱「紫禁城」。是名源於紫微（紫
宮）垣，即北極星，為古代天宇三垣之一，居中央，視為天帝寶
座，皇帝貴為天子，故引伸喻至尊居所，而宮廷之內門戶有禁，
因此湊合稱作紫禁城。城開六門，周圍有護城河，河內有「前朝」
三殿：奉天、華蓋和謹身殿；謹身殿背為「後廷」二內宮：前為

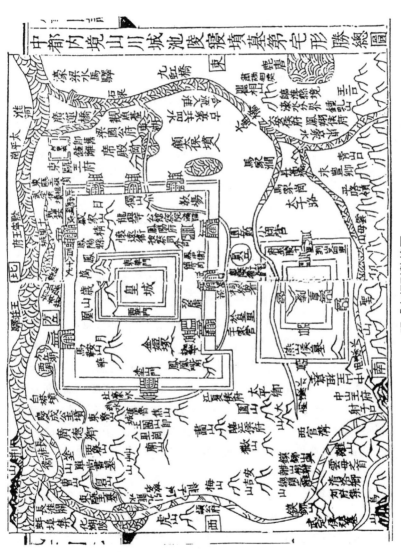

明「中都形勢總圖」

（《鳳陽新書》，附圖１０）

乾清、後為坤寧宮（建文繼位後在乾清、坤寧宮之間加一省躬殿），六宮依次排列，雄偉壯麗，氣象森嚴。皇城作⊓字形，亦開六門，周九十六（？）里。洪武八年 (1375) 七月太祖罷中都城役作之後，又下令仿照前者依據《周禮》「左祖右社，前朝後市」之法所制定的都城宮殿藍本，去擴建宮城、皇城內的宮殿、廟壇和官署，歷時十數載。至二十三年 (1390) 四月始興建京城的外郭，闢十六門，周一百八十里，而所有內外城的工程於二十八年 (1395) 才完成。[33]

---

33. 見《太祖實錄》卷 21，頁 1 上、9 上；卷 22，頁 3 上；卷 25，頁 1 上；卷 29，頁 6 上；卷 101，頁 1 上；卷 114；頁 1 下、卷 115；頁 4 下；卷 120，頁 4 下；卷 220，頁 4 上；卷 222，頁 4 下；卷 230，頁 3 下；卷 243，頁 4 下；何澤：《洪武京城圖志》〔洪武二十八年 (1395) 序刊〕；《明史》，卷 1〈太祖紀〉，頁 14；卷 2，頁 30、32；卷 40〈地理志〉，頁 910；王煥鑣等編：《首都志》（南京：正中書局，1935），頁 71～73。《明史・地理志》言「洪武二年九月始建新城，六年八月成」甚誤，當以《實錄》記載為確。詳見季士家：〈明都南京城垣略論〉，《故宮博物院院刊》，1984 年 2 月，頁 70～81；張泉：〈明初南京城的規劃與建設〉，收入中國古都學會編：《中國古都研究》〈杭州：浙江人民出版社，1986），頁 171～202，與徐泓：〈明初南京皇城宮城的規劃、平面佈局及其象徵意義〉，《國立臺灣大學建築與城鄉學報》，第 7 期（1993 年 12 月），頁 79～96。近人對南京城的其他研究見朱偰：《金陵古蹟圖考》（上海：商務印書館，1936），第 10 章；F. W. Mote, "The Transformation of Nanking, 1350～1400," in G. William Skinner, ed., *The City in Late Imperial China* (Stanford: Stanford University Press, 1967), pp. 101～153, 689～696；南京師範學院地

　　中都的新城處於臨濠舊城之西，於洪武二年 (1369) 九月興工，規模中有「紫禁城」、皇城和中都三道城，門闕形制皆依周制，但到八年四月，因為勞役過度，工匠反抗，由是中止工程，改建大內宮殿。不過，重要的是，中都與南京隨而仿效的皇城和紫禁城宮殿的藍圖，都成為永樂時建造北京城的模式，因此具有特殊意義。[34]

永樂帝遷都建造北京城

　　明太祖在位三十年駕崩 (1398)，嫡長子標早逝，皇太孫允炆承先旨嗣統，史稱建文帝，又稱惠宗。朱允炆繼位未久，即以「削藩」政策與諸王叔衝突，而燕王朱棣遽冒稱為高皇后倖存諸子之最長者，援引《皇明祖訓》條文，斥責建文縱容奸臣，變亂祖法，興兵討伐，史稱「靖難」之變（根據史家考證，朱棣本為蒙古汪古部之碩妃所生，他所以假冒為高后嫡子，因為《祖訓》規定嗣統者必須是正室所出）。1402 年 6 月，燕王大軍攻破南京，宮中

理系編：《江蘇城市地理》（南京：江蘇科學技術出版社，1982），第 1 章，與高樹森、邵建光編：《金陵十朝帝王州——南京卷》（北京：中國人民大學出版社，1991），頁 139～158 等。

34. 見《太祖實錄》，卷 45，頁 2 下～3 上；卷 71，頁 6 上；卷 99，頁 3 下～4 上；《明史》，卷 2〈太祖紀〉，頁 23、30；卷 40，頁 912。關於太祖對中都城營建的經過，詳見王劍英：《明中都》（北京：中華書局，1992），第 4 節。

火起，建文帝下落不明，一云焚死，一言喬裝出亡。次月，朱棣即帝位，改元永樂，史稱永樂帝，在位二十二年，大展鴻圖，功業燦然，廟號太宗，至世宗時改稱成祖以配祀太祖。[35]

　　朱棣登基後，除致力鞏固王權和擬定拓展策略，又進行重建北平府的城垣，準備取代南京為京都。改元之年 (1403) 正月，永樂帝即下詔以北平為北京，期月並改北平為順天府，下轄大興、宛平兩縣。同年秋間，詔令遷徙直隸蘇州等十郡、浙江等九省的富戶到北京；翌年，又遷徙山西的民戶萬餘到北京城。至四年 (1406) 閏七月，永樂下詔以明年五月建北京宮殿，遣派大臣宋禮、陳珪等分赴各地鳩集物料，徵召工匠、軍士和民丁至北京聽役。遷都的原因不難了解。首先，應天偏處一隅，不足為全國的中樞，太祖晚年已有遷都之意；次之，永樂長久駐蹕北平府，銳意將之發展為權力的基地與防範蒙古的堡壘；又其次，北京為歷史上之古都，元大都的宮殿未遭毀壞，皇城、大城亦完整無損，足為拓建京都的基礎。[36] 不過，雖然永樂四年已詔諭建築北京宮殿，但

---

35. 建文繼統與燕王篡奪的啟端，略見《明史》，卷 4〈恭閔帝紀〉，頁 59；卷 5〈成祖紀〉，頁 69。關於「靖難」之變的官私記載與考證，詳見王崇武：《奉天靖難記注》（上海：商務印書館，1948），與同作者：《明靖難史事考證稿》（四川李莊：國立中央研究院歷史語言研究所，1945）。

36. 見張輔監修：《太宗實錄》(1962)，卷 16，頁 1 上；卷 17，頁 1 上；卷 22，頁 6 上；卷 46，頁 3 下；卷 57，頁 1 上。關於永樂帝定都於北平之理由及建城之經過，除上揭有關北京城歷史之論著外，參見 Edward L. Farmer, *Early Ming Government*, chaps. 4～5，及閻崇年：〈明永樂帝遷都

由於翌年徐皇后病故，需要營建山陵，工程並未開始；十一年 (1413) 初長陵（在昌平縣天壽山下）竣工，十四年 (1416) 春長陵殿成，至此才進行營建。是年八月，永樂帝下詔在太液池西邊建造西宮為視朝之所；十五年 (1417) 初，遣內官倪忠至南京「丈量殿宇，相度規制」；到六月，在交趾（安南）名匠師阮安的監工下開始建造皇城、宮城（紫禁城）的宮殿、門闕及城池，至十八年十二月 （1421 年 1 月） 才完成基本工程。在這期間，曾於十年 (1412) 四月浚治北京通流等四閘河，十三年 (1415) 夏鑿清江浦以通漕運，十七年 (1419) 冬，以舊有元代的南面城壁倒塌，遂將其向南推移二里許，仍闢三門，成為以後北京城的形態。翌年，又建鐘樓、山川壇及天壇，至此規模具備。在這十數年的經營，單就興建紫禁城，朝廷已徵召十萬工匠與百萬民夫，其他物質工料，人力錢財消耗難以估計，結果建成一座空前壯麗雄偉的都城。[37]

北京迤議〉，收入氏著：《燕步集》，頁 342～364；萬依：〈論朱棣營建北京宮殿、遷都的主要動機及後果〉，刊於故宮博物院編：《禁城營繕記》（北京：紫禁城出版社，1992），頁 52～61 等。又略見《通史》，第 6卷，第 2 章第 3 節。

37. 見《太宗實錄》卷 127，頁 1 上；卷 164，頁 2 下；卷 182，頁 1 下～2上；卷 218，頁 3 上；卷 232，頁 1 下；《明史》，卷 7〈成祖紀〉，頁 96、99、100；卷 40，頁 884。又見明清北京史資料彙篇如孫承澤：《春明夢餘錄》（香港：龍門書店，1965），卷 6〈宮闕〉，頁 8 下～9 上；《天府廣記》（龍門書店，1968），卷 1〈建置〉，頁 4～5；卷 4〈城池〉，頁 38～39；于敏中等編纂：《日下舊聞考》（北京：中華書局，1981），卷 4〈世

　　十八年九月，永樂下詔以明年正月初一日改正北京為京師，不稱「行在」，然是年四月初八日，御新殿未滿百日，奉天、華蓋、謹身殿因雷殛失火被焚，帝懼違天意，不敢再事經營。永樂薨後，子仁宗嗣位，決意復都南京，遂下令北京各部院衙門均加「行在」二字，但在位一年即崩。宣宗君臣銳意文治，整頓國家，並不注意復都問題，因此至英宗初年仍沿用舊制，稱北京為「行在」。正統五年 (1440) 三月，英宗詔令重建三殿，六年 (1441) 九月完成，隨即廢北京各衙門「行在」二字，南京各衙門則增「南京」二字，一直到明亡，都保留這一深思熟慮的「兩京制度」。[38]

紀〉，頁 64～67；周家楣修：《光緒順天府志》〔光緒十一年 (1885)〕，卷 1〈京師志〉（城池），頁 7 下～8 上。近人著作略見《史話》，頁 97～99；《北京史》，頁 207～210；《北京的城垣》，頁 25～33；《通史》，第 6 卷，第 3 章。關於倪安與阮安對建造北京城的貢獻，詳見吳夢麟、劉精義：〈記研究明代北京營建史的重要誌石──「內宮監倪太監壽藏記」〉，刊於《北京與中外古都對比研究》，北京市社會科學院歷史所編（北京：燕山出版社，1992），頁 332～344；陳紹棣：〈明代傑出的建築規模家阮安〉，《學林漫錄》第 7 輯（1983 年 3 月），頁 243～248。

[38] 見《太宗實錄》，卷 229，頁 2 上；卷 236，頁 1 上；張輔監修：《仁宗實錄》(1963)，卷 8 下，頁 7 下；孫繼宗監修：《英宗實錄》(1963)，卷 65，頁 2 下；卷 85，頁 6 下；《明史》，卷 7，頁 99；卷 8，頁 108；卷 10〈英宗前紀〉，頁 132。參見《北京的城垣》，頁 84；Edward L. Farmer, *Early Ming Government*, p. 123. 關於北京「行在」之稱謂與「行部」設置之沿革，詳見徐泓：〈明北京行部志〉，《漢學研究》，第 2 卷第 2 期（1973 年 12 月），頁 569～598。

北京城的設計與建置

　　北京城的設計佈局極為嚴密完整，外城包著內城南面，內城包著皇城，皇城包著紫禁城，而紫禁城周圍又繞以護城河，皇帝的居所便成為全城的中心。此外，在建城設計時，還採用一條縱貫南北的中軸線來安排一切的建築和佈置。這條線穿過紫禁城的中心，南達永定門，北達鐘樓，全長約八公里，把京城分成東西兩半，以東歸大興縣所轄，以西歸宛平縣所轄。全城最宏偉的建築物和場地都安排在中軸線上，而其他的建築物也按照這條線來作安置和配合，洵為古代中外建築都城的一偉大設計。

　　紫禁城係沿用元大都城的大內舊址，為正方形但稍向南移，四周新鑿護城河。它的設計原則、建築樣式、佈局與格調，都凸顯古代營造都城，奉為圭臬的天極至尊、皇極神授的天人合一政治理念。這可見於城門的開闢、護城河之制定、「外朝」三大殿、左右二殿，「內廷」後三殿、東西十二宮的樣式、佈局，以至命名、圖樣及色彩，莫不井然有序，象徵以紫微垣為中心之宇宙天極。因此，紫禁城成為天地會合、四季融洽、風調雨順之處，亦是皇帝屹立於天下中心，安撫四海萬民之所在。紫禁城垣周六里十六步（3.5 公里，計南北長 960 公尺，東西寬 760 公尺），闢四門，正門（南）曰午門，後門（北）曰玄武，東門曰東華，西門曰西華。城內的主要建築都落在中軸線上，在南北門間的中央土，仿效南京宮城的形制，從南而北建造皇極（奉天）殿、中極、建極（原稱華蓋和謹身）殿、乾清宮，交泰殿和坤寧宮，稱為「外

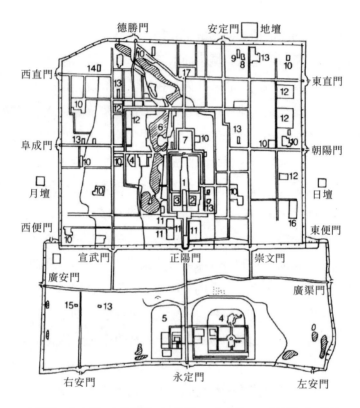

1 宮殿　2 太廟　3 社稷壇　4 天壇　5 先農壇　6 太液池（三海）
7 景山　8 文廟　9 國子監　10 諸王府公主府　11 衙門　12 倉庫
13、14、15 寺廟　16 貢院　17 鐘鼓樓

明清北京城平面略圖

（見謝敏聰：《北京的城垣與宮闕之再研究》，頁22。）

朝」三大殿和「內廷」後三殿（或後三宮）。前者為皇帝處理政事
之處，後者為皇帝及后妃的寢所。其他次要的建築都按照對稱排
列的原則，配置在中軸線的左右兩邊，例如「外朝」三大殿的左
右有文華殿、武英殿，「內廷」後三殿的左右，則有嬪妃居住的東
六宮、西六宮。後三殿北通御花園，再往北便是玄武門，坐落在
中軸線上的是萬歲山、鼓樓和鐘樓。萬歲山高十四丈七尺（46.67
公尺），相傳由土渣堆築而成，上有五峰，登臨山頂可以俯瞰全
城。此山立在元朝延春閣（后宮）之上，意在壓勝前朝，所以又
稱「鎮山」。紫禁城南面，在午門前的中心御道兩側，便是太廟和
社稷壇所在。此外，又在社稷壇之西、元朝太液池的南端開鑿南
海。這一工程擴大了皇家御苑西苑、以太液池為主體的水域，使
北海、中海、南海連為一體，往西北接上什剎海和積水潭，使紫
禁城北面有山、南面有海。[39]

---

[39] 見《春明夢餘錄》，卷 6，頁 10 上～17 上；《天府廣記》，卷 5〈宮殿〉，
頁 46～51；《日下舊聞考》，卷 33〈宮室〉，頁 494～496；《順天府志》，
卷 3〈京師志〉〈宮禁下〉，頁 18 下～27 上。近人論著見朱偰：《北京宮
闕圖說》（上海：商務印書館，1938），第 1～4 章；侯仁之：〈元大都城
與明清北京城〉，收入氏著：《歷史地理學》，頁 189～197；同作者：〈紫
禁城在規劃設計上的繼承與發展〉，刊於《禁城營繕記》，頁 7～15；又略
見《史話》，頁 99～104；《北京史》，頁 210～214；《北京的城垣》，第 4
章。關於建築紫禁城所依據的陰陽理論及其所反映的宇宙世界觀，見于
倬雲主編：《紫禁城宮殿》（香港：商務印書館，1982），〈專論〉，頁 18～
28；《北京的城垣》，第 7 章，與姜舜源：〈五行、四象、三垣、二極——

　　包著紫禁城的皇城位於京城中部，係在元大都皇城的舊址上擴建，周長十八里有奇，闢四門，正南曰承天、北曰北安、東稱東安、西稱西安，但由於西南缺少一角，並不是完整的四方形。皇城設計最突出的，是在正南的承天門開闢一個完整的「T」字形廣場，時稱「天街」，就是今日舉世矚目的天安門廣場前身。廣場的東西南面修築了宮牆，把廣場完全封閉，三面各開一門，東曰長安左門，西為長安右門，南曰大明門。宮牆內建築一排列，主要用來存放檔案的廊廡，稱為「千部廊」，東西相向各一百一十間，其北端在承安門前又分別轉向東西各三十四間，千步廊的中間，就是稱「天街御衢」的御道，從大明門向北直達承天門。廣場的東邊是中央官署所在地，五府（前後中左右軍都督府）、各部（吏戶禮兵工部）對列東西。大明門前橫亙著一條棋盤街，這是東西兩城交通往來的孔道，也是商業活動的集中地，正南是正陽門，又正南為永定門。永定門裡以東為天壇，以西為山川壇（後改稱先農壇），這是皇帝祭天和祭祀農神的場所。[40]

　　包著皇城的是內城，原稱京城，亦名大城，到後來又增築外牆才改稱內城。城周四十五里，全部用磚包砌，城牆高 12 公尺。

紫禁城），刊於故宮博物院編：《清代宮史探微》（北京：紫禁城出版社，1991），頁 251～260。地圖見《地圖》頁 35～36。

[40] 見注 39.揭資料。又略見《史話》，頁 102～104；《北京史》，頁 214～216；《北京的城垣》，第 3 章。皇城圖見《地圖》頁 33～34。關於天安門的歷史，略見趙洛、史樹青：《天安門》（北京：北京出版社，1957）。

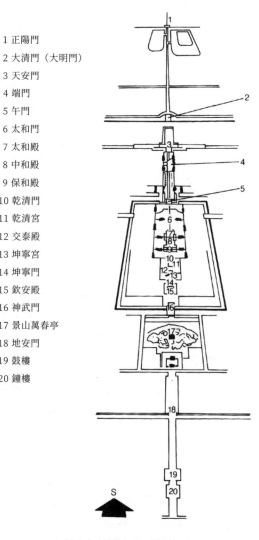

1 正陽門
2 大清門（大明門）
3 天安門
4 端門
5 午門
6 太和門
7 太和殿
8 中和殿
9 保和殿
10 乾清門
11 乾清宮
12 交泰殿
13 坤寧宮
14 坤寧門
15 欽安殿
16 神武門
17 景山萬春亭
18 地安門
19 鼓樓
20 鐘樓

北京城中軸線主要建築位置
（據于倬雲：《紫禁城宮殿》，頁 28 繪製。）

明初徐達將北邊的城牆往南縮短五里，到永樂十七年則將南邊的城牆往南擴張二里許，仍闢三門，名稱依舊。正統元年 (1436) 底開始修建九門，至四年 (1439) 初完工。每個城門上都建有重樓，為了防護外敵入侵，又在城門之外增築一座弧形或方形的牆，稱為甕城，並在其上修建箭樓以加強守備。城門的名稱亦有更變，將麗正門改稱正陽門，文明門改為崇文門，順承門改名宣武門，齊化門改稱朝陽門，平則門改為阜成門，但是明初改稱的安定和德勝門、東直和西直門則依舊不動。更名後的內九門為清朝因襲，今天仍然沿用。此外，還在城南建築宏偉壯麗的天壇、山川壇（後改先農壇），又在城北建了地壇、城東建了日壇、城西建了月壇，以為皇帝祭祀天地、日月、山川的場所。[41]

北京城的形狀，從永樂到世宗中葉都沒有改變，但到嘉靖三十二年 (1553) 初，為要防衛蒙古俺答入寇，興建包圍南郊一面的外羅城，便出現所謂外城。本來計畫將內城四周都加築外垣，唯因經費不敷，只修南面，俱以磚包砌，因成凸形，把天壇和山川壇都納入外城的範圍內。工程於是年底竣工，南面開四門，正中為永定門，東為左安門，西為右安門，東西兩面各有一門，東稱

---

41. 正統初年修建北京城九門事見《英宗實錄》卷 23，頁 10 上；卷 54，頁 8 上；《明史》，卷 40，頁 884。詳見《春明夢餘錄》，卷 3〈城池〉，頁 3 上～4 下；《天府廣記》，卷 4〈城池〉，頁 39～40；《日下舊聞考》，卷 4〈世紀〉，頁 66～67；《順天府志》，卷 1〈城池〉，頁 8 上～10 下。又略見《史話》，頁 103～104；《北京史》，頁 208～210；《北京的城垣》，頁 35～40。城圖見《地圖》頁 31～32。

廣渠，西名廣寧（即廣安門），東北和西北兩隅還各有一門，分別
稱為東便和西便門。北京城由是便有「內九，外七」十六門，此
後城牆再未有增建，其名稱亦保留至今天。外城南北長 3,100 公
尺，東西長 5,350 公尺，整個北京內外城面積為 62 平方公里，成
為中國和世界一座巍峨的偉大都城。[42]

北京城的規劃與特色

明北京城共劃分成三十六坊，計內城二十八坊，外城八坊，
分屬東、西、南（外城）、北、中五城管轄，依坊建築街巷胡同。
內外城每一座門都有筆直的大街，著名的凡三十餘條，大街多作
南北向，而胡同則作東西向，縱橫交錯，形似棋盤。根據嘉靖時
的記載，當時街巷有七百一十條，胡同四百五十九條，比元朝的
增加近三倍，分佈內外城，為居民住宅的集中地。商業區位於內
城北面的鼓樓和西四牌樓附近，永樂時已在皇城四門、鐘鼓樓、
東、西四牌樓以及朝陽、安定、西直、阜城、宣武門附近興建幾
千間廊房，召民居住，召商居貨。同時，亦建會同館，方便外國

---

42. 見注 41. 揭資料。 嘉靖三十二年興建外城事見張溶監修：《世宗實錄》
　　(1965)，卷 396，頁 1 下～4 上；卷 403，頁 6 下～7 上；《明史》，卷 40，
　　頁 884。關於明代北京的城牆和城門的研究，詳見喜仁龍 (Oswald Sirén)
　　著、許永全譯：《北京的城牆和城門》（北京：燕山出版社，1985），第
　　3～8 章。

來朝貢的使節、或是從邊疆來的外民族在京師進行貿易。由於漕
運是從城南轉陸路入京，正陽門、崇文門以南逐漸形成新的商業
區，最繁華的市街「朝前市」就是在正陽門內外。[43] 大明門前的
棋盤街是東西城來往的要衝，重要的官府機構都集中在大明門的
東西側，其東為會同館南館，因此棋盤街百貨雲集，非常熱鬧。
正陽門外大街側，亦滿佈市廛旅店商號，其中廊房「頭條胡同」
的商人富冠全城。此外，城內多處還有米、豬、騾馬、羊、果子
等專門市集，而隆福寺、護國寺、東嶽廟、城隍廟、白雲觀等寺
廟定期舉行的廟會，也成為物資交流中心。文教區位於安定門內，
其中成賢街北的國子監，便是元明清三代的太學所在，內有宏偉
的孔廟、講壇、圖書館、刻書處等。永樂間在北京學習的監生達
萬人，為一規模可觀的高等學府。此外，在現今東城的貢院東西
街一帶，興建於萬曆的貢院，亦是北京城的文教重點，這是明代

---

43. 見《春明夢餘錄》，卷 5〈城坊〉，頁 1 上～4 下；《天府廣記》，卷 2〈城
　　坊〉，頁 19～21。詳見張爵：《京師五城坊巷衚衕集》（北京：北京出版
　　社，1982）；又見翁立著：《北京的胡同》，頁 73～82。明代京師的商業狀況
　　略見《史話》，頁 118～123；《北京史》，頁 157～163；《通史》，第 6 卷，
　　第 4 章第 1 節。關於會同館的建立與京師貿易的發展，參考趙令揚：〈明
　　代會同館〉，《大陸雜誌》，第 41 卷第 5 期（1970 年 9 月），頁 17～30，
　　及羅保平：〈明清時期北京市場初探〉，刊於《北京史苑》第 4 輯 (1988)，
　　頁 242～256。明代漕運論著甚多，其與北京的關係略見吳緝華：《明代海
　　運及運河的研究》（臺北：中央研究院歷史語言研究所集刊，1961），頁
　　37～42。

三年一次開科考試的試場。[44] 由此可見，北京內外城的結構和活動，無論在商業或文化，都有相當的發展，反映出一代京都的特性。

從永樂開始，北京城郊也進行其他的建築工程，例如修建寺院，包括道教、佛教、喇嘛教的寺院和回教的清真寺，整個明代達千餘所。又建築很多大小的園林別墅，佈置雅潔精緻，有山水、有石、有流泉、花木，樓閣亭臺，欄杆和橋梁，構成一個幽美閒適的休憩風景郊區。還有，明代十六帝后除卻太祖朱元璋、建文帝朱允炆和景泰帝朱祁鈺，十三位都在近郊昌平縣北天壽山下歸葬。從永樂興建長陵開始，歷代都有營建陵墓，終明之世共十三座，稱十三陵。每座陵墓都佔地廣闊，規模宏大，建築精巧，耗費人力物力財貨無算，卻為北京城郊區，增添一系列輝煌壯麗的建築群。[45]

---

44. 見注 43.揭資料。關於明代京師的市集、廟會等商業活動，又見郭子昇：《北平廟會舊俗》（北京：中國華僑出版公司，1989）有關章節。關於明代國子監與監生的活動，參閱林麗月：《明代之國子監生》（臺灣：國立臺灣師範大學歷史研究所，1979）；又見《通史》，第 6 卷，第 14 章第 1、6 節。

45. 關於明十三帝陵寢的概況，見顧炎武：《昌平山水記》（北京古籍出版社，1982），卷上，頁 4～14；《春明夢餘錄》，卷 70〈陵園〉，頁 3 上～4 下；《天府廣記》，卷 40〈陵園〉，頁 552～557。詳見湯用彬纂：《舊都文物略》（北平：市政府祕書處，1935），〈陵墓略〉，頁 1～7；謝敏聰：《中國歷代帝王陵寢考略》（臺北：臺灣學生書局，1980），頁 167～171，及胡漢生：《明十三陵大觀》（北京：中國青年出版社，1993）。

北京城的水源問題

北京作為都城最主要的困擾，仍是水源問題，不是疏通運河以方便漕運，就是開導泉流，供應日常居民的必需。早年因為京師不在北京，這些問題並不存在，但到永樂定都，修建宮闕城垣，情況便有改變。從漕運而言，永樂早年由於水源枯竭，通惠河日久堙塞，不能行舟，便已需要陸輓，耗費不貲。還有，在修建宮闕時，因為要把元朝的皇城向東南三面開拓一些距離，結果將繞經舊日皇城東北及正東一面的運河圈入城內，漕船自此不能進入皇城，這一段路程只能仰賴陸運。成化年間，有司曾建議重浚通惠河，但因上游玉泉水不足，河道多難行舟而不能收效，其後嘉靖、正德之世數次賡續工程，亦徒勞無功。此外，北京城郊的水源亦不如元大都的豐沛，主因是白浮泉因修建明陵而斷流（白浮經明陵之南為堪輿家所忌，故不再導引），水源枯竭，金水河上游由是棄置，玉泉水匯注西湖景（即元甕山泊）後，便由白浮下游舊道入德勝門水關，至什剎海，一支流注三海，一支流入通惠河。這樣，明代北京城的宮苑給水，就與城郊運河同出一源，併合為一流，而京城居民的水源便自此銳減，嚴重地受到氣候轉變的影響，其情況後代相沿，一直到今天並無大改變。[46]

---

[46]　見《明史》，卷 85〈河渠志〉，頁 2110～2113；《春明夢餘錄》，卷 69〈川渠〉，頁 1 上～4 下；《天府廣記》，卷 36〈川渠〉，頁 474～476；《順天府志》，卷 46〈河渠志〉（河工），頁 7 下～19 下。關於明代北京城的水源

　　在永樂及後繼諸帝的銳意經營下，北京成為大明帝國的政治經濟中樞、學術文化的淵藪，和與外國藩屬往來的都會，在各方面都有顯著的發展。明北京是有計畫建造的都城，特色是四面八方的總匯，對全國各地區產生套納和放射的作用。例如，紫禁城和宮殿的形制，是按照應天南京城的宮闕制度，物料與工匠來自不同的地區。北京本地人口稀薄，需要從外邊徙民充實，因此從永樂開始下至嘉靖、隆慶，曾數度遷移南直隸、蘇浙等郡富戶至京師；到了萬曆初，北京人口的七十多萬中，不少是從江南各省徙來。[47] 由於北京是統治帝王的都城，官宦麇集之地，和中樞考試詮選的場所，因此吸引了無數從各省府州縣來的文學士，促進京畿跨地區的政治、學術和文化的交流。明北京的另一特色是蒙

及漕運問題的討論，見注 6. 揭侯著收入《歷史地理學》論文，頁 295～300；蔡著：《北京古運河》，第 2、3、5 章，及王偉傑、任家生等著：《北京環境史話》（北京：地質出版社，1989），頁 62～65。

[47] 永樂初年徙民充實京師的詔令見《太宗實錄》，卷 22，頁 6 上；卷 34，頁 4 下；卷 46，頁 3 下；又見《明史》，卷 6，頁 80、81、82。根據萬曆六年 (1578) 的統計，順天府有 100,134 戶，706,861 口。見《明史》，卷 40，頁 885；《順天府志》，卷 49〈食貨〉（戶口），頁 3 下。梁方仲對此數字作考訂，核實為 82,462 戶、562,134 口；見所編：《中國歷代戶口、田地、田賦統計》（上海：人民出版社，1980），附表 28，頁 457。有關明代北京的人口與其他朝代比較，見崔永福、譚列飛：〈漫談歷史上的北京人口〉，刊於《北京史苑》第 2 輯 (1985)，頁 343；又見賀樹德：〈明清兩代北京人口初探〉，收入《京華舊事存真》第 2 輯，頁 188～192。

古居民充斥，大多是留滯的故元朝文武官員及其眷屬，他們從永樂時開始被收編入軍伍，或充當各種類的朝廷職務，對京師的政治經濟和社會都有相當影響。[48] 更且，明廷長期與外國發展頻密的「朝貢關係」，經常有外籍貢使和隨從往來京師，由是使京城增添了一些國際色彩。此外，北京的經濟資源，主要來自全國各地，川流不息地透過水陸兩路輸送歲糧和物資，因此融會吸收了各地區的特色，維持京師的繁榮富庶，和鎔鑄成一個多元的性格，象徵著中華帝國兼收共蓄的一統性。這些明代北京城的特徵，雖然有些是前朝的遺產，但大多是有國二百年間孕育出來，為後繼的滿清王朝和現代的北京奠下堅固的磐石。

---

48. 根據蒙古史專家司律義司鐸的研究，元亡後有四、五十萬蒙古軍士及家屬淹留中國不返，《實錄》甚多記載，對京畿人口的種族比例有很大影響。詳見 Henry Serruys, *Sino-Mongol Relations during the Ming I: The Mongols in China during the Hung-wu Period, 1369～1398, Mélanges chinois et buddhiques*, vol. 11 (Brusselles, 1959), pp. 47～50 ; 又見 "The Mongols in China, 1400～1450," *Monumenta Serica*, 26 (1968): 233～305。

五、清代的北京城

　　明朝經歷二百七十六年，由於末代帝王昏庸腐朽，苛政暴斂，人心思變，便被李自成率領的農民武裝集團推翻。1644年正月李氏在陝西稱帝，以「大順」為號、以西安為西京；三月中攻克北京，四月底即皇帝位一天就撤出。五月初，滿族攝政王多爾袞統軍進入京師，結束大順政權，隨迎始祖努爾哈赤裔孫順治即位，改國號為「大清」，鼎定國史上最後的君主王朝。[49] 滿清諸帝仍以北京為京師，沿襲明朝的宮闕制度，除卻將若干建置如城垣、宮殿、樓廊的名稱稍微改變和作必要的修建，並無顯著的更革。此可見於康熙時朱彝尊編輯之《日下舊聞》及後繼之考證。[50] 在行政設施方面，制度亦一如前朝，仍置順天府於京畿，下轄大興、

---

49. 見《明史》，卷309〈李自成傳〉，頁7963、7967；趙爾巽等纂：《清史稿》（北京：中華書局，1977），卷4〈世祖紀〉，頁87、89。參見《通史》，第6卷，第13章。

50. 朱彝尊之《日下舊聞》成於康熙三十五年(1686)，共十三門，四十二卷，為首本輯錄北京歷史文獻之資料總集，一時士林稱譽。乾隆三十九年(1774)，弘曆帝詔將此書加以增補、考訂，由于敏中、英廉任總裁，因成（欽定）《日下舊聞考》一百六十卷，於乾隆五十年(1785)至五十二年(1787)間刻出書，為研究北京城必備之官方核許參考書。從是書可見，明清北京城一脈相承，雖有損益，但不可分割，故此近人論述北京城，多以明清兩代並舉。

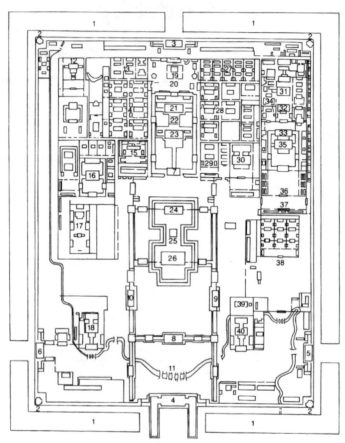

1 筒子河　2 角樓　3 神武門　4 午門　5 東華門　6 西華門　7 乾清門　8 太和門

9 體仁閣　10 弘義閣　11 金水橋　12 英華殿　13 西五所　14 西六宮　15 養心殿　16 慈寧宮

17 慈寧宮花園　18 武英殿　19 欽安殿　20 御花園　21 坤寧宮　22 交泰殿　23 乾清宮　24 保和殿

25 中和殿　26 太和殿　27 東五所　28 東六宮　29 齋宮　30 奉先殿　31 樂壽堂　32 養性殿

33 寧壽宮　34 寧壽宮花園　35 皇極殿　36 皇極門　37 九龍壁　38 南三所　39 文淵閣　40 文華殿

明清紫禁城總平面圖

(據朱偰:《明清兩代宮苑建置沿革圖考》附圖繪製。)

宛平兩縣；京城的管理亦然，直至十九世紀文宗至德宗時，由於英法聯軍（咸豐十年，1860）和八國聯軍（光緒二十六年，1900）先後入侵，才有較頻繁和顯著的變化。因此，近人論述北京城，都是以明清北京二城並舉。

紫禁城的擴建和制置

　　清代北京城，最豪華壯麗的自然是「紫禁城」，規模氣勢較諸前朝有過之而無不及。李自成攻陷京師時，宮城的三殿二宮及大部分的城門曾數次為流賊焚燬，所以順治即位後，即就舊地基修復重建。由於工程龐大，加以國初百廢待舉，進展遲緩，至聖祖康熙二十五年 (1686) 始基本完成。康熙後期與世宗（雍正）時增建漸多，而以高宗乾隆一朝最為頻繁，此後國力衰退，少有興造，故此仁宗（嘉慶）朝 (1796～1820) 守成，僅有修築而無增建。清代紫禁城仍開四門，北門改名神武，其餘三門仍沿舊稱。主體建築一如明制，分前朝與後廷。前朝三大殿改稱太和、中和、保和殿。太和殿為皇帝設朝之處，舉凡國家重大典禮，如朝會、賜宴、命將出師等都在這裡舉行。中和殿為升朝之前接見內閣及各部大臣之所，亦為在出祭太廟、社稷之前作準備之處，而保和殿則為歡宴群臣、外藩使者，及舉行科舉殿試之所。保和殿後為三大宮，沿舊稱為乾清宮、交泰殿、坤寧宮。乾清宮為皇帝的寢宮，召對大臣之處；交泰殿為皇后三大節受朝賀之所，亦為存放御璽之處；坤寧宮則為帝后寢宮、皇帝大婚之所。坤寧宮後為御花園，其北

側為欽安殿，為祭祀元（玄）天上帝之處，其後即神武門。後廷
兩側仍為東、西六宮，為帝后嬪妃之居所。西六宮南有養心殿，
為皇帝聽政頤養之便殿，其東殿則為清末慈禧太后「垂簾聽政」
處。前朝兩側為文華殿與武英殿，東西並列。前朝內廷之間，東
側有奏事所，設於順治初年，西側有軍機處，設於雍正年間，為
清代施政與權力鬥爭的重要中心。[51]

　　清初三朝國富民康之時，紫禁城內增添了不少新的建築物。
例如在聖祖朝興建的有毓慶宮、惇本殿、咸安宮、寧壽宮、昭仁
殿、宏德殿等，分別建於康熙十八年 (1679)、二十一年 (1682)、
二十七年 (1688)、三十六年 (1697)。隨後雍正七年 (1729)、九年
(1731) 又建咸安宮官學及齋宮。高宗時更大興土木，落成的有建
福宮、乾清等門直廬、壽安宮、東華門迤北琉璃門、北海萬佛樓、
文淵閣等，分別建於乾隆五年 (1740)、十二年 (1747)、十六年
(1751) 二十四年 (1759)、三十五年 (1770)、三十九年 (1774)。此

---

51. 見《日下舊聞考》，卷 9～19〈國朝宮室〉；《順天府志》，卷 2～3〈京師
　　志〉。詳細考證見朱著：《北京宮闕圖說》，第 1 章；同作者：《明清兩代
　　宮苑建置沿革圖考》，第 3 章；又略見《北京旳城垣》，第 5～6 章；《北
　　京史》，頁 265～269。近人對紫禁城之學術著作甚多，偏重清代者有李學
　　文、魏開肇、陳文良：《紫禁城漫錄》（鄭州：河南人民出版社，1986）；
　　汪萊茵、陳伯霖：《紫禁城──紅牆內的宮闈舊事》（天津：南開大學出
　　版社，1989）；及收入清代宮史研究會編：《清代宮史探微》（北京：紫禁
　　城出版社，1991），與故宮博物院編：《禁城營繕記》（北京：紫禁城出版
　　社出版社，1992）二書有關論文。城圖見《地圖》頁 41～42。

外，紫禁城東北隅之養性殿、樂壽堂、頤和軒等殿堂及乾隆花園；西北隅之重華宮、延春閣、西花園、與慈寧宮、西壽康宮等，亦係清代新建成或改建的重要建築物，其規模瑰麗皆媲美前朝。[52]

　　包圍著紫禁城的清皇城仍闢四門，不過其南的承安門更名天安門，往北的北安門改稱地安門。天安門外廣場及長安左門、右門亦如舊，唯大明門易名大清門（民國改中華門）。天安門內由端門至午門，以至太廟及社稷壇都承舊制。地安門明代的萬歲山則改名景山，俗稱煤山，山上五峰並列，峰頂各有一亭，建於乾隆十五年或十六年（1750 或 1751）。中峰一亭名萬春，適當全城的中軸線上，形勢宏偉；其左為觀妙、周賞，右為輯芳、富覽，東西四亭兩相對稱，十分壯觀。此外，清皇城另有幾處較顯著的更革。例如，原皇城東南隅明代小南城的重華宮，康熙時改建為嗎哈噶喇廟，不過附近明朝建的皇史宬仍獲保留。至於皇城西苑的若干宮殿，如玉熙宮、清馥殿、萬壽宮、嫁幾山和旋坡臺等，有些被廢除，有些則改建，變化較大。在行政管理方面，清朝與明代迥異的，就是清廷將皇城的東安、西安、地安三門開放予居民遷住。因此，前明內官各衙署所在地，漸漸轉變為居民的「胡同」，如內官監胡同、織染局胡同、酒醋局胡同、惜薪司胡同等等。至如皇城內的水系，與前朝比較亦無甚改變。太液池明代始稱「三海」：北海、中海和南海，到清朝逐漸流行，而三海周圍的

---

52. 見注 51.揭資料；又見朱著：《明代宮闕圖說》，第 2～4 章；同作者：《明清兩代宮苑建置沿革圖考》，第 3 章。

西苑亦相繼修建，使園林景色益加秀麗多姿。世祖曾於順治八年
(1651)，在瓊華島上建一西藏式白塔，聳立湖山之上，塔前的永
安寺，便是前朝廣寒宮故址，新舊輝映、凸顯出一代的建築風格。
故此總的來說，清代的皇城是比明朝更多姿多采，豪華壯麗。[53]

京城的規劃及管理

　　清代北京城前期的整體佈局，亦沿用明朝制置分內、外城，
內九外七的十六座城門名稱無改，街道規劃系統亦從其舊，只有
局部建置與市政管理有所不同。例如，在皇城前中央官署的集中
地區，廢除了明代的五軍都督府，將府址析為民居；又將刑部、
都察院、大理寺三法司遷到皇城前之右面，即明代後軍都督府與
錦衣衛等所在地，由是改變了皇城中央官署左右對稱的佈局。明
代若干倉廠，如安民廠、廣平廠、天師庵草場、新太倉、臺基廠，
及盔甲廠等，或廢為民居，或改建為王府。至於市政管理方面，
清初便有重大變革，最顯著的是廢除內城坊制，規定內城由滿洲
旗人居住，歸八旗統領（提督）管轄。雍正三年 (1725) 所議定的
各旗界址，可從乾隆十四年 (1749) 開始繪製的《京城全圖》見

---

53. 見《日下舊聞考》，卷 39～42〈皇城〉；《順天府志》，卷 13～14〈京師
　　志〉（坊巷）。又見朱一新：《京師坊巷志稿》（北京：北京古籍出版社，
　　1982）上下卷。皇城圖見《地圖》頁 43～44。關於清代北京城「胡同」
　　的發展，詳見注 64 揭近人論著。

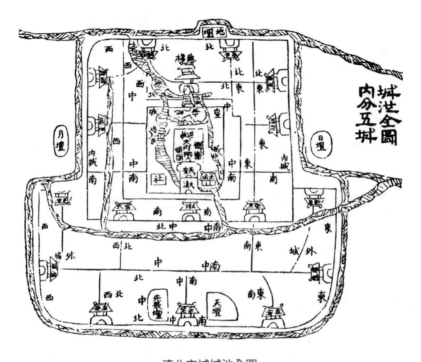

清北京城城池全圖

（吳長元：《宸垣識略》卷 1，附圖 1。）

到。[54] 例如，左翼鑲黃旗管安定門內之前明金臺、靈椿等五坊；
正白旗管東直門內之前明仁壽等三坊；鑲白旗管朝陽門內之前明
保大等三坊及黃華場；正藍旗管崇文門內之前明南薰等二坊；右
翼正黃旗管德勝門內之前明日中等三坊；正紅旗管西直門內之前

54. 乾隆十五年之京城全圖已收入《地圖》，頁 43～44，及中國社會科學院考
　　古研究所編輯：《明清北京城圖》（北京：地圖出版社，1986）。詳細考
　　證，見是書卷首：〈明北京城復原圖說明書〉，頁 1～8。

明朝天宮西等四坊；鑲紅旗管阜成門內之前明金城等四坊；鑲藍
旗管宣武門內之前明阜財等二坊。外城主要由漢人佔居，原來內
城漢官商民亦皆徙居外城。外城仍設坊管理，將前明八坊合併為
東、西、南、北、中五城，歸巡城御史管理，由都察院奏派，是
一項重大的更革。清廷這種對北京內外城住民按民族進行區分政
策，旨在保障徙居京師的本族人的地位與優越感，對漢人進行壓
迫和岐視。不過，在清朝後期，由於種種政治與社會的動盪和京
畿人口壓力，此種強制的分族居住制度已慢慢廢弛，但是整個制
度，直至光緒末年民政部成立後，將全城分為內外左右十區，由
警廳管治始廢置。[55]

西郊園林的營建

　　清朝對北京城經營的一大貢獻，是發展西郊境內群峰疊立、
泉流匯集，屬於太行山的一個支脈，通稱為西山的園林。從國力
鼎盛的康熙朝開始，清室在前代建築的基礎上，一共擴建了時稱
「三山五園」〔暢春園、圓明園（包括長春、綺春園）、玉泉山靜
明園、香山靜宜園、萬壽山清漪園〕的皇室園林。東起自海淀村，
西至香山，三十里內都是瑰麗精雅的離宮別館、殿閣樓臺，規模

---

55. 見《日下舊聞考》，卷 72〈官署〉，頁 1206～1208；《順天府志》卷 13，
　　頁 55 上～58 上；略見《北京史》，頁 249～252；《北京的城垣》，頁 51～
　　52；《通史》，第 7 卷，第 3 章第 1 節。

龐大、工程浩繁，前朝罕與匹敵。最先興建的是康熙初年修治的暢春園。原址是晚明皇戚武清侯李偉的清華園，位於海淀北鄰低下的湖泊沼澤之區，為上游平地泉流所灌注，形制宏偉，風景綺麗。鄰近著名的勺園，為書畫家米萬鍾所開闢，取「海淀一勺」之意，故址俱在北京大學境內。暢春園周方十餘里，落成後康熙帝常駐蹕，處理政事，駕崩亦在其處。初建時工程簡樸，康熙亦曾言其「茅屋塗茨，略無藻飾」，至乾隆時始大事擴展粉飾，不過整座園林於庚申 (1860) 英法聯軍攻陷北京時被焚燬，今日只剩下兩座廟門。[56]

　　圓明園是這些園林的精萃，歷代皇室園林的典範，也是世界上宮苑建築的奇珍。圓明園原屬暢春園，在其西北部，包括毗連東南的長春、綺春（萬春）園，故稱「圓明三園」，遺址在北京大學、清華大學的北部。全園面積周二十餘里，佔地五千多畝，由平地起園，堆土成崗，引水為池，其間宮殿樓閣、亭臺館榭林立，工程繁大，耗貲無算。從康熙四十八年 (1709) 創建圓明園，至乾隆九年 (1744) 基本完成，隨後興建長春、綺春園，後繼三朝不斷增修，經營達一百五十年之久。康熙以後諸帝常在園中駐蹕，舉行朝政宴會，因此圓明園成為僅次於紫禁城的政治活動中心。圓明園劃分為內朝與外朝，建築宏偉而富麗堂皇。外朝由大宮門（正

56. 見《日下舊聞考》，卷 76〈國朝苑園〉（暢春園），頁 1268～1285；《順天府志》，卷 4，頁 3 上～6 上。略見《史話》，頁 145～148；《北京史》，頁 265～270；《通史》，第 7 卷，第 9 章第 4 節。

門）、二宮門的宮殿官署組成，佈局猶如一個具體而微的政府。大宮門前面的東西側有六部朝房，為中央政府各衙署所在；其後二宮門的正中便是正大光明殿，是皇帝朝會聽政之所。殿後為前湖、後湖，被九個小島嶼團團環抱，正北有九洲清晏殿，為內廷宮殿的中心。往東是福海，是園中最大的人工湖泊，湖中有兩個毗連的島嶼，稱作「蓬島瑤臺」，宛若仙境。圓明園有四十處（後來增加八處）精緻可賞的風景點，稱為「四十景」，由各種不同的殿閣樓臺、廊榭山石組成，很多名景都是模仿全國著名園林設計建造，所以千妍百態，琳瑯滿目。相繼興建的長春、綺春園各有特色。長春園在福海東鄰，原為乾隆計畫頤養晚年之處，主體建築為居於中央雄偉秀挺的淳化軒，和在東北角仿照蘇州園林建造的獅子林。最突出的是乾隆十二年 (1747)，命供職朝廷的歐洲傳教士在園北近牆興建的西洋樓房，全以漢白玉、艾葉青磚石砌成，房頂則用中國琉璃，庭園建有歐式噴泉，俗稱「西洋樓」，十分壯觀。綺春園則為皇太后的住所，園內有含光樓、四宜書屋、凌虛閣等三十多處著名風景點，皆以建築壯麗，景色綺美見稱。這座舉世知名的圓明三園，連同其間陳設罕見的大量珍寶藝術文物，都不幸在庚申年被侵入北京的英法聯軍縱火付之一炬，同治十二年 (1873) 曾下詔重建，並將綺春園更名萬春園為慈禧太后私邸；光緒初年又再修繕三園，但未竟又為八國聯軍毀壞，今日只餘殘垣敗瓦，供人憑弔而已。[57]

---

57. 見《日下舊聞考》，卷80～83〈國朝苑囿〉（圓明園）；《順天府志》，卷

郊區水利的發展

在修建圓明園與長春園當中，由於大量鑿池引水，發源於萬泉莊諸泉的河水已難滿足，於是同時展開整理西郊的河湖水系，至乾隆十五年 (1750) 始完成基本工程。這一系列的工程，不僅為西郊的園林開拓水源，改善京城的供水系統，並且增加通惠河上游的流量，紓解漕糧運輸的困難。後者極受注視，因為清前期沿明制仍用運河為漕運主幹。治水主要的工事包括：⑴建築石槽分別導引西山臥佛寺、碧雲寺、與香山諸泉水匯注四王府廣潤廟內石築方池；⑵仍用石槽自廣潤廟方池引水東流與玉泉山諸泉水相匯；⑶疏浚玉泉山東下的舊有渠道引導泉水東注甕山泊；⑷開拓甕山泊東岸築造新堤，下設二龍閘，按時開關以保證海淀諸園及近郊的用水。此外，又在甕山泊（隨更名昆明湖）南端，新建秀漪橋閘以調節京城水，並在北端改建青龍橋閘，專司洩洪之用。由於這幾番調整，昆明湖遂成京師郊外第一座人工水庫，玉山及附近諸泉不斷直流匯注，除卻應付用水需要，還保證通惠河上游水源充沛，維持漕運水道的暢通。[58]

4，頁 10 上～21 下。近人研究圓明園歷史及藝術者甚眾，可參考劉鳳翰：《圓明園興亡史》（臺北：文星書店，1964），及王威：《圓明園》（北京：北京出版社，1980）。圓明園圖則見《地圖》頁 53～54。

58. 見注 57.揭資料。關於清代整理北京西郊水源的成績與影響，略見注 6.揭侯著收入《歷史地理學》論文，頁 300～302；蔡著：《北京古運河》，第 5 章；段著：《燕水古今談》，頁 33～45，及王偉傑、任家生：《北京環境

　　隨著水系的整理，弘曆帝就於乾隆十五年，在甕山南麓的風景區興建清漪園，作為慶賀其母轉年六十誕辰的大禮，因此將山改名萬壽山，將湖改名昆明湖。甕山在明代建築稀少，唯以山水勝。乾隆開始大興土木，修建了勤政殿、怡春、玉瀾堂、宜藝館、樂壽堂等宮殿堂館。同時，在聽鸝館西昆明湖中建築「石舫」，昆明湖東堤上鑄造銅牛，並且模仿無錫秦氏的園林，修建了惠山園（今之諧趣園）。此外，又在萬壽山改建舊寺為「大報恩延壽寺」，內有五百羅漢圖。漪春園於乾隆二十九年 (1764) 全部完成，豪華宏麗、美輪美奐，顯赫一時，不過，主要的建築都被英法聯軍焚燬。到光緒十四年 (1888)，在慈禧太后主政下，德宗詔令重建漪春園，改稱頤和園，規模與宏麗遠過前代；八國聯軍侵入時遭到嚴重破壞，事後又再修繕，維持舊貌，一直保留至現在，與故宮同為京華最著名的文物保護及旅遊單位。[59]

　　清漪園之外，其他兩園林都落在昆明湖上游的玉泉山與香山之間。玉泉山的園林，早在金朝已經開始經營，章宗曾在是處建造芙蓉殿行宮，後代屢有修葺擴展，康熙十九年 (1680) 改建為澄心園，三十一年 (1692) 始易名靜明園，乾隆時再加擴建，仍沿舊稱。玉泉山之西至香山之間，山林勝地延亙，金元兩代皆曾興建

史話》，第 2、3 章。

59. 見《日下舊聞考》，卷 84〈國朝苑囿〉（清漪園）；《順天府志》，卷 4，頁 21 下～23 上。簡介見狄源滄：《頤和園》（上海：上海文化出版社，1957）。

離宮別館，乾隆十年 (1745) 重修，增建樓閣臺榭，命名靜宜園，並在其地為迎接西藏班禪喇嘛，興建宗鏡大昭之廟，增添特別的宗教色彩。[60] 因此，清代西郊園林的發展，至乾隆時臻至極點，此後漸趨下坡；到英法聯軍及八國聯軍侵略，焚燬圓明園和附近諸園，不但使園林夷為荒墟，並且摧殘了乾隆時整理的近郊水源系統，產生嚴重的影響。尤其是清廷在這時實行「停漕改折」，南北漕糧完全停運，引起大運河的廢墮，使到北京地上水源日益枯竭。從清末至民國期間，城郊內外河道淤塞，閘壩廢毀，湖泊淤淺，其來有自，到 1955 年以後，北京市當局致力整頓水系，興建十三陵諸水庫，才逐漸改善這個地區的供水問題。[61]

京城多元化的特色

綜合來看，清代北京城雖然沿承明朝舊制，無大更革，不過從開國以來，在建置、制度和市容上逐漸出現多元化的特色，凸顯中華王朝最宏偉壯麗、富庶繁華的都城。這些特色一方面出於滿清外族的統治，一方面來自政治、社會經濟和文化的演變。始初滿族入主中原，為要鞏固政權和爭取蒙古族、藏族的支持，容許宗室貴冑在京畿近郊圈佔房屋和土地，將內城劃入八旗管治，

---

60. 見《日下舊聞考》，卷 85〈國朝苑囿〉（靜明園），卷 86～87（靜宜園）；《順天府志》卷 4，頁 23 上～26 下。

61. 見注 57.、58.揭資料。

在城內廣建奢華的王府邸宅，將旗人提升為特權的統治階級。根據一項研究，乾隆末年在京師的八旗人口達五十五萬，內城有四十五萬，而當時內城全部人口共六十二萬（宣統末年為七十八萬），因此成為龐大的消費階級。[62] 同時，為要籠絡蒙、藏族等民族，在政治、社會經濟上廣施優惠，因此二者在內城都獲得種種特權。由於蒙、藏族都信奉喇嘛教，清初諸帝從順治至乾隆都曾興建喇嘛廟多座以爭取人心，推行政教合一政策，最著名的便是乾隆九年 (1744) 始建，雍正登基後更名的雍和宮，和同時代興建的東、西黃寺，分別坐落在安定門內外。此外，一些在前代已落籍北京的少數民族，在朝廷的優惠政策下茁壯起來，發展自己的居所，例如信仰伊斯蘭教的回族便在宣武門區內的牛街成立住區，興建清真寺，為京城增添一民族宗教的特色。[63]

---

[62] 清代八旗官兵額數略見《清史稿》，卷 130〈兵志〉，頁 3879～3889；順天府人丁數字見《順天府志》，卷 49〈食貨〉（戶口），頁 6 上～8 下。北京城人口統計見梁編：《中國歷代戶口》，甲表 86，頁 286。關於清代京城八旗人口的推算及其他人口問題，見韓光輝：〈清代北京八旗人口的演變〉，《人口與經濟》，1987 年第 2 期，頁 51～56，及同作者：《試論清代北京城市人口的增長與控制》，收入《京華舊事存真》第 1 輯，頁 193～210。

[63] 見《日下舊聞考》，卷 20〈國朝宮室〉（雍和宮）；《順天府志》，卷 2〈京師志〉（宮禁上），頁 22 下～23 上。簡介見魏開肇：《雍和宮漫錄》（鄭州：河南人民出版社，1985）。關於以牛街為中心的回族聚區地域，見《順天府志》，卷 14，頁 22 下～25 上；朱一新：《京師坊巷志稿》，卷

　　清代北京內外城的發展，雖然受到前朝的建築設計和城坊形制規範，但亦有時代性的特色。由於滿清統治者執行分化歧視的旗、民居住制度，內城佈滿滿洲的府邸和八旗兵營，大部分的漢族和少數民族被迫遷到外城去重建居所。內外城坊的結構和居民的政治、社會經濟地位及活動因此都起了重大的變化。內城因為拆除一些明代的倉庫衙門，胡同與街巷隨著擴張，根據記載，胡同達到七百一十五條，街巷達到七百六十二條，其間（尤其西城）修建不少寬廣豪華的王府宅第，許多都是滿洲宗室貴冑的私產。外城由於漢族人口的遷入，在廢地上興建矮窄的民居，發展極快，胡同增至二百六十三條，街巷則增至三百三十七條。內外城的街巷胡同合計，就比明朝的多了九百幾條，達到二千多的數目。在規劃上，外城因為不像內城受到皇城中間的阻隔，而且有中軸和長緯線作為指引，可以有較不規則靈活的發展，為現代北京外城的形態奠下基礎。[64]

　　在經濟和商業活動方面，北京城亦在明朝的基礎上有蓬勃旺盛的發展。如同前朝一樣，清代北京是個龐大的消費都城，依賴外邊（特別是南方）運輸漕糧、貨物及生活必需品，因此除卻維

下，頁 238～239。詳細研究，見劉東聲、劉盛林編：《北京牛街》（北京：北京出版社，1990）。

64. 見注 53. 揭資料。關於清代北京城「胡同」的發展，參見中國社會科學院考古研究所編輯：《明清北京城圖》，頁 9～40，及翁著：《北京的胡同》，頁 82～91。又略見多田貞一著、張紫晨譯：《北京地名志》（北京：書目文獻出版社，1986）有關章節。

持舊有的市場架構，又隨著經濟的轉變，發展新的市集。內城最
繁華的商業區，仍是明代已開展的皇城四門、鐘鼓樓、東、西四
牌樓以及朝陽、安定、西直、阜城、宣武門等處，那裡「衢中有
市」、「貨物輻輳」，市廛櫛比鱗次。由於商業需求，出現不少典
當、銀號，及鹽店。外城市場在明代後期始形成，集中在今日的
宣武區、崇文區，而以正陽門（前門）一帶最為熱鬧。這裡有各
種專門的市集，如豬、馬、菜、米、煤、魚、布市等，不少從暫
時變為永久性，而所在地就成為胡同的名稱。由於外來貨品都是
從漕河自城南入京，所以前門外面又是行商的聚集地，棚房、會
館林立，成為新的商業繁華區。此外，清代北京城的重要商業活
動還有源於寺廟祭祀的廟市。從明代開始，商人經常雲集定期或
非定期的廟會——寺廟的祭祀慶典——例如在雍和宮、太陽宮、
東嶽廟、關帝廟、護國寺、隆福寺等重要寺廟所舉行的誕日，進
行各種物資交易。這種寓商業貿易於宗教活動的行徑，是明清北
京城社會經濟多元化的顯著表現。[65]

　　最後需要一提，作為全國文化的中心，清代北京城亦發展若
干特色，與前代互相輝映。滿清諸帝漢化甚深，崇文禮儒，雖然
曾以政治原因屢興文字獄，但極力提倡文學，推行科舉取士，贊

---

[65] 以上略見《史話》，頁 174～176；《北京史》，頁 245～247；《通史》，第
7 卷，第 8 章第 1 節。有關清代京師市集與廟會的狀況，詳見註 43、44.揭
資料；又見楊法運、趙筠秋主編：《北京經濟史話》（北京：北京出版社，
1984）有關章節。

助龐大的編纂典籍計畫，到乾隆時的《四庫全書》達到高峰。這些編纂工作，都在京城進行，所以翰林院、武英殿、文淵閣等處便成為清代的古典文化活動中心。北京城的特殊環境，又為滿族文學家創造條件，因此孕育了舉世知名的言情小說——曹雪芹的《石頭記》（《紅樓夢》）——以細緻的手筆，描敘皇室四大家族的悲歡離合、興衰演變，飲譽中外文壇。還有，由於清帝酷愛戲劇，北京又成為全國影響最大的劇種——京劇——的故鄉，內外城出現不少戲班上演的「茶園」和「茶樓」。談到清代北京城的文化活動，必須提到兩處地方。一是位於正陽門外右一區的琉璃廠，這是從康熙以來發展為經銷舊書籍文物的大街，在乾隆編纂《四庫全書》時尤為旺盛，與文化事業的發展息息相關。另一處是距離不遠，在正陽門大街與天壇相接的天橋。這裡是清代最繁盛的平民會合休閒的場所，有攤販、食肆，大眾藝人演曲藝、玩雜技的遊樂區，為發展通俗文藝、次文化的重鎮，到民國時盛況依然，為這個帝王古都放一異彩。[66]

66. 略見《史話》，頁 174～181；《北京史》，頁 260～265；《通史》，第 7 卷，第 9 章第 1、2 節。最近丁守和、勞允興主編之《北京文化綜覽》（北京：北京師範學院出版社，1990）對近代北京文化論述尤詳。關於清代琉璃廠與天橋之文化活動，參考王冶秋：《琉璃廠史話》（北京：三聯書店，1963），與張次溪：《人民首都的天橋》（北京：修緜堂書店，1951）。

清朝後期的變化

　　清朝後期，由於英法聯軍及八國聯軍先後侵略京師，朝廷被迫簽署辱國喪權的「北京條約」和「辛丑條約」，北京城有了頻繁的變化。首先在咸豐十一年 (1861)，由於條約的協定，在崇文門內之東堂子胡同設立了「總理各國事務衙門」〔光緒二十七年 (1901) 改為外務部〕，掌管對外事務，並開始興辦洋務。外國隨而在京師設立使館，分佈於皇城南面之東、西交民巷。光緒二十四年 (1898)，由於維新運動的關係，在景山東側建立了京師大學堂（北京大學前身），又相繼設立了農工商總局、郵政總局、鐵路局、海關辦事處等機構。光緒三十年 (1904)，根據「辛丑條約」的條款，成立了北京公使館區，東起崇文門大街、西至兵部街、南至城根、北至東長安街。域內原有居民、衙署一律遷出，使館皆享有治外法權。三十一年 (1905)，由於廢科舉、興學堂，又建立優等師範學堂（北京師範大學前身）、工業、高等巡警、及稅務、法律等學堂。三十二年 (1906)，將內外城各設十區分隸諸巡警總廳警備，取消前期施行的五城八旗管治制度。到宣統元年 (1909)，清室宣佈立憲，京城便相繼成立資政院，憲政處，同時改戶部為度支部，兵部分為海軍、陸軍、軍諮府；改刑部為法部、工部為農工商部；改大理寺為大理院、理藩院為理藩部，並增置學部、郵傳及民政部。此外，隨著政治、社會、經濟的更變，清末王府不少被焚毀，或拆卸改建為民宅，著名的如定安大街的慶親王府、和三座橋的恭親王府。同時，由於外國宗教勢力的入侵，

京城出現許多不同教派的洋教堂，除卻較早時俄羅斯人在內城東北隅建的東正教堂（建於康熙後期），有基督教與天主教會所建的教堂、醫院、學校等。此外，光緒末年開始興建的鐵路，都是以北京為終點，先後完成了京津、京奉、京漢等線〔光緒二十二(1896)、二十四、三十二年〕，而著名的京張鐵路亦於宣統元年(1909) 通車。所以，內城正陽門的左右兩側，便先後建成東西兩座火車站，開拓了內外的交通網絡。由此可見，隨著時代邁進，外國勢力的入侵，政治、社會、經濟的轉變，北京內外城的官署衙門、行政設施，以及市肆容貌，都受到很大的衝擊而有所更改。[67]

　　1911 年 10 月武昌起義成功，推翻了滿清政權，締造中華民國，從此結束二千年的君主王朝統治。次年元月，孫中山在南京就任臨時大總統，但未幾袁世凱干政，翌年竊取大總統職位，將政府遷回北京。此後歷屆北洋政府皆沿承其制，直至民國二十六年國民政府掌政，還都南京，才取代了它的政治地位。清帝雖然退位，但根據民國政府訂定的優待條例，其中有「大清皇帝辭位之後，暫居禁宮，日後移居頤和園，侍衛人等，照常留用」，廢帝溥儀及其隨從仍留住紫禁城的北半部，到民國十三年 (1924) 在軍

---

[67] 關於清末北京城的種種變化，有系統著述不多，最贍詳者為陳宗蕃：《燕都叢考》（北京：北京古籍出版社，1991 年據 1937 年修訂版重刊），其次為余棨昌：《故都變遷紀略》（北京：自印本，1941），與湯纂：《舊都文物略》。簡略記載見《史話》，第 8 章；《北京史》，第 8 章；《通史》，第 8 卷有關章節。

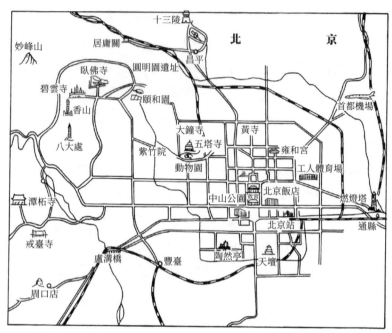

北京市區域及古蹟分佈圖

〔據「北京」名信片（北京中國圖書進出口總公司發行）封套底頁繪製〕

閻馮玉祥的逼迫下始遷出。從此，清帝舊居改為故宮博物院，一切建築形制都獲保留，不過，皇城的城垣城牆就被拆除，天安門廣場亦逐步擴張，慢慢有所改變。到中華人民共和國成立，定都北京，由於經濟建設發展的需要和政治意識形態的影響，新政府從 1950～1965 年間便有系統的將內外城牆城門和城樓拆除，從內城放射出二十八道公路，連接遠郊、近郊的工廠、學校和風景區。北京城從此起了基本的變化，今日僅存內城西便門一段城牆，正陽門的城樓箭樓、德勝門的箭樓及甕城部分垣牆而已，舊京故城

的風貌便只能在歷史文獻中追尋。[68] 劉伯溫製造「八臂哪吒城」
的傳說故事，就在清末民初這個古都的新舊交替時代出現。

68. 以上略見《史話》，頁 195～203；《北京史》，頁 331～358；《通史》，第
9 卷，第 5 章第 1 節；第 10 卷，第 5 章第 1 節。並參考北京市社會科學
研究所編寫組編：《北京歷史紀年》（北京：北京出版社，1984），與趙庚
奇著：《北京解放三十五年大事記》（北京：北京日報出版社，1986）有
關二十世紀之北京大事記。

元代大都城建造的傳説

一、劉秉忠建大都城的傳說

　　上面已經點出，劉伯溫製造北京城的故事，濫觴於劉秉忠營建元大都城的傳說，因此，要了解整個問題，先要探索後者的來龍去脈。根據前紀，當劉秉忠奉忽必烈之命興建大都城時，他以宋代汴京為藍圖，按照《周禮・冬官・考工記》所載的形制，在金中都東北角為蒙古營造新的京城。這位城市設計專家，不但是個儒、道、釋「三位一體」的政治家，博學多才藝，精通天文地理、三式六壬遁甲，而且喜愛玩弄迷信，把軍政機要的決定，用神祕詭奇方式去表現，來爭取蒙古大汗的信服。一傳而再，劉秉忠底高超才智技藝和撲朔迷離的態度，不期然地被好事者以訛傳訛附會起來。[1] 元末明初的私家雜著，便有以下幾處載錄他建造大都城所發生的玄怪事情：

　　(1)　張昱：《張光弼詩集》卷三〈輦下曲〉：「大都周遭十一門，草苫土築那吒城。讖言若以磚石裹，長似天王衣甲兵。」[2]

---

1. 詳見拙著：〈元大都城〉。關於劉秉忠的其他傳說，又略見〈北京城建置的沿革〉注 21.所揭拙著 "Liu Ping-Chung," pp. 108～113。

2. 《四部叢刊續篇》本，卷 3，頁 15 下。張昱字光弼，江西廬陵人，元末楊完者鎮撫江浙，用為參謀，後遷行樞密院判官，明初徵召至金陵，以

(2) 長谷真逸：《農田餘話》卷上：「燕城，係劉太保定制，凡十一門，作那吒神三頭六臂兩足。世祖庚申 (1260) 即位，至國亡于戊申 (1368) 己酉 (1369) 之間，經一百一十年也。」[3]

(3) 葉子奇：《草木子》卷三上〈克謹篇〉：「元劉太保遷元京北城，取居庸關水入城，冀稍潤其土，然亦不及百年，禍變亦作，豈地數有限而致然耶。」

(4) 同前書卷三下〈雜制篇〉：「元世祖既一天下，問劉太保曰：『今之定都，惟上都、大都耳。兩處何為最佳。』劉曰：『上都國祚短，民風諄。大都國祚長，民風淫。』遂定都燕之計。」

(5) 同前書卷四下〈雜俎篇〉：「初，元世祖命劉太保築元京城。及開基，得一巨穴，內有紅頭蟲，不知其幾萬。世祖以問劉。曰：『此何祥也。』劉曰：『異日亡天下者，乃此物也。』」[4]

年老遣還。行誼略見邵遠平：《元史類編》〔《掃葉山房》本，嘉慶二年 (1797)〕，卷 36，頁 26 上；柯劭忞：《新元史》（天津《退津堂》刊本，1922），卷 238，頁 9 上；又見王德毅前揭書，第 2 冊，頁 1060～1061。光弼〈輦下曲〉作於寓居大都時，故所憑「那吒城」故事當係採自燕都談薈。

3. 收入陳繼儒：《寶顏堂秘笈‧廣集》第 4 輯 (1922)，引文見頁 3 下。長谷真逸是外號，作者本姓名籍貫仕履不詳。

4. 北京：中華書局排印本 (1959)，頁 41、63、83。葉子奇處州龍泉人，元

　　綜合來看，這些神異駭俗的故事，不但反映出蒙元統治時期，北方民眾對燕都若干世代傳聞崇信不衰，而且透露他們對傳統意識，和當代政治某方面的態度與願望。顯而易見的，他們假借都城的修建，一則神化心目中的英雄劉秉忠，把艱鉅工程的完成作神祕解釋，歸諸他的超凡智慧和特殊才能，一則藉此渲染誇大漢人輔臣在元廷之作用，喻指忽必烈對他們的股倚，並借古諷今，預言外族政權敗亡。例如《草木子》首二條所述的故事，說劉秉忠遷元京北城，取居庸關水入城，冀稍潤其土，又記其與忽必烈對話，解釋何故棄上都而取大都為京師，便是附會當日擇都建城，慎重考慮開關水源的史實，藉此神化劉秉忠的英雄形象與奇智殊能。首條所言「遷元京北城，取居庸關水入城，冀稍潤其土」云云，實則指郭守敬引導在大都西北之昌平神山下之白浮泉水，西折向東南經甕山泊流入都城的工程，不過傳說敷衍，奢言謂水源雖已解決，但因地數有限，不及百年而禍變興作，影射民間相信天意亡元而先有徵兆。同書另一條記劉秉忠築大都城時，開基發現一巨穴，內有「紅頭蟲」，忽必烈問為何祥，秉忠答云「異日亡天下者，乃此物也」，更明顯地將建城之事，與元末民眾抗蒙戰爭

末隱居未仕，史言明初獲薦任巴陵縣(?)主簿，未幾因事株連下獄，足迹未出江南，故其所記劉秉忠建造大都城的異聞，諒係出自道聽塗說而加以渲染。傳記略見何喬遠：《名山藏・高道記》（臺北：成文出版社，1970），頁6上；朱彝尊：《曝書亭集》（《四部叢刊》本），卷63，頁10上。

聯貫一起。當日大都建城開基時，是否出現「紅頭蟲」誠有疑問，不過故事所以提出，無疑影射「頭纏紅巾」，反抗蒙古的白蓮、彌勒、明教徒眾，而所言「異日亡天下者」云云，便是暗喻紅巾軍旗開得勝，重建中華正統。這些附會大都建城而預言元廷覆亡的傳說，顯然是淮北民眾蠭起反元的宣傳產物，由於這一關鍵，大都建城的各種傳說便愈更開展，增廣它的意義和擴大流傳地域。[5]

---

5. 關於元末紅巾軍蠭起反抗蒙古，建立明朝的事蹟，詳見〈北京城建置的沿革〉注 30. 揭近人論著。

二、「那吒城」傳說溯源

　　以上所揭傳說故事，最玄祕詭異的莫如張昱〈輦下曲〉，長谷真逸《農田餘話》所載，解釋劉秉忠制定大都十一座城門的緣故。前節已言，大都城既為長方形，東西面各有三座城門，北面有二門，則南面亦當有兩門相配，一共應有偶數之十座門。它所以南面開闢三門，使全城有十一座門，是因為宮城居中央向南，有御道直通皇城出外，故此增闢一門專備鑾駕出入。民間傳說則不然，另有奇異光怪的解釋。根據〈輦下曲〉所錄：「大都周遭十一門，草苫土築那吒城」，和《農田餘話》的申釋：「凡十一門，作那吒神三頭六臂兩足」，劉秉忠所以開闢十一座門，是要附會那吒神的身軀：南面三門象徵三頭，東西六門代表六臂，北面兩門配合兩足。《農田餘話》末節復補充一筆，說元世祖即位至元朝滅亡，恰好一百一十年，因此燕都十一門也是亡國之讖，更加離奇怪誕。總而言之，這些充滿神奇色彩的傳說，不論是作者虛構，或是採自閭里，莫非揄揚劉秉忠能感通神靈，未卜先知，誇張其超人的才智技能。它們不但透露民間的膜拜英雄意識，虔誠供奉神祇冀求解難禳災的心態，而且表襮漢人對蒙元統治的反抗，把流行的傳說渲染增飾，來宣傳鼓吹反蒙的意識和行動。[6]

---

6. 愛宕松男於所著《元の大都》，頁 61，首先揭示張昱〈輦下曲〉大都「那吒城」資料；陳高華：《元大都》頁 51 又引錄長谷真逸《農田餘話》申

　　顯而易見，這些大都城的謠傳，係以劉太保制定十一座門，俾與那吒神的身軀配應，為明代北京建城傳說的產生之主要媒介，因為後者的主角人物劉伯溫和姚廣孝，也分別依照那吒的軀體畫出北京城圖。在整個傳說發展中，二者顯然有極密切關係。[7] 但

釋「那吒城」故事，可惜二者俱未進一步探索其意義。杉山正明所著《ク
ぐぅイと大都》頁 517，注十八，揣測「那吒太子」與「ジらア神變身
Nataraja（誦の王）」有關連，但未說明其與大都城傳說的關係。詳細研
究，見拙作〈元大都城〉。最近施連方著：《北京街巷地名趣談》（北京：
中國國際廣播出版社，1992），頁 76 曾談及「三頭六臂」與元大都城的
傳說，然誤引吳長元《宸垣識略》為故事出處。

7. 關於劉秉忠設計大都城十一門的緣由，前注所揭張昱與長谷真逸的記述
已有說明，但是最近翁立撰《北京的胡同》，則作以下的解釋：「如按《周
禮》要求，（大都）應是正方形的大城，四面各有十一個門，北面少了一
個呢？說到這兒，就有了個傳說故事了。還是我小的時候聽胡同裡的老
人講的，劉秉忠不僅熟知《周禮》，且有術數思想，他在畫大都城圖時，
眼前總有個三頭六臂，兩腳穿著紅襖短褲的小孩。起初他並沒在意，後
來小孩說話了：『你照我畫，就能鎮住苦海幽州的孽龍。』他一琢磨，這
小孩不是哪吒嗎！是得照他畫。於是大都城的城門就成了這個樣子，南
邊的麗正門、文明門、和順承門就是哪吒的三頭；東西兩邊的崇仁門、
光熙門、齊化門、和義門、平則門、和肅清門就是哪吒的六臂；北邊只
好開兩個門了，於是德健門和安貞門就成了哪吒的兩腳了。張昱曾經在
著名的〈輦下曲〉中說：『大都周遭十一門，草苫土築那吒城。讖言若以
磚石裡，長似天王衣甲兵。』大都的城牆是用夯土築成的，為保護土牆，
防止雨水淋蝕，就把葦子編好，一排排地從牆腳排到牆頂，自下而上地
把整個土城遮蓋起來，成為不鑲磚的葦編蓑城，好像給這『三頭六臂兩

在未分析彼此的聯貫性及演化過程之前，我們要考究一個基本問題：那吒是怎麼樣的神？有何法力？何故設計都城的要依照他的模樣去摹繪圖則？

那吒的出身與蛻變

所謂那吒，明朝以後多書作「哪吒」或「哪叱」，字源出梵語Nata，又譯作那拏、那吒俱伐羅等異名，是佛教四天王之一的毘沙門天王（Vaiśravaṇa，或譯作毗舍羅婆拏、吠室囉末那等名）的第三太子。早在南北朝北涼時代 (397～439)，釋曇無讖所翻譯馬鳴菩薩造的《佛所行讚》，已提到那吒（書作那羅鳩婆）和毘沙門天王。卷一有言：「毗沙門天王，生那羅鳩婆，一切諸天眾，皆悉大歡喜。」在唐玄宗開元 (713～741)、天寶 (742～755) 年間，從北天竺傳入的密宗經典，如後揭不空所譯經文，則以那吒為毘沙門之孫，但這是偏例。毘沙門又名多聞天王，主守北方，掌領夜叉 (Yaksha)，有子五人，都是勇健的靈怪，以護持佛法，守護國王國界，殄滅內奸外敵，降伏惡魔稱著，而以次子獨健，三子那

足」的哪吒，又穿上了條『荷葉裙』，所以當時不少人都稱之為『哪吒城』。」（頁 46～47）這個解釋，顯然是把近代傳誦的劉伯溫仿照哪吒的模樣，畫圖建造北京城的故事，與元末明初流行關於劉秉忠設計大都城十一門的異聞混雜一起。根據上揭資料，這兩個故事雖然一脈相承，但是各自獨立發展，到近代才融會起來。

吒最知名。到了唐宋之際，中原民眾出於崇拜英雄觀念，將已諡
為道教神祇的唐初名將李靖 (571～649)，與流行中國的釋氏四大
天王之一的毘沙門相化合，塑造一融合無間的「毘沙門天王李
靖」，又稱「托塔天王」，隨而在說部雜著渲染為勇猛超群，法力
無邊的天神。由於這個發展，原是在天竺稱著的毘沙門天王第三
子的那吒，便在中土變為托塔天王李靖之三太子，成為小說演義、
民間信仰所熟識的「三頭八臂」，變化多端，勇不可當，降伏惡魔
的神將。[8]

　　佛經中記載的那吒，始見唐天寶間北天竺密教高僧不空

8. 釋傳密乘所記毘沙門天王，及第三子那吒的事蹟，略見望月信亨編：《佛
學大辭典》第 4 冊（京都：世界聖典刊行協會，1957），頁 3994；第 5
冊，頁 4304 所攝資料。那吒之名出自梵語 Nata，與 Narya、Nara 等同
源，俱有堅固、天界力士之義。略見 William E. Soothill, A Dictionary of
Chinese Buddhist Terms (Delhi: Matilal Barnarsidars, 1937), pp. 247～248.
《佛所行讚》引文見高楠順次郎、渡邊海旭編：《大正新修大藏經》（東
京：日本大正一切經刊行會，1924～1932），第 192 號，頁 3。關於毘沙
門在中國民間釋道信仰、與唐初名將李靖混合之經過，詳見柳存仁：〈毘
沙門天王與中國小說之關係〉，收入所著《和風堂文集》下冊（上海：上
海古籍出版社，1991），頁 1045～1052，及同作者 (Liu Ts' un-yan),
Buddhist and Taoist Influences on Chinese Novels, vol. 1: The Authorship of
the Feng Shen Yen I (Wiesbaden: Otto Harrassowitz, 1962), chap. 1。又見萬
書元：〈哪吒鬧海故事考論〉，《東方文化》第 1 集（南京：東南大學出版
社，1991），頁 76～86。有關二者資料之輯錄，見呂宗力、欒保群編：
《中國民間諸神》下冊（臺灣：學生書局，1991），頁 1022～1031。

(705～774)，奉詔譯的《北方毘沙門天王隨軍護法儀軌》。此處以那吒為毘沙門之孫，與一般經傳有異，其說如下：[9]

> 爾時那吒太子，手捧戟，以惡眼見四方白佛言：我是北方天王吠室羅摩那羅闍（即毘沙門）第三王子其第二之孫。我祖父天王、及我那吒同共每日三度，白佛言：我護持佛法，欲攝縛惡人或起不善之心。我晝夜守護國王大臣及百官僚，相與殺害打陵，如是之輩者，我等那吒以金剛杖刺其眼及其心。若為比丘、比丘尼、優婆塞、優婆夷，起不善心及殺害心者，亦以金剛捧打其頭。爾時毘沙門孫那吒，白佛言世尊：我為未來諸不善眾生，降伏攝縛皆悉滅散故，亦維持國界故，說自心暴惡真言，唯願世尊聽許。我說佛言善哉那吒天王，汝為降伏一切國王大臣百寮殺凌者，亦法佛相違者。……

根據這裡，那吒不獨護持佛法，攝縛惡人，而且守護國王百僚，維持國界，以金剛杖降伏暴惡，另備「真言」可使行者誦咒殄滅邪魔。《儀軌》續言：[10]

---

9. 不空所譯經文見《大藏經》，第 1247 號，頁 224～225。不空資料見陳垣：《釋氏疑年錄》（北京：中華書局，1965），頁 124 徵引。
10. 同注 9. 揭經文，頁 225。

若行者受持此咒者，先須畫像，於彩色中並不得和膠，於白氈上畫一毘沙門神其孫那吒天神七寶莊嚴，左手令執口齒，右手詫腰上令執三戟矟。其神足下作一藥叉女住趺坐，並作青黑色少赤加。若誦此咒時，就好地勿使有穢惡，種種花燒香供養，行者上下衣服並須一清，一廂行時當護身，黑月十五夜起首，對象前咒滿三十萬遍訖，然後取香泥供養尊像。……

依照以下經文，信徒只須供奉那吒神和誦咒真言，所有「相違叛逆國王大臣百寮，有不善之心起者」，及「有人犯比丘，比丘尼犯者」，俱於「七日內殄滅」。更且，施展類似的法術誦咒，還可以殲滅侵略敵兵，如唐朝中葉安西城遭遇五國軍圍城時，就曾使用玄祕的行軍法術收效，因此經名稱為《隨軍護法》。這裡那吒的造像是「七寶莊嚴，左手令執口齒，右手詫腰上令執三戟矟」，「足下作一藥叉女住趺坐，並作青黑色少赤加」，與後來出現於說部演義的塑型很有差別。又根據不空另譯的《毘沙門儀軌》所傳，天寶元年 (742) 二月，當大石、康五國（即 Taskand, Samarkand）聯同圍攻河東安西時，毘沙門天王曾應玄宗聖旨，率神兵出現城樓救援，擊敗敵軍，而第二太子獨健同時領天兵防護其國界，三太子那吒亦捧塔隨侍天王左右（內文有言：「昔防援國界，奉佛教勅，令第三子那吒捧塔隨天王。三藏大廣智云：每月一日，天王與諸天鬼神集會日；十一日，第二子獨健辭王父巡界日；十五日，與四天王集會日；二十一日，那吒與父王交塔日。……」）。由此

可見，在密教的傳統裡，毘沙門天王父子除了護持佛法，降伏惡魔外，還以守護國王和防援國界揚名。[11]

那吒降龍治水的傳說

在稍後出的密宗經典，如宋初中天竺高僧法賢（卒於 1001 年），於太宗太平興國 (976～983) 年間、奉詔譯的《佛說最上祕密那拏天經》，那吒卻以伏龍的天神出現，稱為那拏天，模相法力與前此的都不一樣。本經卷上《最上成就儀軌》分第一，描述那吒現身於世尊之前如下：[12]

> ……大毘沙門天王，與百千俱胝眷屬圍繞世尊。是時有天名曰那拏，色相殊妙，面現微笑，手持日月及諸器仗，眾寶嚴飾，光踰日月，以難陀、烏波難陀二龍而為絡腋，得叉迦龍以為腰條，有大威力如那羅延，亦來集會坐於佛前。……爾時世尊如是，安慰毘沙門天王已，即入調伏夜叉熾盛普光三摩地，於其定中，身放大光，其光普照三千大千世界。……其光迴還遶佛三匝入於佛頂，復從面門出

---

11. 不空所譯經文見《大藏經》，第 1248 號，頁 328；參見注 8.揭柳存仁論文，頁 1049～1050。

12. 法賢所譯經文見《大藏經》，第 1288 號，頁 358。法賢傳記資料見陳垣前引書，頁 197 揭示。

　　七色光入那拏天頂。時那拏天光入頂已，即現大身如須彌
　　山，面忿怒相復大笑相，而有千臂，手持葛波羅及諸器仗，
　　以虎皮絡腋葛波羅而為莊嚴，光明熾盛具大威力。是那拏
　　天現此身時，大地震動，觀者皆怖。……

　　這裡所見的那吒，「手持日月及諸器仗，……以難陀、烏波難
陀二龍而為絡腋，得叉迦龍以為腰條」，活現伏龍的神威。經文隨
著又說那吒「合掌向佛，白言世尊我有『心明』，善能調伏阿脩羅
眾，及一切夜叉羅剎部多毘舍左等，乃至大梵天王那羅延天大自
在天咸令歸伏，亦能句召一切天龍之眾。世尊我此『心明』，是一
切持明者最上成就之法。」所謂「心明」，就是咒語。降龍祈雨是
佛經中很重要的儀軌，因為依照中土古代迷信，不論何類宗教，
都相信天龍控制雨水，能伏龍始能消旱。至於降龍之法，密乘亦
有指示。前經《最上成就儀軌》分第二言：「……又法若行人欲降
龍者，當塑作龍身安曼拏羅（按即「天華」）中，以香花供養，用
葛囉尾囉枝誦大明，加持一遍打彼龍身，復誦大明加持彼龍，即
現本身降大甘雨。……」由此見到那吒的咒語有伏龍的威力，缺
水之時，依法行儀便可得甘霖。[13]

---

13. 見注 12.揭經文，頁 362。中國古代宗教信仰自唐朝以來，揉雜原始迷信與
　　釋道二教，亦以龍為雨師，天旱即祭祀之以求甘霖。宋明兩代帝王多建
　　龍王祠廟，封龍為護國之神，遇旱則往禱告，行祀龍祈雨之法。參見樊
　　恭矩：〈祀龍祈雨考〉，《新中華》，復刊第 6 卷第 4 期（1948 年 2 月），頁

　　從上述密宗文獻所示，自唐宋以來，透過經典的迻譯和民間的膜拜，那吒已成為中土著名之釋教天神，具備護持佛法，降伏惡魔，隨軍護城，和降龍除旱等法力。因此，傳說稱劉秉忠制定大都十一城門，去象徵那吒神的身軀便不難了解。依照釋氏的傳統，那吒既能守護國王百僚，殄滅叛逆邪魔，又曾侍從托塔天王領兵援城，正是保護京師最理想的神靈。況且，他又有降龍祈雨的法力，而大都常患水源匱乏，亟需這樣的天神坐鎮以禳除災難。現存有關大都的元代文徵，雖然未見著錄龍王作孽的故事，但是《析津志》於〈朝堂公宇〉目下，有如此的記載：「光熙門，與漕壩相接，當運漕儲之時，其夫人綱運者，入糧於壩內，龍王堂前唱籌。」[14] 上面提到的漕壩，便是郭守敬開鑿新運河後用作漕運的環城水壩，在這裡建廟堂祀龍王，當是禱求開恩，務使水源豐沛，間接道出大都居民流行龍王控制水源的迷信。

劉秉忠建上都城的傳說

　　然而，大都盛傳劉秉忠駕馭龍王的傳說，又因劉氏較早於忽

36～38；瀧澤俊亮：〈龍蛇と祈雨の習慣について〉，《東方宗教》，第 20 號（1962 年 11 月），頁 19～21、28～30、143～146。黃芝崗：《中國的水神》（香港：龍門書店影印，1968），第 11 章，及劉志雄、楊靜榮：《龍與中國文化》（北京：人民出版社，1992），頁 245～269。

14. 《析津志輯佚》，頁 2。

必烈即大汗位前四年 (1256)，奉命在開平建造後來稱為上都城所孕育的傳說闌入，產生更大的影響。按元末雜史有記載秉忠於桓州之東、灤水北岸，時稱龍岡的草原興建新城時，曾向龍王借地的異聞。闕里外史行素（孔克齊）《靜齋至正直記‧遺編》卷一「上都避暑」條記云：

> 上都本草野之地，地極高甚寒，去大都一千里。相傳劉太保遷都時，因地有龍池，不能乾涸，乃奏世祖當借地於龍，帝從之。是夕三更雷震，龍已飛上矣。明日，以土築城基，至今存焉。亂後車駕免幸，聞宮殿已為寇所焚燬。上都千里皆紅寇，稱偽龍鳳年號，亦豈非數耶。[15]

這個故事的滋生，顯然係因建城之地舊有湖泊，民間相傳有龍寓居，由是名其山為龍岡，劉秉忠在該處動土，就難免與龍發生爭執。元末記載有兩處提到其事。例如伍良臣的〈上京〉詩首末句

---

[15] 《粵雅堂叢書》本〔同治二年 (1862)〕，卷 1，頁 1 下～2 上。是本誤植作者為孔齊。孔克齊父文昇，為至聖五十四代孫，以贅於溧陽沈氏，因家其地，後獲薦授黃岡書院山長，召為國史編修。元末避兵居覯之東湖，記所聞見，成《至正直記》四卷。傳記見江進等纂：《弘治溧陽縣志》〔弘治十一年 (1498) 刊本〕，卷 4，頁 29 下；葉昌熾：《藏書紀事詩》（上海：古典文學出版社，1958），卷 2，頁 69；又見王德毅前揭書第 1 冊，頁 47。此條及注 16.、17.所揭資料俱見陳高華、史衛民前引書，頁 24～25、118～119，唯著者未有作進一步分析。

云：「龍岡秀色常青青，年年五月來上京。……鐵竿屹立海上竭，臥龍飛去空冥冥。」附注作此申釋：「上都有山名龍岡，宮闕對之車駕至，年例直北諸王畢會。金蘭花葉綠如黛，紫菊花大如盂，色深紫，嬌潤可愛，俱產上都。舊為龍淵，劉太保卜吉而視之，龍夕去水竭，遂創宮室，立鐵幡竿於闕西以鎮之。」[16] 元亡後楊允孚的〈灤京雜咏〉其中一首又說：「聖祖初臨建國城，風飛雷動蟄龍驚；月生滄海千山白，日出扶桑萬國明。」（自注云：「上京大山，舊有龍居之，奉白宥通。」）這裡雖然未提及劉秉忠，但所述蟄龍居於上京山下的傳說則一。[17] 伍良臣詩注所記與前揭《至正直記》一則略同，都是說劉秉忠以龍之居地興建都城。前條謂秉忠奏忽必烈請借地於龍，帝力威猛，龍因此飛遁；此處則言其

---

16. 是詩收錄於姚廣孝等纂：《永樂大典》卷 7702；見北京中華書局 1960 年影原鈔本第 85 冊，頁 10 上～10 下。伍良臣江西高安人，有文學，未出仕，事蹟不詳。父伍先輔，仁宗延祐三年 (1316) 任管領拔都兒民戶總管，泰定二年 (1326) 卒，年六十。照此推算，良臣應為元中葉時人，傳記略見王德毅前揭書第 1 冊，頁 286。

17. 《知不足齋叢書》本 (1921)，卷上，頁 4 上～4 下。〈灤京雜咏〉共一百零八首，為七言絕句，是詩為第三十首。楊允孚字和吉，江西吉水人，至正時為尚食供奉官，後棄去，襆被歲走萬里，窮西北之勝，凡山川地產典章風俗無不記以詩歌。〈雜咏〉係元亡後重遊舊地，見兵燹所過，莽為邱墟，慨然興歎感懷之作。小傳見曾廉：《元書》(1911)，卷 91 下，頁 14 下；陳衍：《元詩紀事》（上海：商務印書館，1925），卷 20，頁 381；又見王德毅前揭書第 3 冊，頁 1540。

以法術逐龍，既取其所居建宮室，又豎立鐵幡竿作為鎮壓，較前則更為詭異。[18] 由於秉忠親自策劃建造大都城，而幽燕向來有龍的傳說，這個言秉忠借地於龍以興建上都的異聞，對大都的傳說無疑有推波助瀾的作用。不過，由於環境不同，劉秉忠鎮龍之法亦迥異。在上都要豎立鐵幡竿，在大都則倚重那吒神的威靈；前者顯然出於地方民間迷信，後者則源於密乘所傳毘沙門天王三太子的故事。

那吒故事在民間的展開

此刻需要補充，就是那吒的傳說雖然脫胎於密宗經典，但從俗文學資料來看，元末開始流傳的大都「那吒城」故事，卻與盛行中土神格化的托塔天王李靖，及其第三太子的傳說有更密切的

---

18. 鐵幡竿是上都西山一處名勝，元末周伯琦在所撰之〈立秋日書事五首〉第三首〈注〉描述為「高數十丈」，見《近光集》（《四庫全書珍本》第2集，臺北：臺灣商務印書館，1981），卷2，頁8下（不過此小注但言：「以其海中有龍，用梵家說作此鎮之」，並未提到劉秉忠）。楊允恭〈灤京雜詠〉第三十五首又言：「鐵幡竿下草如茵，淡淡東風雲月春。高柳豈堪供過客，好花留待踏青人。」鐵幡竿所在的山名鐵幡竿山。此鐵幡竿疑是郭守敬於成宗大德二年 (1289)，在上都設開水渠排洩山水時所豎立作為標幟，好事者穿鑿附會，就把鐵幡竿解釋為用以鎮壓蟄龍的符法。這個豎立鐵幡竿用的小洞，近年在上都作考古調查的人員曾經發現其痕跡。見陳高華、史衛民前揭書，頁118。

關係。後者的孕育和滋長，無疑得力於密宗之推動，但是它的演變和暢行，又借助於道教之流傳，和雜劇、演義、與說書的渲染增飾，由是故事散播民間，流傳廣遠不衰。因此，現代盛行北京的「八臂哪吒城」傳說，雖然始源於附會神化了的歷史人物劉秉忠和劉伯溫，但是它的發展和傳播，與那吒神在元明時代民間信仰的演化，有不可分割的關係。

　　簡言之，作為毘沙門天王李靖第三子的那吒，在宋代以降的釋典和民間傳說，是一位「三頭六臂」的孩童天神，與見諸唐代密教經傳的有差別。那吒這般模相，大概出現於北宋後期，如圓悟克勤 (1063～1135)《碧巖錄》第八十六則，便曾說「忽若忿怒那吒，現三頭六臂。」靈隱普濟 (1179～1253)《五燈會元》卷二又記：「那吒太子析肉還母，析骨還父，然後現本身，運大神力，為父母說法。」[19] 他所以現本身而成「三頭六臂」，顯然是從密乘所擬那吒「善變」的形象演化出來。前揭元末雜著所提到的那吒，亦是「三頭六臂」，可見宋元時代膜拜的那吒神都大同小異（那吒之現身為「三頭八臂」，變化多端、神勇伏魔的托塔天王三太子，大概出自元明坊間的想像渲染，始見下揭的《三教源流搜神大全》，到嘉靖、萬曆間，經過陸西星《封神演義》和稍後吳承恩

---

19. 《碧巖錄》全名《佛果圓悟禪師碧巖錄》，載《大藏經》第 2003 號。有關那吒事蹟見卷 9，頁 212。《五燈會元》載前田慧云、中野達瑟編：《大日本續藏經》（京都：藏經書院，1905～1912），第一輯第二編第 138 冊，所揭那吒故事見卷 2，頁 38 下。

《西遊記》等說部的改造增飾，便成為有口皆碑，聞名廣遠的釋教善神）。從現存資料所見，那吒在元代是很受重視的神靈，據託名鄭思肖撰的《心史》，每年二月那吒太子誕日時，大都有舉行盛大的儀式慶祝。[20] 那吒在元雜劇小令亦極為盛行，如無名氏雜劇〈叮叮噹噹盆兒鬼〉第一折有「黑臉那吒」，第二折有「那吒法」；雜劇又有「那吒太子眼睛記」（今佚）與「二郎神醉射鎖魔鏡」等劇目，小令有「那吒令」調名，而那吒之名亦屢見戲曲，常稱為「狠那吒」，繁不俱引。因此，附會劉秉忠的大都「那吒城」傳說故事，無疑是民間普遍膜拜那吒神的產物。[21]

現存俗文學資料所記那吒的神蹟異行，數量類別雖然不少，但肯定屬於元代的只有殘存片斷，泰半都是明代作品。這些玄怪故事主要出自雜劇小說，前者如佚名撰的〈猛烈那吒三變化〉，後者如《封神演義》和《西遊記》，大多光怪離奇，眩人耳目，盪人

---

20. 《心史》此條記載見上海支那內學院刊本 (1933) 卷下，頁 74 下。據近人研究，鄭思肖《心史》係明遺民偽作，但所收錄頗多係元代資料。略見姚從吾所撰關於鄭思肖之生平與《鐵函心史》之考證，刊《姚從吾先生全集》(七)，姚從吾先生遺著整理委員會編輯（臺北：正中書局，1982），頁 139～200。其他近人關於是書真偽之論辯從略。

21. 略見注 8.揭柳存仁論文，頁 1052、1093，注十二。又見萬書元論文，頁 78～79。關於元明雜劇中之「那吒」劇目，見傅惜華編：《元代雜劇全目》（北京：作家出版社，1957），頁 78、283；同前編者：《明代雜劇全目》（北京：作家出版社，1958），頁 253、262。元小令有〈那吒令〉調名，見陳乃乾輯：《元人小令集》（北京：中華書局，1962），頁 32。

心弦。元明雜劇中的那吒（明代通稱哪吒或哪叱），如前揭篇目所見，是個化身的善勝童子，悟明心性，護持佛法，「有千變萬化之機，三頭六臂之勝」，仗天聖世尊的神力，諷誦咒文，即能懾伏妖魔，降邪歸正。[22] 較《封神》成書略早的小說，如朱鼎臣編輯的《全相唐三藏西遊釋厄傳》十卷，和劉致和因襲的《西遊記（傳）》、余象斗的《華光天王南遊志傳》各四卷（後二者並收入明末清初書賈刊刻的《四遊記（全傳）》），俱已出現為說部資取的哪吒太子的神魔故事。例如《西遊記傳》記敍哪吒被玉皇大帝封為三壇海會天神，與猴王悟空大戰三十回合及降服其他妖魔的情節，與《南遊記》描述三太子領銜為定遠征寇大元帥，與華光天王鏖戰的扮相、所用的武器與法寶，都為《封神》和吳著《西遊記》採用。[23] 《封神演義》為敷衍周武王伐紂的神怪小說，其間

---

22. 〈猛烈那吒三變化〉作者闕名，戲文載王季烈編校：《孤本元明雜劇》（北京：中國戲劇出版社，1958），頁 1～10。

23. 《全相唐三藏西遊釋厄傳》有萬曆刊本，唯楊致和《西遊記傳》未有明代單刻本流傳，僅見明末清初書賈刊行之《四遊記（全傳）》所收。此編除《西遊記傳》外，包括吳元泰《八仙出處東遊記》、余象斗《南遊記》及《北方真武祖師玄天上帝出身全傳》（即《北遊記》）各四卷（後三者俱有明末單刻本）。《四遊記》現存最早之版本為嘉慶十六年 (1811) 坊刻本，今有上海古典籍文學出版社 1956 年排印本及其他普及本。哪吒太子故事見《西遊記傳》卷 1 及《南遊記》卷 3。關於是書個別小說刻本之考證、及楊氏《西遊記傳》與吳承恩《西遊記》的關係，見柳存仁：〈「四遊記」的明刻本〉，收入氏著：《和風堂文集》下冊，頁 1260～1318。《四

塑造的哪吒，更為神奇靈怪，變化多端。是書第十二至十四回、記敘哪吒一連串的神蹟異行，如誕生為一肉團，大鬧水晶殿，與東海龍王三太子搏鬥，抽去其龍筋，剔骨割肉還父母，現形為蓮花化身，及父子交惡與托塔等故事，並未見於為《封神》前身之元至治本《全相武王伐紂平話》，殆係撰者刺取釋道史傳、《四遊記（全傳）》所收諸小說，及民間傳說，匠心獨運，剪裁鎔鑄而成。這裡所見的哪吒太子，身長六尺，搖身一變為一丈六尺，長出三頭八臂，頭戴金輪，身披八寶盔甲，手握火尖槍，腳踏風火輪，法力無邊，勇伏群魔，成為後來的小說、雜劇、戲曲和說書沿襲的模相。[24] 吳承恩《西遊記》所縷述哪吒三太子的故事，基

遊記》 故事的演變詳細研究見 Glen Dudbridge, *The Hsi-yu chi, A Study of Antecedents to the Sixteenth-century Chinese Novel* (Cambridge, England: The Cambridge University Press, 1970).

[24] 《封神演義》一百回現存最早版本為明末金閶舒載陽刊本，今有北京作家出版社 1955 年排印本及其他普及本。此書作者舊題許仲琳，但柳存仁先生考證為嘉靖、萬曆間道士陸西星（1520～約 1601），見前揭英文專著， chap. 12. 柳氏曾撰陸西星長傳， 收入所著 *Selected Papers from the Hall of the Harmonious Wind* (Leiden: E. J. Brill, 1976), pp. 175～202. 哪吒太子故事見於《封神演義》者，主要在第 12～14 回，關於其造像之取材，見注 8. 揭柳氏論文，頁 1055～1081，及其英文專著，頁 223～242。又見 Ho Kin-chung, "Nezha: Figure de L'enfant rebelle," *Études Chinoises*, 7. 2 (Autumn, 1988): 7～26。于秀溪所著《哪吒傳》（吉林：北方婦女兒童出版社，1984），係根據《封神演義》改寫之通俗讀物，並無作任何考證。

本上取材於《四遊記》的《西遊記》和同類的小說話本，因此便有哪吒被玉皇大帝封為天神，與猴王孫悟空在花菓山鏖戰，鎮服九十六洞的群魔，其後護衛唐三藏玄奘往天竺取佛經，途中又與悟空及諸妖搏鬥等情節。但是，是書所塑造後來成為坊間聞名的紅孩兒哪吒，在倒敘他的身世、形相、神勇法力、所持兵器，及與其父托塔天王交惡等事情，顯然是攝取《封神演義》而加以改編更張，可見後者對說部的影響。[25]

　　哪吒故事見於《封神演義》之變化多端，皆因作者想像力豐富，鎔裁各種材料，妙手創新所致。這些資料，除了《四遊記（全傳)》和其他釋傳平話，最重要的殆是萬曆年間佚名編纂的《三教源流搜神大全》，所收摻入道教故事的〈那叱太子傳〉。此傳見卷七，以道教傳說的托塔天王李靖父子事蹟為背景：[26]

---

25. 吳承恩著《西遊記》一百回首刊於萬曆二十年 (1592)，今有北京作家出版社 1954 年排印本及其他普及本。哪吒太子故事見於第 4、5、51、52、61、83 回。參見 Anthony C. Yu, *The Journey to the West* (Chicago: University of Chicago Press, 1983), vol. 4, Index, p463。柳存仁曾撰 "Wu Ch'eng-en (1506?～1582?): His Life and Career," 收入氏著：*Selected papers*, pp. 259～355，詳敘吳承恩之生平及著作。又根據哪吒故事之發展，考證《封神演義》與吳著《西遊記》撰作之先後，見注 8. 揭論文《毘沙門天王父子與中國小說之關係》，頁 1081～1091。《西遊記》的其他研究見注 23. 所揭論著。

26. 見佚名編：《繪圖三教源流搜神大全》（臺北：聯經出版事業公司，1969），卷 7，頁 14 上、頁 330～331。此本並未署明刻刊年月，然現存

那吒本是玉皇駕下大羅仙，身長六丈，首帶金輪，三頭九眼八臂。口吐青雲，足踏磐石，手持法律。大嗷一聲，雲降雨從，乾坤爍動。因世間多魔王，玉帝命降凡，以故托胎於托塔天王李靖。母素知夫人生下長子軍吒、次木吒，帥三胎哪吒。生五日，化身浴於東海，腳踏水晶殿，翻身直上寶塔宮。龍王以踏殿故，怒而索戰，帥時七日，即能殺死九龍，老龍無奈何而哀帝。帥知之，截戰于天門之下，而龍死焉。不意時上帝壇手塔如來弓箭，射死石記娘娘之子，而石記興兵，帥取父壇魔，杵西戰而戮之。父以石記為諸魔之領袖，怒其殺之以惹諸魔之兵也。帥遂割肉刻骨還父，而抱真靈求全于世尊之側。世尊亦以其能降魔，故遂折荷菱為骨，藕為肉，系為脛，葉為衣而生之，授以法輪密旨，親受「木長子」三字，遂能大能小，透河入海，移星轉斗，嚇一聲天頹地塌，呵一氣金光罩世，鎬一響龍順虎從，鎗一撥乾旋坤轉，繡毬丟起山崩海裂。故諸魔若牛魔王、獅子魔王、大象魔王、馬頭魔王、吞世界魔王、鬼子母魔王、九頭魔王、多利魔王、番天魔王、五百夜叉，七十二火鴉盡為所降，以至於擊赤猴，降犖龍，蓋魔有盡而帥之，靈通廣大，變化無窮，故靈山會上以為通天太師，

同一性質之六卷本 《新刻出像增補搜神記》 有羅懋登於萬曆二十一年 (1593) 所撰〈引論〉。依此推斷，今本《三教源流搜神大全》應刻刊於同一時期。詳見注 27.所揭論著。

威靈顯赫大將軍，玉帝即封為三十六員第一總領使，天帥
之領袖，永鎮天門也。

　　這裡所述的情節，說那叱原是玉皇大帝駕下大羅仙，其後投
身釋迦世尊，獲授法輪密旨，神通廣大，勇伏群魔，遂被玉帝封
為天帥領袖，與先前密教經傳記敍迥異。此可見在民間道教信仰，
那叱亦受到重視，被羅致轉化成玉皇大帝的首席神將。這裡的故
事，敍述雖然極度光怪離奇，體裁仍甚簡略樸實，比較起來，似
應出於《封神》之前，而為其作者資取。《三教源流搜神大全》一
書，雖然刻於《封神演義》之後，但據葉德輝重刊明刻本序引藏
書家繆荃蓀言，蓋係元版《畫像搜神廣記》之異名，若果屬實，
這個哪叱故事元代已有，不是明朝的產物。[27] 因此，這裡所載摻

---

27. 葉德輝重刊序撰於宣統元年 (1909)，見臺北聯經影刊本卷首，自稱曾於
　　書肆見一元刻《畫像搜神廣記》，但以議值未就失購，今刊係據繆荃蓀所
　　藏明刻七卷本，云是元版之異名，但並未作細論。旅日學者李獻璋博士，
　　曾就此本與在彼邦所見之明刻六卷本《搜神記》比較，撰成〈以「三教
　　流源搜神大全」與「天妃娘媽傳」為中心來考察媽祖傳說〉一文，曾討
　　論二本之同異與源流，但以未見元刊本《搜神廣記》為憾。此文有關版
　　本部分見臺北影刊本李氏序言，頁 4～5，譯自氏著：《媽祖信仰の研究》
　　（東京：泰山文物社，1979），頁 61～62。最近，兩位大陸學者對此問題
　　有論述。李偉國介紹所見之元刊《新編連相搜神廣記》，言其書分前後二
　　集，編者為淮海秦子晉，刻於延祐之後，與《三教源流搜神大全》比勘，
　　則知前者係從元刊全錄重編並增添其他資料，不過並未說明葉刊明刻本

雜道教傳奇的神蹟，極可能發軔於元代，成為唐宋釋典、宋元平話，至明代演義小說所見哪吒故事發展的過渡橋梁。

是否即此本之異名，抑或係另一元刊本。見氏著：〈元明異本「搜神記」三種淵源異同論〉，載於錢伯城主編：《中華文史論叢》第 48 輯（上海：上海古籍出版社，1991），頁 243～257。此外，賈二強考溯《三教源流搜神大全》之史源，認為葉刊明刻本係萬曆間書賈湊集舊傳小說而成。見所著：〈葉覆明刻「三教源流搜神大全」探源〉，刊於黃永年主編：《古代文獻研究集林》（西安：陝西師範大學出版社，1992），頁 223～239。元刻《新編連相搜神廣記》已由上海古籍出版社影印，附於新刊之《繪圖三教源流搜神大全》(1990)，但失載〈那吒太子傳〉，因此未悉此傳的資料出處，不過有可能來自另一失傳之元刊《搜神廣記》。已故衛聚賢氏首先指出《封神演義》中的那吒太子故事，係取材自《三教源流搜神大全》卷 7 之〈那吒太子傳〉，唯未考究此故事之年代。見所著：《封神榜故事探源》上冊（香港：自印本，1960），頁 152～153。

三、那吒傳說對北京城的影響

　　依上稽考，元明之際流行的那吒故事，與大都「那吒城」傳說有直接而密切關係的，除密宗經傳敍述者而外，就是《三教源流搜神大全》所載，摻入道教誌異的那吒太子踏水晶殿，殺死龍王三太子，抽去其龍筋，又與老龍大戰的情節（這裡說那吒殺死龍王太子，抽去其龍筋，又與老龍大戰的故事，係本諸前揭《佛說最上祕密那拏天經》，言那拏以難陀、烏波難陀二龍而為絡腋，得叉迦龍以為腰條）。現代流行的北京城傳說，皆以為燕都時遭水患，因為其地是苦海幽州，水源被龍王壅斷，故此要招請哪吒太子解難，而劉伯溫和姚廣孝畫出「八臂哪吒城」圖來建城，道理就在這裡。

　　這樣看來，元明民間傳言劉秉忠制定大都十一城門，去附會那吒的身軀，就有幾個共通的來源。它不只是因為如密乘所宣稱，那吒能護持佛法，禳除惡魔，隨軍護城殲滅敵兵，和具備「心明」降伏天龍，招致甘霖。或是，由於民間受到上都城建造而產生劉秉忠借地於龍的傳說所感染。最可能的原因是，當時京都的民眾，不但深信龍王盤據幽燕，控制水源，而且隨著道教的盛行，流傳那吒因沐浴與龍王三太子爭執，怒中把太子殺死，大鬧水晶殿的故事。以上數因掇合，就更圓滿地解釋為何元代建造大都城，會產生這樣的傳說，和進一步了解現代暢行、明代北京城建造傳說的起源和演變。由於元代的《搜神廣記》被改編入《三教源流搜

神大全》，那叱太子的神異故事便流傳入明代，繼而透過《封神演義》和更加鋪張的《西遊記》散播轉化，成為近世北京城傳說的主要骨幹。若果缺少這一環節，劉伯溫縱使是個絕頂神格化的、家喻戶曉的歷史人物，民間也不致附會他建造「八臂哪吒城」。

明代北京城建造的傳說

一、「哪吒城」傳說的源流

　　關於明代北京建城的傳說——劉伯溫和姚廣孝按照哪吒太子的模樣畫圖建造「八臂哪吒城」，前節已作扼要敘述，這裡再略作補充。首先要注意，元朝覆亡以後，代起的明太祖以應天為京城（南京），改大都為北平府，燕都因此沈寂一時，但到永樂帝篡位翌年即還都北平 (1403)，興建新京城，隨著又恢復盛況。所以，雖然政治形勢轉變，但因民俗傳統深厚，大都「那吒城」傳說在明代繼續流傳。例如下至弘治正德年間，在楊子器 (1458～1513)所撰元宮詞六首，仍然提到這個故事。他的〈詠世祖〉一首說：「那吒城裡起樓臺，萬朵宮花次第開。見說南朝好兒女，遠隨帝璽渡江來。」[1] 這首詩不但反映明人對元朝掌故的熟悉，而且說明此一傳聞在當世依然盛行。可是這個傳說故事，猶是元代的誌異，並不涉及明代。清代的北京城基本上是沿承前朝，所以這個膾炙人口的民間故事看來繼續流行。作者曾翻閱大量清人載籍都未找到有關記載，但在最近北京出版的晚清老太監信修明的遺著：《老太監的回憶》卻有以下一條：[2]

---

1. 收入錢謙益：《列朝詩集》丙集〔順治九年 (1652) 刻本〕，第 7，頁 12 上（頁 11 上～11 下有小傳）。楊子器今浙江慈谿人，成化二十三年 (1487)進士，官終河南布政使。

2. 見《老太監的回憶》（北京：燕山出版社，1992），頁 97。關於作者的生

> 出神武門西行，護城河北岸有井擋路，上有石蓋。據傳此
> 井如開，主太監有權。清初有人主張將井湮塞。風鑒家云：
> 「此井毀不得。北京為三頭六臂哪咤城，此哪咤之肚臍也。
> 人如無臍，生理失缺。」因用大石封之。〈太監井〉

根據這裡，清初以來京師一直流行這個荒誕的傳說。故事說神武
門西邊、護城河北岸的一口井是哪吒的肚臍，與下引 Arlington 和
Lewisohn 傳述的類似，顯然同出一源。信修明自道光年間入宮，
至宣統遜位出宮，在內廷生活凡二十四年，耳聞目見甚多珍貴資
料，此為其一。這裡並無提及劉伯溫，不過依照下面的推斷，清
末以來民間傳說已將伯溫與北京城的修建扯上關係，因此劉伯溫
製造「八臂哪吒城」的故事相信在此時已經以口述流傳。至於故
事的文字載錄，卻要到民國二、三十年後，才陸續在有關北京的
民俗書刊及大眾讀物見到。這個現象表示傳說的晚出，大概到了
清季劉伯溫成為尖端的神化歷史人物以後，京師民眾才附會他建
造北京城，一傳而再然後定型。這類俗說，顯然始於委巷傳誦，
作為一種民間口述文學，後來始有筆錄，再經過渲染藻飾，然後
廣泛散播。從這些記錄的繁簡精粗，我們得見傳說的類型和大概，
對研究它的起源和演變，有很大的幫助。

平，詳見〈太監生活二十四年（自述）〉。

Werner 所傳劉伯溫建城故事

　　管見所及，最早關於劉伯溫修建北京城的記載，卻是出於外國人的手筆。例如，光緒庚子年 (1900) 京師拳亂時主持天主堂（北堂）的法籍樊國梁 (Alphonse Favier) 主教，於所著的 *Peking: histoire et description* 一書就有兩處提到劉伯溫。他說這位明太祖謀臣於 1524 至 1564 年間仿照南京的城垣在北京建築外城。此處紀年有誤，因為外城是在嘉靖三十二年 (1553) 興工，但伯溫卒於洪武八年，這些工程與他完全無涉。Favier 昧於史事，胡謅亂言令人失笑，不過，他很可能是得諸道聽塗說，否則何致會將劉伯溫與北京城拴在一起。因此，這條資料可以間接說明這一類傳聞這時候已在北京散播。[3]

　　至於劉伯溫製造「哪吒城」故事的雛型，則始見於 E. T. C. Werner, *Myths and Legends of China* 之〈北京城建造的傳說〉一節。這個故事說明太祖四子朱棣英姿俊偉，為皇后所嫉妒，因此讒說使他出管燕地，晉封燕王，開府古幽州（北平府），以便疏離皇室。以下繼言燕王如何得劉伯溫授予「錦囊」，預告密計建造

---

3. 見 Alphonse Favier, *Peking: histoire et description* (Lille: Société de Saint-Augustin, 1900), p. 22。他把劉伯溫拼音書作 Lèou-pè-ouen，嗣後，不諳漢文的外籍作家所著述有關北京的通俗性介紹，例如 Juliet Bredon, *Peking*, 3rd ed. (Shanghai: Kelly and Walsh, 1931), p. 21，皆承襲其說，訛傳劉伯溫為北京外城的建築師。

「哪吒城」：[4]

　　未幾，這位年輕的王子便懇辭皇帝，離開金陵（南京）前
往任所（北平府）去。臨行之際，有一名劉伯溫的道士，
對燕王素有好感，於是給他一個封密的「小包」，著他遭遇
危難時拆開，只需細讀頭段寫著的，便可得到解救任何邪
惡的方案。但事後即須再封密，不得窺看下面的內容，直
到再遇困境，需要援助時才再打開參詳。燕王隨而啟程，
路上乏善可紀，未幾安然抵達目的地。……現在北京所處
之地古名幽州，唐朝稱為「北平府」（按應作「幽州府」），
後來稱順天府──後者之名是在北京城建造後才採用。當
時該地區名叫燕，其地一片曠野，居民稀疏，他們住在茅
屋和星散的村舍，並沒有城郭自衛和防止盜賊。燕王到了
那裡，看到如此荒蕪，又想到要在其地羈旅多年，不禁愴
然，左右也想不出如何去安慰。……就在這時，燕王頓然
憶起那老道士（劉伯溫）給他的「小包」，隨即去找尋（因
為在旅途困倦和興奮中已忘懷此事），希望能獲明燈指示。

---

4. 節譯自 Werner, *Myths and Legends of China*, pp. 227～230. Werner 所述故
　事，係在民初從北京採訪得來。類似的故事，又見 Verne Dyson,
　Forgotten Tales of Ancient China (Shanghai: The Commercial Press, 1927),
　pp. 202～203。後者似另有出處，並非襲錄前者。關於蒙古傳說的燕王在
　北平府建城故事，詳見下注 22.、23.。

不久找到小包，急忙拆開看有何計策。首頁書著：「當抵達
北平府後，你需要興建一座城郭，稱它為『哪吒城』。工程
可能很費錢財，你應通傳召令各處富戶捐輸築造。頁背後
是城市的藍圖，你必須謹慎地依照圖則行事。……」

　　這個故事，大概是當日從北京閭里採訪迻錄的，而根據下節
所敘在蒙古民間流行，關於燕王得一位黑臉異人授意、著劉伯溫
在北平府建城的傳說，顯然是從這個民族傳統發展出來。Werner
所記有異於蒙古傳說的，是把劉伯溫擬成先知的老道士，指授燕
王在封地建造一座「哪吒城」，將賓主的位置倒調。這裡的情節很
簡略，沒有道出劉伯溫的城圖如何象徵哪吒的軀體，不過，它足
以補充此類俗說的，就是伯溫老早已繪好藍圖，藏在封密的「小
包」（俗稱「錦囊」）裡授予燕王，著他有危難時打開依計行事，
把二者的密切關係建立起來。但是，故事並無提到劉伯溫和姚廣
孝兩人競賽，巧合地分別按照哪吒的模樣畫城圖，結果繪出雷同
的圖則來。因此，內容便不夠傳神熱鬧，不久就被後起更複雜的
故事取代。雖然如此，這個故事有特別的意義，因為它具體地描
述蒙古民間所流行的劉伯溫建城誌異，為研究「哪吒城」傳說的
來龍去脈，提供很重要的線索和資料。

金受申所傳「哪吒城」故事

　　關於劉姚兩位軍師的城圖，如何配合哪吒的身軀，金受申前

揭「八臂哪吒城」故事，已經有扼要的敘述。根據這裡，劉伯溫和姚廣孝把圖畫好，發現彼此的都是一樣，便分別去解釋圖則為何叫「哪吒城」。劉伯溫首先指出，正南中間的一座門叫正陽門，是哪吒的「腦袋」；甕城東西開門，是哪吒的「耳朵」；正陽門的兩眼井，是哪吒的「眼睛」；正陽門東邊的崇文門、東便門，東面城門的朝陽門、東直門，是哪吒這半邊身子的「四臂」；正陽門西邊的宣武門、西便門、西面城門的阜城門、西直門，是哪吒那半邊身子的「四臂」；北面城內的安定門、德勝門，是哪吒的「兩腳」。……城裡四方形的皇城，是哪吒的「五臟」。皇城的正門——天安門——是五臟口，從五臟口到正陽門哪吒的腦袋，中間這條長長的平道，是哪吒的食道。接首，姚廣孝又補充說，那五臟兩邊的兩條南北的大道，是哪吒的大肋骨，大肋骨上長著的小肋骨，就是那些小胡同。這一來，北京城的圖則，便具體地與哪吒軀體的主要部分配應。[5]

　　一般類似故事，都說劉姚二人所畫的北京城圖不謀而合，但是在金受申所蒐集的資料另有他說，說姚廣孝所畫的圖有一角是斜了一塊。根據相傳，當他們兩人脊梁對坐構思繪圖之時，眼前突然出現那個紅孩兒哪吒的模樣，於是立刻照著畫，從頭顱開始，順筆畫到雙腿。但當姚廣孝畫到最後，霎時吹來一股風，把哪吒的衣襟吹起一塊，他也就隨手畫了下來。於是，姚廣孝的哪吒城圖在西北角上便斜了一塊。劉伯溫指著說不對，說城是不能斜一

---

5. 見金受申前揭書，頁 3〜8；英譯見 Gladys Yang 前揭書，頁 10〜17。

塊的。兩人爭持不下，只好持圖去見燕王。皇帝一看是「八臂哪吒城」，高興地說：「你們不愧是我的軍師。劉伯溫畫的很方正，應當大軍師。姚廣孝畫的斜了一塊，還是當二軍師。」劉伯溫接著問修城時以誰畫的為準。皇帝說：「東城照你畫的修，西城照姚廣孝畫的修。」姚廣孝畫斜了的一筆，剛好是德勝門往西到西直門這一塊，這就說明何以北京城西北面城牆還是斜的，缺了一個角。這個故事看來後出，旨在補充解釋兩者繪圖的不同，為何姚廣孝遜色於劉伯溫，又為何本來應該是四方形的都城，西北隅的城牆竟然是斜向，因此缺去一個角。[6]

Lewisohn 所傳「哪吒城」故事

金受申整理的「八臂哪吒」故事，雖然說明劉伯溫和姚廣孝的畫圖如何配合哪吒的身軀，但也稍嫌籠統，不夠清晰。事實上，

---

6. 這一故事雖是金受申搜集，但未收入所著《北京的傳說》；此見張紫晨、李岳南合編之《北京的傳說》，頁 1～5。明代北京外城西北面牆，從德勝門到西直門這段，所以是斜形好像缺了一個角，是因為國初徐達在攻下元大都後，朝廷為著方便防守，放棄了舊城的北部城區，在城牆以南約五里處的積水潭（什剎海）沿邊另築新牆，由於積水潭的形勢是向西北傾，所以城牆便看似缺了一個角。見《史話》，頁 97；《通史》，第 6 卷，頁 16。民間穿鑿附會，便以姚廣孝照哪吒的身軀畫圖時，剛好起一陣風，把哪吒的衣襟吹起一塊，他隨手畫下，所以畫的城圖便在西北角斜了一塊作為解釋。

較金書早出，英人 L. C. Arlington 與 William Lewisohn 合著的 *In Search of Old Peking*，已說得很詳盡。根據作者掇拾的傳聞，北京城的型制是要象徵哪吒的三頭六臂雙足（與前說「三頭八臂」稍異），而圖則與哪吒軀體的各部分是這樣相應的（以下所記城門和街道採用民國改定的名稱，括號內的是明清舊名）：[7]

(1)　前門（正陽門俗稱）是哪吒的頭顱。

(2)　前門兩旁門是他的耳朵。

(3)　棋盤街是他的鼻子。

(4)　中華門（明稱大明門，清改大清門）是他的口。

(5)　棋盤街南邊的雙井是他的眼睛。

(6)　哈德門（崇文門俗稱）是他的右肩。

(7)　順治門（宣武門俗稱）是他的左肩。

(8)　朝陽門是他的右手，東嶽廟代表他手腕上的「乾坤礦鐲」。

(9)　平則門（阜成門俗稱）是他的左手，「白塔」象徵他手持的「寶鎗」（火尖鎗？）

(10)　東華門和西華門是他的雙臀。

(11)　東直門和西直門是他的膝蓋骨。

(12)　安定門和德勝門是他的雙足、底下的「黃」廟和「黑」

---

[7]　見 Arlington and Lewisohn 前揭，頁 175～176。二氏所述，係根據當地談薈數衍，並未作考證分析。

廟代表他的「風火輪」。

(13) 紫禁城的「紅牆」象徵圍著他肚腹上用來懾服龍王三太子的紅綾。

(14) 紫禁城的「皇道」〔從中華門（大明門、大清門）直北〕是他的氣管。

(15) 皇道兩旁的「前廡」代表他的肩胛骨。

(16) 東安門和西安門是他的雙乳。

(17) 天安門（承天門）前的曠場是他的肺臟。

(18) 天安門和端門是他的心囊。

(19) 午門是他的心臟。

(20) 太和門（奉天門、皇極門）是他的腹膜。

(21) 太和殿（奉天殿、皇極殿）象徵連貫他的心和肝的管（根據中醫的人體構造知識認為如此）。

(22) 中和殿（華蓋殿、中極殿）是他的肝臟。

(23) 保和殿（謹身殿、建極殿）的他的膽囊。

(24) 「三海」（即北海、中海、南海）是他的胃臟。

(25) 社稷壇是他的脾臟。

(26) 西城露空的「水溝」（現已填蓋）是他的大腸。

(27) 東城露空的「水溝」（現已填蓋）是他的小腸。

(28) 乾清門象徵他雙腎間的解剖穴，一般認為是人體的要害。

(29) 乾清宮和養心殿是他的雙腎。

(30) 紫禁城西邊一井的小洞是他的肚臍。

(31) 什剎海（積水潭、海子）是他的膀胱。

　(32)　後門（地安門）的橋（按即西壓橋）是他的陰莖。

　(33)　後門是他的脊骨尾端。

上述各處的配合，除卻沒有確實地指出那幾座城門代表哪吒的膀臂，都比金受申所傳的故事明確細膩。這些聯想虛構，雖然牽強附會，無中生有，但是想像豐富，繪聲繪形，使北京城活躍地肖像臥在地上的哪吒，把傳說渲染得更生動神奇，可惜近出的幾本北京傳說故事書都沒有採錄。

又一劉伯溫建城故事

　　此外，現今流行的劉伯溫製造北京城故事，另有一、二種不同的說法。其中一個的主旨仍是劉伯溫應燕王命修建新都城，因此觸怒盤踞苦海幽州的龍王而惹起無數糾紛，但是個中人物並沒有哪吒和姚廣孝，卻引進國初名將徐達（永樂帝徐皇后之父），和助建應天南京城的富戶沈萬三。根據中國民間文藝研究會北京分會編寫的《北京風物傳說》，所收錄蟠桃宮廟會某老藝人在 1961 年的口述，建城經過是這樣的：[8]

---

8. 見中國民間文藝研究會北京分會編：《北京風物傳說》（北京：中國民間
　文藝出版社，1983），頁 1～7：〈劉伯溫建北京城〉。蟠桃宮又名太平宮，
　全名為護國太平蟠桃宮，係道教廟宇，主祀西王母娘娘，座落於北京東
　便門外橋之南，據說係建於明代，清康熙元年 (1662) 重修。由於民間相

當燕王朱棣遠征蒙古歸來，便想在北方重新建一座京城，於是把大臣劉伯溫找來，問他應該在那裡興造。劉伯溫存心推讓，就獻議找大將軍徐達去辦。徐達來到，伯溫對他說：「憑著你的神力往北射一箭，箭落在那兒，就在那兒修建京城。」徐達應喏，便到殿外搭箭拉弓，朝向北方射出。劉伯溫連忙帶著隨從上船，順著大通河往北去追。這一箭射得好遠，落在當今北京南邊二十多里的南苑，那裡住著八家小財主。他們看見箭落下來十分慌張，唯恐在該處建京城，房產和田畝便會被佔用。就在議論間，其中一個財主說，把箭再射走不就行了嗎？大家都說好主意，於是轉手一箭往北射去，結果射到如今北京的後門橋那裡。不久，劉伯溫帶人追到南苑，掐指一算，箭應落在這兒，便找財主來問，逼著要箭。財主們一看瞞不住，只好招認，請求不要在當地建城，要什麼條件都行。伯溫想了又想，答應改在他們轉手射箭落下的地方築京城，但是要他們捐輸建造，八家財主只好同意。

劉伯溫跟著找到落箭的地方，就拿出已準備好的圖樣，去

傳三月三日是西王母壽誕，舉行蟠桃聖會，所以每歲三月初一至初五舉行廟市，非常熱鬧，至今維持不衰。見余著：《故都變遷記略》，卷8，頁3上；又見常人春：《老北京的風俗》（北京：燕山出版社，1990），頁73～74。關於北京舊社會的廟會，最近研究專著有幾種，除上述常人春所作，又見梁國健編：《故都北京社會相》（重慶：重慶出版社，1989），頁130～138，及郭著：《北京廟會舊俗》有關章節。

找工匠動土。最先建的是西直門城牆，所要的費用全都找南苑的財主們要，但是沒想到一座城樓還沒修成，八家財主已經傾家蕩產，如何是好？伯溫又掐指盤算，便著手下把一個曉得有藏鏹的沈萬三找來。過了兩天，隨從果然把他帶到。此人原是個討飯的，渾身髒臭，腋下夾著個破瓦盤，又用一根繩子繫在脖子上。劉伯溫見到沈萬三就說：「建北京城沒錢用，你可給我想辦法？」萬三一聽就被嚇壞，自言是個窮漢，那裡有錢財。伯溫見不就範，立刻叫人用棍子朝著他打，萬三只好叫饒，講出地底埋下有銀子的巨缸，著他們去挖。劉伯溫派人去掘，果然發現一大缸銀子，於是就用來接續修城。可是沒多久，這些錢也用完，伯溫因此又找沈萬三來，按著他劈打要錢，萬三被打得急，只好又往地下指出埋銀處，就這樣一而再，再而三，北京城便有足夠的錢建築起來。

話分兩頭，京城還未動工，苦海幽州的龍王已經曉得，故此當劉伯溫坐船追箭快到北京時，突然冒出水面，把前腳往船頭一搭，將船踏歪了一半。伯溫急忙走出艙來，問個究竟。龍王就說北京是他的地盤，詰問佔了它去建京城，會給他什麼甜頭。伯溫於是回答建好都城後燕王必會好好酬謝。龍王搖頭不信，說若要在這兒造城，一定要把他的九個兒孫在京城安排職位。伯溫只好佯作答應，龍王大樂，便放過了他，讓他的船繼續往北開去。到了北京城修完，燕王便遷到那裡，坐上龍廷當皇帝。一天，皇宮門前突然

來了一老頭帶著好幾個孩子，吵著要見劉伯溫。伯溫出見，原來是龍王和他的兒孫。龍王就說他前此允諾給他的兒孫職位，因此把他們帶來，問怎樣安排。伯溫呵呵笑，說都已分配好。可是劉伯溫好厲害，把龍子龍孫分別派到華表、柱子、屋簷、和影壁上去。安排完畢，他一喝令，九條小龍騰空而飛，飛到被分發的地方，一個個貼了上去。結果，歡蹦亂跳的活龍都變成石頭刻的、磚石燒的、油漆畫的死板飾物。這一絕招真把龍王氣壞，就要跟劉伯溫拚命，於是引起許多劇烈的鬥法去爭奪水源，結果伯溫成功地把大多的海眼都鎮蓋著，將龍王一家禁錮在城下，於是解除北京缺水的威脅。

這一故事，並沒有提到劉伯溫和姚廣孝競賽畫圖建城，顯然出於不同的來源，時間也許較早，但因為缺去哪吒太子的情節，內容便沒有那麼生動熱鬧，跟其他北京建城的傳說也接連不上。事實上，這故事亦有來歷，大概脫胎於蒙古族相傳北京建城的始末而加以敷衍。據說當燕王受太祖之命，領軍到北平的南口關預備開府，一日，被一黑臉、穿黑衣、騎黑馬的異人攔住，取去他手持的弓箭，向四方各發一矢，告知在落箭的四隅埋有無數金銀珠寶，應在該處建一座城市。其人隨將手中的紅矛交給燕王，著他轉授劉伯溫，並謂如需貲財興工築城，令伯溫以矛掘地即可得珠寶，繼而又命燕王任伯溫為丞相，並依照其所備圖則建造新都城（詳見下節，「4.蒙古民間傳說的神化」）。現在的故事把射箭者

改為大將軍徐達，顯然因為他是開國名將，率領大軍攻破大都，驅逐蒙古出境的統帥。徐達只放一矢，建城的地方依然是箭落的周圍，不同的是增添了沈萬三供出藏鏹資助建城的情節。沈萬三一名沈富，又稱沈秀，是明初傳奇顯名的江南富戶，籍貫不詳（一說是蘇州吳縣，又說是浙江吳興），《明史》稱他曾捐輸明太祖興建應天南京城三分之一。萬三所以聲名大噪，主要是民間相傳他有神奇法術致富，其一是擁有「聚寶盆」，據說「以物投之，隨手輒滿，用是致富敵國」。這些傳說本來與北京建城無涉，但因為劉伯溫曾規劃應天府京城，而北京的「紫禁城」形制建置係仿效南京，況且建城亦需從地方徵用大量貲財，所以沈萬三的軼事便不期然地轉播到北京，與建造京城的傳說夾纏一起。[9] 可是，這個劉伯溫建造北京城的故事，缺去競賽構繪「哪吒城」圖的情節，與傳說的主流脫節，所以雖然充滿神奇色彩，仍為後起的「八臂

---

9. 沈萬三原名沈富，以排行稱萬三秀，原籍一云浙江吳興，一稱蘇州吳縣，據說曾捐助太祖築南京城資用三分之一，後以犒稿軍見罪出戍雲南，為明代最富傳奇事蹟之人物。傳記略見《明史》，卷 113，頁 3506；及陳開虞等纂：《江寧府志》〔康熙七年 (1668)〕，卷 1，頁 23 下、24 下。有關他的傳說故事，詳見黃芝崗：〈沈萬山傳說考〉，《東方雜誌》，第 32 卷第 1 期（1935 年 1 月），頁 91～97，與鈴木正：〈沈萬三說話の分析〉，《史觀》，第 72 號（1965 年 7 月），頁 2～36。關於沈氏家族的詳細研究，見沈德輔：〈從沈萬三的傳記資料論修譜與尋根〉，《第四屆亞洲族譜學術研討會會議紀錄》，聯合報文化基金會、國學文獻館編（臺北：國學文獻，1989），頁 403～536。

哪吒城」故事所取代。

劉伯溫、姚廣孝等建城故事

另一個劉伯溫製造北京城的故事，情節跟以上和前此的也不大相同。這故事說燕王在北征蒙古之前，問伯溫打到那兒該罷兵，伯溫說到了糧盡兵蹶便須停止，跟著給他一張圖和一封信，說一休戰即可取出來看。到了幽州邊塞，士卒缺糧罹疾，燕王於是罷兵，隨即打開伯溫的圖，原來是一張修建北京城的圖樣，勸告把北平改建為都城。燕王又將信拆開，原來劉伯溫推薦他的徒弟，一位名姚廣孝的軍師去修建，還交待燕王去找富戶沈萬三籌錢資助。燕王花了好幾個月，才在京西的古佛寺找到退隱當和尚的姚廣孝，起初他不肯出山修建北京城，但到燕王向他展視劉伯溫的地圖，知道是師父的主意，就不敢再推辭。隨後，燕王又叫手下去找沈萬三要錢建都城，結果費了三個月，才在皇城碰到一個黑黝黝、上身光著脊背的「下肩兒的」（挑夫），自稱是沈萬三，於是把他鎖枷著帶到皇廷來。燕王一看到這大漢的模樣，十分驚訝，不相信這窮光蛋是個財神，不過仍親自解鎖，向他要錢建造北京城。沈萬三說自己一介挑夫，窮得連衣衫也沒得穿，那裡有錢藏起。燕王大怒，就下令把他拷打，萬三被打得半死，只好供出藏鏹的地方。燕王一共掘得四十八萬兩金子，但猶未滿足，於是重施故技，再次把萬三抓起虐待，又多得九缸金條。燕王於是把這些金銀招工，教姚廣孝照劉伯溫的圖樣建造起北京城來。這個故

事雖然以劉伯溫的畫圖為背景，但是主角是姚廣孝和沈萬三，而二者比較，後者的分量還重要，因為他的遭遇反映燕王如何用高壓手段徵收貲財建城，與傳說的哪吒和龍王鬥法控制水源的故事不相關涉。大概這樣，此故事與劉伯溫的傳說沒有直接關連，也許正因如此，不能算是北京城建造傳說的主流，傳播不大廣遠。[10]

　　最後，還得注意，從劉伯溫製造「八臂哪吒城」故事引伸，又產生許多同樣神奇熱鬧附加的傳說。例如《北京的傳說》所蒐集的〈三青走到盧溝橋〉、〈高亮趕水〉、〈北新橋〉和〈蜈蚣井〉；《北京風物傳說》收錄的〈九門八錪一口鐘〉和〈三青落在盧溝橋〉等等，都是關於劉伯溫與龍王鬥法，爭奪控制北京城水源的傳說。就中最膾炙人口的是〈高亮趕水〉故事。大意說劉伯溫在北京建造「哪吒城」，鎮壓了龍王一家，龍王大怒要報復，於是把全城的井水汲去，放在兩隻水簍偷運出外，使京城斷絕水源。伯溫幸虧及早發覺，又得到神勇的工匠高亮（名字是高梁河的諧音）落力追趕，才把部分的水（苦水）奪回，可惜高亮失慎送命，餘下的水（甜水）都被龍王的兒子帶到玉泉山下去。這些離奇的情節，顯然脫胎於劉伯溫與龍王鬥法的傳說，用來解釋為何北京在未有自來水前大部分的水都是苦水，而甜的都在玉泉山下流的昆明湖。由此可見民間傳說一傳而再，便有口皆碑，家喻戶曉，很容易與當地的人事撮合，產生更多神怪荒誕的傳奇故事來。[11]

---

10. 見王文寶：〈北京城是怎樣修起來的？〉，《北京風物傳說故事選》，頁1～6。
11. 見金受申書(1981)，頁9～32；《北京風物傳說》，頁11～13、頁87～91。

二、劉伯溫的勳業與傳說

劉伯溫的生平與勳業

　　上面經已指出，這些劉伯溫製造「八臂哪吒城」故事絕非史實，而是民間虛構編造的傳說，其中另一要角姚廣孝亦沒有參與建城。根據以下考察，故事一再提及姚廣孝是由於歷史的因緣，需要一個恰當的人物烘托劉伯溫，不是因為他本身亦產生類似的傳說，到後來便與前者混淆一起。故此，在分析這些傳說之前，需要把劉伯溫的勳業和神化過程作一交代。這位近代人皆知曉，原名劉基的明代傳奇人物，在歷史上有兩個「臉譜」。在官書正史上，劉基又稱誠意伯，是明太祖的輔弼功臣、帷幄軍師，以奇謀神算翊助君主鼎定天下。在民間傳說裡，他卻以「劉伯溫」之名稱著，是一位精通天文術數、地理堪輿、占卜休咎，逆知將來的活神仙。以下作簡要敍述。[12]

---

12. 關於劉伯溫的傳記資料，詳見〈前言〉注6.所揭。本文論述劉伯溫相關傳說的來源與演變，係據筆者歷年之研究成果，已發表者有：Liu Chi (1311～1375) and His Models: The Image-building of a Chinese Imperial Adviser," *Oriens Extremus*, 15. 1 (June 1968), pp. 34～35; "Liu Chi in the *Ying-lieh chuan*: The Fictionalization of a Scholar-hero," *Journal of the Oriental Society of Australia*, 5. 1～2 (December 1967), pp, 26～42，並注30. 引有關劉伯溫與《燒餅歌》之關係等論文。此外，大陸作者蔣星煜亦曾

　　劉基字伯溫，浙江處州青田人，元成宗至大四年 (1311) 生。
幼穎異，博通經史，諸子百家，尤精於天文地理、兵法曆算。性
剛毅嫉惡，慷慨有大節。至順四年 (1333) 登進士，歷任江西高安
縣丞，行省掾史，以廉潔謹直見稱。後因與上司幕僚議事不合，
辭官而去。未幾，起任江浙儒學副提舉，又以言御史失職，為臺
憲所沮，由是隱居力學，時至正三年 (1343)，年三十三歲。伯溫
自此枏遊江左，以文會友，聲名大噪。十二年 (1352)，奉省檄任
元帥府都事，佐戎浙東，又因建議招捕方國珍為上官所劾，羈管
紹興，於是放浪山水，以詩文自娛。十七年 (1357)，官府起為江
浙行臺經歷，應命與行院判石抹宜孫征討處州山寇。亂平，以執
政者皆右方氏，事無可為，遂棄官歸家里，一意著述，成《郁離
子》二卷，對元廷窳政有激烈批評。時朱元璋已據集慶（旋改名
應天，繼稱南京），克婺州，聞伯溫名，即遣使招致，未應，再邀
始允。二十年 (1360) 春，伯溫赴闕觀見，陳時務十八策，時年四
十八歲。自此隨侍朱氏左右，運籌帷幄，以機謀策略見稱。例如
勸元璋脫離韓林兒自立，先伐陳友諒後取張士誠，皆為未來君主
奠定大計。至於出入戰陣，仰觀天象以定征伐，預言必中，如破

發表〈朱明王朝神化劉伯溫的歷史過程〉，刊於《杭州大學學報》，第 14
卷第 1 期（1984 年 3 月），頁 98～104、頁 119，雖然見解偏陷，資料貧
乏，但亦可作參考。關於近人所輯錄的劉伯溫傳說，詳見吳孟前、楊秉
正選編：《劉伯溫的傳說》（杭州：浙江文藝出版社，1984）。傳奇小說則
見蕭玉寒：《天機大俠劉伯溫傳奇》（臺北：耀文圖書公司，1992）。

友諒於鄱陽湖，屢敗張士誠於蘇州，俱立奇功，為元璋器重。

　　至正二十四年 (1364)，朱元璋即吳王位，伯溫仍參與機謀密議。後二年，受命拓展應天城垣，卜地築宮殿於鍾山之陽，以為新都之計。吳元年 (1367)，拜太史令，上戊申大統曆，又與勳舊李善長等定律令。翌年朱氏稱帝，開國大明，建元洪武，大封群臣，以伯溫為太子贊善大夫。及帝問生息之道，伯溫以寬仁對，繼又奉立軍衛法。旋拜御史中丞，然未幾因糾繩不法事與李善長有忤，藉妻喪告歸。是年冬起復應召赴京，時帝問丞相人選，有意胡惟庸，伯溫力言不可，曰：「譬之駕，懼其僨轅也。」其後帝示意聘之為相，又以「臣疾惡太甚，又不耐繁劇，為之且孤上恩」告退。實則伯溫懼勳臣猜忌，不易制馭，又患人主多疑，禍福難測，於是托辭求罷。洪武三年 (1370) 獲授昭文館大學士，封誠意伯，隨以老病退隱家里，不預外事。及聞胡惟庸任相，大蹙增疾，八年 (1375) 卒，壽終六十五歲。傳聞說伯溫為惟庸乘視病時以藥毒害，然並無確證，似係死於老病宿疾。傳世有《誠意伯文集》二十卷，雜著若干卷，及嫁名的各類天文陰陽術數祕書數十種。武宗正德九年 (1514) 加贈伯溫太師，追諡文成，故後世又稱劉文成公。[13]

---

13. 詳見〈前言〉注 6. 所揭劉基的傳記資料。《誠意伯劉文成公文集》有《四部叢刊》本流通。關於劉基為胡惟庸毒死的辨誣，見王之屏：〈劉基之死考異〉，《經世季刊》，第 2 卷第 3 期（1942 年 4 月），頁 59～60。

劉伯溫的傳說溯源

　　伯溫命途多蹇，在元廷當官，有志難伸，到輔佐明太祖，功成身退，仍不能享其頤年，誠屬憾事。像他這樣才學淵博而宦途坎坷，在明朝開國的不尋常背景裡，最易滋生謠言。伯溫所以獲得朱元璋見重，因為他擅長機謀策略，又精通天文曆算。這些學問，在朱氏與群雄爭霸之際，最為重要，由是大見信用。此外，大概由於他好尚天文風角，和迎合元璋迷信方術，常以理智的決策，託諸星宿象緯的啟示，使他顯得玄祕高超，更益增進人主的寵信。劉伯溫許多政治和軍事上的謀略決策，凡運用得當而與事後形勢脗合的，淺識之士都歸於他的神機妙算，每測必中，能人之所不能。因此，身後未久，坊間已出現許多附會神化他的傳說故事。

　　這些俗說瑣談，始於閭里委巷的渲染撰造，表襮民間對劉伯溫勳業的景仰和學藝的尊崇。隨後好事者載於文字，一唱百和，以訛傳訛，又或輾轉為修史者採入官書，擬作信史實事，更加推廣流傳。此類記載，最先見於同郡黃伯生撰的〈誠意伯劉公行狀〉〔成於洪武十六年 (1383)〕，其後屢見於嘉靖至萬曆間的稗史雜著，又見於演開國事蹟之《英烈傳》（一名《雲合奇蹤》），成為講史、戲劇、說書、唱曲的重要資料。同時，許多弇陋之士杜撰各類陰陽術數、堪輿占卜的駁雜猥書，假借他的大名以傳。因此，從明末清初開始，劉伯溫已儼成傳奇的歷史人物。到了清末民初，由於祕密會黨鼓吹反清復明，崇祀他為翊助革命之護國軍師，伯

溫的傳說故事，也就愈變愈荒誕，成為民間信仰中最玄祕的民族英雄。簡言之，劉伯溫的神化經過以下幾個階段，每一階段都有特殊的意義。

1.〈行狀〉與稗史的傳聞

首先，劉伯溫傳說的始作俑者是黃伯生的〈行狀〉。這裡撰者除詳敘譜主生平勳業，亦記載許多他的奇蹟異行，大抵採自閭里稗聞，委巷猥談，間以荒誕誇張之辭。舉例言之，如謂伯溫於朱元璋龍興十年前，遊西湖見異雲起西北，即以為天子氣，應在金陵，預言他日將有王者起於其下。會朱氏下金華，定括蒼，伯溫大置酒指乾象對所親曰：「此天命也，豈人力能之耶？」及伯溫輔佐元璋力戰群雄，有言其策劃征伐陳友諒，以觀察雲氣星象指授攻守方略，結果大勝。此外，又有言其見日中有黑子，奏陳東南當失一大將，又謂其曾為人主占夢，預言勦敵旗開得勝。諸如此類的傳說，都是附會當日時事以神化伯溫的才學技藝、奇謀詭策，和誇張其溝通天人的智能以反映民間的膜拜英雄意識。自此而後，好事之徒、淺識之士再加冥想撰造，便產生更多離奇怪誕的傳說故事。[14]

明代中葉以降，野史稗乘，弇陋雜著蠭起，始於弘治正德而大盛於嘉靖萬曆，頗多敷衍神化國初史事人物以推廣流傳。劉伯溫既有玄祕迷惑的傳說，自然樂易成為箭垛的對象，故此從明中

---

14. 見黃伯生：〈誠意伯劉文成公行狀〉，載《誠意伯劉文成公文集》卷首。

世一直到清代，有關他的神奇怪異故事迭出不窮。有些傳說伯溫
得神人傳授，因而通曉天文術數。例如陸粲《庚巳編》、楊儀《高
坡異纂》記他少年時讀書青田山中，破石壁得天書，後獲異人指
授，由是通占卜之術。王文祿《龍興慈記》說他年輕時投客逆旅，
得異僧神附其身軀，自此聰明過人。宋雷《西吳里語》又說他元
末時逅邂妖人，乘隙吸食其精氣，因而化為帝王之師，更加荒誕
離奇。[15] 同時，故事有把伯溫的聰明才智，高瞻遠慮加以神化，
奢言他有未卜先知的神智異能。有些傳說配合明代的幾場政治劇
變，如「靖難」之變和流寇亡國，指陳劉伯溫預見其兆。例如何
喬遠《名山藏‧臣林記》記伯溫營建金陵宮城時，嘗言殿基不穩，
將來難免要遷都，隱喻篡奪變革。及都城落成，伯溫隨太祖巡視，
又謂城牆雖高，但恐燕子飛入，意指他日燕王起事。又如梁億《傳
信錄》說伯溫預知建文帝罹難，因留下「錦囊」叮囑他剃度為僧
以逃巨劫。諸如此類，都是把靖難之變妄附於劉伯溫來加深他的
神祕臉譜。[16] 除此之外，有些故事把伯溫渲染誇張得更神奇。這

---

15. 這些故事出自陸粲：《庚巳編》（《叢書集成》本），卷 10，頁 210～211；
    楊儀：《高坡異纂》，載王文濡輯：《說庫》（臺北：新興書局，1964），卷
    中，頁 1 上；王文祿：《龍興慈記》（《叢書集成》本），頁 6～7；宋雷：
    《西吳里語》〔嘉靖三十九年 (1560)〕，卷 3，頁 65 下。

16. 這些故事出自何喬遠：《名山藏‧臣林記‧劉基傳》，頁 8 下；梁億：《傳
    信錄》，載姚之駰纂：《元明事類抄》（《四庫全書珍本》初集，1934），第
    3 冊，卷 5，頁 4 上；王泌：《東朝紀》，收入孫幼安纂：《稗乘》（《百部
    叢書》本）第 3 冊（臺北：藝文印書館，1967），頁 5 下。關於劉伯溫遺

些傳聞，總類紛雜，包括占卜、星相、堪輿等等預言，不勝枚舉。例如陸粲《庚巳編》記伯溫嘗聞人上梁，測其時日，因預卜家主大發後中衰。郎瑛《續巳編》說他曾勘察某君祖墳，揚言此君不日居高官。王同軌《耳談》記他曾卜算某君卒年，果然應驗。趙吉士《寄園寄所寄》載其曾遺下碑文，以讖語寓意，預言當世將有大劫。又如淮陰百一居士《壺天錄》說伯溫死後化為神靈，時降扶鸞之壇，指示吉凶，更是玄祕莫測。透過這些野史稗乘的渲染揄揚，劉伯溫的傳說便愈加荒誕和傳播廣遠，使他變為民間信仰一位最知名的神祕人物。[17]

2. 託名的陰陽術數著作

在同一時期，坊間出現許多署名劉伯溫著述的天文術數、陰陽卜筮、星相堪輿各類駁雜猥書。這些書籍有刻本和傳鈔，年代從明初至清季，多出於江南及京畿書賈，樣本繁複，不易考勘，但是不少風行一時，到近世依然流通。從簿錄所見，入天文曆算

下「錦囊」與建文帝著其逃生的故事源流，詳見鈴木正：〈續建文帝出亡說考證〉，《史觀》，第 68 號 (1963)，頁 50～52、頁 66。

17. 這些故事見於陸粲：《庚巳編》，卷 10，頁 213～214；郎瑛：《續巳編》，載陶挺輯：《說郛續》（臺北：新興書局，1964），弓第 14，頁 4 下；王同軌：《耳談類增》卷 19〔萬曆三十一年 (1603)〕，頁 2 上；趙吉士：《寄園寄所寄》卷 5〔康熙三十四年 (1695)〕，頁 37 下；淮陰百一居士：《壺天錄》，收入《筆記小說大觀》第 4 冊，卷 8（臺北：新興書局，1962），頁 9 下。

的有《清類天文分野（直省）之書》二十四卷、《天元玉曆》十二卷、《白猿經風雨占候圖》若干卷。入陰陽卜筮的有《玉洞金書》一卷、《注靈棋經》二卷、《解皇極經世稽覽圖》十八卷、《奇門遁甲》不分卷。入星相類的有《三命奇談滴天髓》二卷、《演禽圖訣》不分卷。入堪輿類的有《金彈子》三卷、《一粒粟》一卷、《地理（堪輿）漫興》三卷、《靈城精義》二卷、《佐元直指圖解》十卷、《披肝露膽經》一卷、《注玉尺經》四卷。入兵家的有《百戰奇略》十卷。入農家類的有《多能鄙事》十二卷等等。上列各類雜書，極少出於伯溫之手，大都是弇陋之徒杜撰，依託他的大名以傳。根據資料，伯溫雖然通曉陰陽術數，但因為統治者嚴格管制這種學問，以防佞姦肆玩，妖言惑眾，所以不但沒有傳述此類著作，臨終時並將所藏的天文書，交待其子轉呈明太祖，囑咐「慎勿洩祕」。由於伯溫對此種學問傳授的謹慎，這些猥書嫁名於他來流傳，顯然違背他的本衷，但無疑因為此類雜著的暢行，深入民間，讀者眩於其說，更易深信劉伯溫之為非凡人物。[18]

---

18. 關於此類託名劉基（伯溫）的著作，《明史‧藝文志》、《四庫提要》，及《光緒青田縣志》都有著錄。詳見《明史》，卷98，頁2431、2438、2441、2443、2444；永瑢等纂：《四庫全書總目提要》卷109（臺北：臺灣商務印書館，1965），頁22；卷110，頁60；卷111，頁67、68、69；卷130，頁52；《縣志》，卷12，頁27上～30下、頁33下。又見王著：《劉伯溫年譜》，頁106～109；郝著：《增訂劉伯溫年譜》，頁204～207；與注30.揭拙著：〈讀劉伯溫「燒餅歌」〉，頁184～186。

3. 《英烈傳》的小説化

以上的野史稗乘和擬作雜著,固然增飾誇大劉伯溫的傳奇性,但是伯溫在民間活現為道士般的神算軍師,卻是由於明末講史《英烈傳》的盛傳。《英烈傳》是一部演明初開國功臣事蹟的通俗小說,原名《皇明開運英武傳》,始刊於萬曆十九年 (1591),據說是明初武臣郭英後人郭勳所作,以表揚先祖的功績。此書隨後迭有更刪變為較通俗化,改用今名,又稱《雲合奇蹤》,假託徐渭(文長)所作,有萬曆四十四年 (1616) 序刊本。今本《英烈傳》演明初史事人物,除刺取官書正史,還旁及稗史雜著,以作者的巧思加以裁剪,編造及神奇化。書中敍劉伯溫故事,大抵取材現有的傳說異聞,如訛言伯溫為劉秉忠之孫,說其於青田山洞得黃石公傳授天文書、鄱陽湖大戰陳友諒,借風用火破強敵舟師,姑蘇圍困張士誠,以法術助陣奪取敵城,紅羅山勸諭李文忠聽神獸「角端」說話,莫追蒙古窮寇,又如說其後來效漢張良故事,辭朝歸山以度餘年,都是有來歷本源。[19]

---

19. 《英烈傳》 之祖本有三種,最早為 《皇明開運英武傳》,萬曆十九年 (1591) 刊,八卷六十則;次為《新刻皇明開運輯略武功名世英烈傳》,萬曆 (?) 年刊,六卷六十則,以上俱存日本東京內閣文庫;再其次為《皇明英烈傳》 六卷,有崇禎元年 (1628) 序。今傳 《英烈傳》 別名 《雲合奇蹤》,一題徐渭所編,係據舊本剪裁,有甲乙二本行世,其一有萬曆四十四年 (1616) 序。通行本《英烈傳》係趙景深、杜浩銘據以上之校訂本,1955 年由上海四聯書店出版,其後有多種重印本。有關《英烈傳》的版

　　《英烈傳》演劉伯溫事蹟最突出的，莫如套取《三國志演義》中諸葛亮的塑型，把伯溫從家傳所見的「虬髯電目」的正派肖像，改造成一位能呼風喚雨，逆知未來，像道士般的神機軍師。傳中描述朱元璋大戰陳友諒於鄱陽湖時，就曾說伯溫觀察天象，預測友諒陣亡。及至雙方對壘，又獻策火攻敵方舟師，當時風勢不利，伯溫於是建壇制儀，擇時登臺，身穿八卦袍，披髮持劍，祭法借風以助陣。頃刻風雷大作，朱元璋乘勢揮軍火攻，因獲全勝。這裡所見的劉伯溫授計擊破陳友諒，無論佈局及人物塑型，都取材於《三國志演義》中諸葛亮祭風火焚周瑜舟師於赤壁的一幕。由於《英烈傳》的流傳，劉伯溫在民間心目中，便變成諸葛亮般有奇謀的神祕道士，成為戲劇、說書、和唱曲的重要題材。京劇中的〈戰士臺〉（一名〈擋諒〉）、和〈遊武廟〉（一名〈劉基辭朝〉）兩齣膾炙人口的劇本，就是從《英烈傳》改編。由於演劇的藝術化，加深了人物的刻畫，再添上說書賣藝者的繪聲繪形，劉伯溫道士般的神算軍師臉譜，便在普羅大眾留下牢固的印象。[20]

本源流及史原，詳見孫揩第：《中國通俗小說書目》（上海：商務印書館，1967 年修訂本），頁 67～68；趙注《英烈傳》序言；柳存仁：《英倫兩大圖書館所見中國小說書目提要》（香港：龍門書店，1967），頁 281～282，及趙景深：《中國小說叢考》（濟南：齊魯書社，1983），頁 176～209。關於劉基（伯溫）在《英烈傳》的演化，詳見注 12.揭拙著："Liu Chi in the *Ying-lieh chuan*" 一文。

20. 詳見拙著 "*Ying-lieh chuan*"。關於諸葛亮在《三國演義》的塑型及其演變，詳見陳翔華：《諸葛亮形象史研究》（杭州：浙江古籍出版社，

4.蒙古民間傳説的神化

在這樣的神化過程中，劉伯溫的傳説不但演變得多姿多采，而且流傳到塞外，成為蒙古民間燕談附會的對象。這一發展有特殊意義，因為它擴展了伯溫傳説的範圍，又為北京建造「哪吒城」故事的起源提供寶貴的線索。根據明末清初編纂的蒙古史籍，如蒙文《黃金史》(*Altan Tobci*) 和漢譯的《蒙古源流》，元亡後蒙古人流行一個頗為駭俗的傳説，説永樂帝（燕王）朱棣並不是明太祖的骨肉，而是元順帝擴廓帖木兒的遺子。據説朱元璋領軍攻陷大都，俘獲順帝的寵妃弘吉哈屯，見其姿色出眾，深為鍾愛，由是納入後宮。是時妃已有娠數月，但不肯告白，懼怕受害，唯默祝延遲產期以免啟疑寶，果爾懷孕十三月始生一男（後名朱棣），甚得主上喜悅。有言太祖雖疑所生並非骨肉，仍鍾愛如己出，然又有謂其鑒於大臣蜚語，恐防太子受害，於是遣之開府北平，鎮守邊疆以防蒙古入寇。這個故事可信程度為何，朱棣是否為順帝遺子，1930 年代之學者如傅斯年、李晉華、吳晗、邵循正等已有定論。一般認為永樂生母為太祖之碩妃，系出蒙古汪古部，並不

1990）。京劇中之〈檔諒〉、〈戰士臺〉劇見王大錯編：《戲考》第 14 冊（上海：大東書局，1934）；陶君起：《京劇劇目初探》（北京：中華書局，1962），頁 231，及龔德柏：《戲劇與歷史》（臺北：三民書局，1967），頁 552～561。〈遊武廟〉、〈劉基辭朝〉劇見《戲考》，第 24 冊，較原來故事有增刪。關於這些京劇之取材於《英烈傳》及其演變，略見趙著：《中國小說叢考》，頁 169～175。

是擴廓帖木兒之寵妃。此一流言縱係烏有，但對元亡後之蒙古族有特殊意義，意即元廷雖亡，但當今明朝皇帝實係蒙古王子，故未絕統，也許為心理補償之表現，所以流傳不衰。無論如何，這一傳聞始初與劉伯溫並無關涉，但是一傳而再，便與他的傳說混合，產生伯溫輔佐燕王監修北京城的故事。[21]

在已故田清波司鐸 (Fr. Antoine Mostaert)，從蒙古鄂爾多斯 (Ordos) 地區蒐集到的手抄蒙古文書裡，有兩件於 1907 年鈔錄的民間傳說故事，題名〈大明永樂皇帝如何建造北京城：元王子與真王子〉（前者指永樂，後者指建文），也談到永樂為元順帝的遺子，不過主題是講他在北京建城的經過。根據司律義司鐸 (Fr. Henry Serruys) 的英譯，這個故事大要如此：當「元王子」接到父皇的聖旨，著他領軍到南口關（今北京城北）鎮防，心中十分憂悉，想起先前母后曾給他一個封密的函件，（按：即「錦囊」之

---

21. 關於永樂帝生母的問題，數十年來論者甚眾，不過其生母碩妃之為系出蒙古汪古部已成定論，詳見李晉華：〈明成祖生母問題彙證〉，《中央研究院歷史語言研究所集刊》，第 6 本第 1 分 (1936)，頁 55～77；吳晗：〈明成祖生母考〉，《清華學報》，第 10 期 (1935)，頁 631～646；J. S. Shaw（邵循正），"Historical Significance of the Curious Theory of the Mongol Blood in the Veins of the Ming Emperors," *Chinese Social and Political Science Review*, 20. 4 (1937): 492～498，與周清澍：〈明成祖生母弘吉剌氏說所反映的天命觀〉，《內蒙古大學學報》「哲學社會科學版」，1987 年第 3 期，頁 1～18。又見注 22. 揭 Henry Serruys 論文，及注 23. 揭英文拙著 pp. 71～72，nn. 17, 18。

類），囑他有危難時打開，於是立刻照辦。一把密函拆開，他看見書著：「當汝被謫戍至南口岔，應任命劉伯溫為丞相，使之隨行，並聽其指示行事。」王子立即懇求皇帝派遣伯溫侍從，果然得准。故事跟著敍述「元王子」率領一隊老弱殘兵偕劉伯溫啟程，中途飽經風霜，屢遇險阻，一星期後始抵達南口，隨即駐紮以圖後計。翌日，王子單騎出外，奇事由此而生。當他在荒野奔馳之際，突遇一黑臉、穿黑衣、騎黑馬的異人迎面攔著，以命令的口吻說道：「孩兒，將汝之弓與箭給我。」王子無奈遵從。來人跟著向四方各射一矢，隨曰：「箭落地之四周地下，藏有無數金銀珍珠，將予之紅矛交給劉伯溫，若果缺乏銀子，著他以矛掘地，珠寶即隨土而出。」繼續又語王子：「汝應任劉伯溫為丞相，在此地建一四隅之城市以配四時，外城建九門以合行星之數，內城建八門以配『八卦』，建十二大街以合月數，建三百六十條『胡同』（小巷）以配日數，又建二十八座衙門以配星宿之數。……」異人言訖，即將手中紅矛授予王子，隨即逝去無蹤。「元王子」得獲指授大喜，立刻將武器交給劉伯溫，發掘地下所藏金銀珍珠，又令伯溫依計督工造城。不久，一座如黑騎異人所預言的宏偉都市，便在北京近郊矗立起來。劉伯溫隨即立王子為「小皇帝」，並將新城命名「北京」。此後故事續言明太祖駕崩南京，王子南返，與父皇所立的太子（稱「真王子」）爭位，引起內鬨流血（影射「靖難」之變），到王子奪位成功，登基為大明皇帝而止。[22]

---

22. 關於田清波司鐸傳錄的蒙文抄本燕王建造北京城故事的研究，詳見 Henry

　　這裡所敍述北京城興建的過程，固然是荒誕無稽，主要是敷衍永樂為元順帝遺子的流言，揉合蒙古相傳關於都城的始源，並套取暢行中土的劉伯溫傳說，把明代京都的建造歸功於黑臉異人的指示。故事最神奇的一節，莫如說這個穿黑衣、騎黑馬的異人取去燕王的弓箭，向四方各射一矢，宣稱箭落地的四周地下埋藏無數金銀珍珠，可以作為建城的資用云云。這段情節，究竟何處蘊藏著蒙古相傳的故事，何處採擷漢人流行的傳說，刻意增飾改造，必需細加分析，然後得見其演變的軌跡。[23]

　　從現存文獻資料，我們找不到任何有關黑臉異人的故事，不過，在北京流行關於燕王「靖難」起事的傳說，赫然有近似的記載。根據明代官私相傳，朱元璋和朱棣龍興之時，都獲得玄武神

Serruys, "A Manuscript Version of the Legend of the Mongol Ancestry of the Yung-lo Emperor," in John G. Hangin and U. Onons, eds., *Analecta Mongolica, Dedicated to the Seventieth Birthday of Professor Owen Lattimore*, Publications of the Mongolian Society Occasional Papers 8 (Bloomington: Mongol Society, 1972), pp. 19～61。田司鐸又記錄這個故事的一則口述，內容與抄本略有出入。見 Antoine Mostaert, *Textes oraux ordos, Monumenta Serica* Monograph Series 1 (Peiping: Catholic University, 1937), pp. 133～136。

[23] 筆者對此問題已有專論，見 "A Mongolian Legend of the Building of Peking," *Asia Major*, Third Ser. 3. 2 (1990): 63～93；又見〈明北京城建造傳說故事索隱〉，刊於《慶祝王鍾翰先生八十壽辰學術論文集》（瀋陽：遼寧大學出版社，1993），頁 463～473。

的翊助，因而掌握機樞，師旅凌屬，大小戰役無往不利。這位神
將之名，原是上古北方七宿之一，到漢唐間由於道教方士的附會，
與北方水神黑帝顓頊混合，變為一神格化的黑臉天神，成為崇祀
的對象。到了宋代，為要迴避帝室始祖趙玄朗之諱（趙匡胤化
名？），由是易名真武，而所供奉的廟宇都稱為真武廟，後來蒙元
諸帝接踵，亦崇祀不變。[24] 永樂登極後，為要酬謝神恩，便廣建
真武廟，並且御書碑陰隆重其事。例如在永樂十一年 (1413)，在
湖北武當山建立的〈大嶽太和山道宮碑〉，就表襮靖難起兵時倚仗
玄武神的陰助取勝：「……肆朕起兵靖內難，神輔相左右，風行霆
擊，其蹟甚著，暨即位之初，茂錫景貺，益加炫耀。……」後二
年（十三年，1415），北京建真武廟成，所立碑文又複述前此的贊
詞：「肆朕肅靖內難，雖亦文武不二心之臣疏附，先後奔走禦侮，
而神之陰翊默贊，掌握機樞，幹道洪化，擊電鞭霆，風馳雲駛，
陟降左右，流動揮霍，濯濯洋洋，繽繽紛紛，歟欽恍惚，迹尤顯
著。……」足見永樂對玄武神的尊敬崇祀。[25]

---

24. 關於真武神庇佑扶助燕王「靖難」起事的傳說，略見許道齡：〈玄武之起
　源及其蛻變考〉，《史學集刊》，第 5 期（1947 年 12 月），頁 233～235；
　黃兆漢：〈玄帝考〉，收入所著：《道教研究論文集》（香港：中文大學出
　版社，1988），頁 139～144。詳見拙著：〈「真武神、永樂像」傳說溯源〉，
　《故宮季刊》，第 12 卷第 3 期（1995 年 4 月），頁 1～32。關於崇祀真武
　神之研究，又見 Willem A. Grotaers, "The Hagiography of the Chinese God
　Chen-wu," *Folklore Studies*, 11. 2 (1952): 139～181。
25. 永樂帝所撰〈大嶽太和山道宮碑〉，收錄於任自垣纂：《大嶽太和山志》

上述碑誌透露的玄武神蹟，實則不是永樂帝自造，很可能出於他的翊運謀臣、釋道相兼的姚廣孝（道衍）的傳述。萬曆李贄《續藏書》卷九的〈姚恭靖公傳〉，有一則這樣的報導：

> 「時責燕益急，成祖召公（姚廣孝）入便殿密議。……因問公師期。曰：『未也，俟吾助者至。』曰：『助者何人。』曰：『吾師。』又數日，公曰：『可矣。……』（遂）出祭纛，見被髮而旌期者蔽天。成祖顧公曰：『何神。』曰：『嚮固言之，吾師北方之將玄武也。』於是成祖即被髮仗劍相應。」

這個故事採自嘉靖間面世，傳述永樂初流行朝野，關於姚廣孝以神謀詭術翊助燕王「靖難」的傳說之野史稗乘。[26] 是處指出玄武

卷2（宣德年間刊刻），頁13上～14上（此書有國立北平圖書館顯微膠片流通，編號為404）。〈真武廟碑文〉則收錄於《大明玄天上帝瑞應圖錄》〔《正統道藏》（上海涵芬樓影印明刊本，1924～1926），冊608〕，頁1上～3下。二碑文又見陳垣等編纂：《道家金石略》（北京：文物出版社，1988），頁1250～1251。

26. 見李贄：《續藏書》（北京：中華書局，1959），卷9，頁148～149。此傳取材自較早出的稗史雜著所記之姚廣孝異聞，如黃溥：《閒中今古錄》，收入沈節甫編輯：《紀錄彙編》卷129〈摘鈔〉（臺北：民智出版社影萬曆刻本，1965），頁15上～15下；祝允明：《野記》，收入李栻編輯：《歷代小史》卷79（上海：商務印書館影萬曆刻本，1940），頁23下。又見高

神為姚廣孝之師，顯然誇大他的道術，要透過他的薦引，這位天
神始下凡翊助，可見前後報導有尊卑之別。然而無論如何，這個
故事的出現，旨在以神道設教，誇張永樂的天姿威勇，獲得神祇
的扶持，藉此誘導臣民對主上的崇信懾服。自此以後，真武廟遍
建北京，其他道觀亦無不供奉玄武神，而所立碑誌多宣揚其翊助
永樂龍興，因此這些神蹟傳播遐邇，人皆知曉，並且產生膾炙人
口的傳說故事。[27]

　　在這樣的情況下，聚居北京的蒙古族人，諒必熟悉這個神異

岱：《鴻猷錄》（《叢書集成》本），卷7，頁84；傅維麟：《明書》（《叢書
集成》本），卷160，頁3156～3157。關於姚廣孝的行事與傳說，參見
〈前言〉7.所揭資料。

27. 關於明代真武廟的建置及地望，略見沈榜：《宛署雜記》（北京出版社，
1961），頁204、205；吳長元：《宸垣識略》，頁51、57、75、176、210、
243。詳見《光緒順天府志》，卷23（〈地理志〉5：「祠祀上」），頁2下、
14下、17上、26下、29下、38下；卷24（〈地理志〉6：「祠祀下」），
頁4上、7下、13上、19下、24下、31上、34下、35上、39上。又見
許道齡編：《北平廟宇通檢》上冊（北平：國立北平研究院，1936），頁
9、23、88、89、90、134、173；下冊，頁59、60；張江裁（次溪）編：
《北平廟宇碑刻目錄》（同前出版社，1936），頁81～82。北京東嶽廟內
即置有玄武神像，見 Anne S. Goodrich, *The Peking Temple of the Eastern
Park: The Tung-yüeh miao in Peking* (Nagoya: Monumenta serica, 1964), p.
221, 261。有關真武神的傳說故事，見湖北省群眾藝術館編：《武當山的
傳說》（北京：中國民間文藝出版社，1986）。詳細研究，見拙著：〈「真
武神、永樂像」傳說溯源〉。

故事，把它作為謠言附會的對象，故此他們編造的黑臉異人，不難看出就是影射真武神。由於元朝諸帝亦崇祀真武，所以此舉很自然，不過這裡並沒有把黑臉異人摹成道教之神，大概是元亡後蒙古本土意識復熾，淡化漢族宗教信仰之故。同時，為要強化蒙古色彩，作者又擷取一個關於成吉思汗分封土地與勳臣的史事來充實內容。這見於傳說就是那位黑臉異人取去燕王的弓箭，向四方各射一矢，說出箭落的四周地下埋有寶藏的情節。這個故事，顯然是脫胎於蒙古流行的「箭程畫地界」的習尚，《元史》略有記載。按《元史‧札八兒火者 (Jabar Qoja) 傳》記成吉思汗在攻破金中都後〔事在金宣宗貞祐三年 (1215)〕，要把城內之地賞賜札八兒，便對他說：「汝引弓射之，隨箭所落，悉畀汝為己地。」同時，這一方法亦用諸於鎮海。《鎮海 (Chinqai) 傳》記：「既破燕，太祖命於城中環射四箭，凡箭所至園池邸舍之處，悉即賜之。」[28] 由於作者的想像力，這一蒙古傳統封地之法，就在傳說中保留下來，與在北京流行的真武神翊助永樂的故事混合，不但使內容豐富，而且增加它的神祕趣味性。

　　以上遽見這個蒙古傳說的歷史淵源，至於故事為何要扯上劉

---

28. 見《元史》，卷 120，頁 2902、2963。關於蒙古〈箭程畫地界〉習俗的源流，詳見拙著："Siting by Bowshot: A Mongolian Custom and its Sociopolitical and Cultural Traditions," *Asia Major*, Third Ser. 4. 2 (1991): 53～78；〈蒙古「箭程劃地界」習俗考察〉，《漢學研究》第 12 卷第 2 期（1994 年 12 月），頁 173～194。

伯溫？這顯然是因為伯溫是明太祖的輔弼，享有盛名，附會他襄助燕王建城可以推廣聲勢，何況他在民間傳說又是大名鼎鼎、建造元大都城的劉秉忠之孫。不過，這樁故事是從蒙古本位出發，劉伯溫只是照著黑臉異人的指授行事，自己並無主張，可見主旨仍是強調蒙古對明朝的貢獻。但是無論如何，傳說把劉伯溫與燕王和北京城拴在一起，對留居京師、深信永樂是元順帝苗裔的眾多蒙古族人，肯定很有振奮的作用。進一步來說，也很可能由於此種關係，這個流言便與元大都「那吒城」融合，成為劉伯溫製造「哪吒城」傳說的骨幹。

5.《燒餅歌》預言的影響

　　劉伯溫這許多方面的傳說，顯然愈變愈離奇怪誕，到了清中葉，又被排滿的祕密會社假託附會，變得更加神奇玄祕。這一發展的源泉，主要來自於康熙初年在福建南部崛起，以「反清復明」為宗旨的天地會。此類反清的會黨組織，據前賢考證，係由漳州「以萬為姓」的集團成員所建立，隨後蔓延到兩廣、江西、湖南、貴州各省，成為民國革命的一股主要力量。由於劉伯溫為明朝開國功臣，富於奇謀妙策，民間傳說紛紜，漸為祕密黨社利用。例如在咸豐、同治間所傳鈔的天地會文獻裡，劉伯溫便被崇祀為襄助排滿的民族英雄。在天地會的神壇「木楊城」，伯溫與諸葛亮並列一席，其上有「伯溫塔」，相傳他遺下錦囊妙策，翊助志士把滿清芟除。現存文獻所載錄的幾首，託名劉伯溫和歌頌他的詩篇，如〈伯溫塔詩〉、〈劉伯溫錦囊詩〉、〈劉伯溫木立斗世詩〉、〈錦囊

詩〉、〈洪花亭詩〉、〈伯溫塔對〉等，都是以讖語寓意，藉此鼓吹反清復明的大業。這一來，劉伯溫便跳躍為先知先覺、預言推翻滿清的神祕民族革命英雄，使他在近代革命佔有一席神格化的不朽地位，對他的傳說之發展有極大的影響。[29]

　　最後，劉伯溫在近代享有盛名，除了因為民間謠傳他製造北京城外，主要是由於祕密黨社宣傳的影響，閭里委巷不少深信他是大預言家，留下膾炙人口的《燒餅歌》，預卜未來的天下大事。據說劉伯溫在此書以隱語喻意，指出國家將來的命運，自明初以至民國近六百年間所發生的重要事情，都被他一一測中。筆者曩昔對《燒餅歌》曾作探究，考出此書舊名《蒸餅歌》，大概出於咸豐同治以後，與祕密會黨宣傳反清復明的革命運動有密切關係。[30]

---

[29] 詳見蕭一山：《近代祕密社會史料》（北平：國立北平研究院，1935），卷4，頁11下；卷5，頁3下～4上；卷6，頁16下。近人對天地會歷史的研究甚夥，主要專書為施格特 (Gustav Schlegel) 著、薛澄清譯：《天地會研究》（上海：商務印書館，1940）；莊吉發：《清代天地會源流考》（臺北：故宮博物院，1981）；秦寶琦：《清前期天地會研究》（北京：中國人民大學出版社，1988）。其他著述又見蔡少卿：《中國近代會黨史研究》（北京：中華書局，1987），第2章，與中國會黨史研究會編：《會黨史研究》（上海：學林出版社，1987），第3章等。

[30] 詳見拙著：〈讀劉伯溫「燒餅歌」〉，收入《壽羅香林教授論文集》（香港，1970），頁163～190；〈劉伯溫「燒餅歌」新考〉，刊於《羅香林教授紀念論文集》（臺北：新文豐出版公司，1992），頁1363～1403。又見拙作 "Die Prophzeiung des Liu Chi (1311～1375): Ihre Entstehung und Ihre Umwandlung in heutigen China," *Saeculum*, 25. 4 (1974): 338～366；〈東瀛

　　根據光緒末年、金陵文人王柳門的筆記《劍青室隨筆》，他曾寓目過的這一類預言書，有稱《蒸餅歌》，署名明初鐵冠道人張中所作，亦有稱《燒餅歌》，謂出劉伯溫手筆，紊亂不一，來歷不明。張中亦為傳奇人物，善風角、占卜、陰陽術數，曾從太祖征討陳友諒，以洞玄法祭風助陣取勝。如果我們把現傳《燒餅歌》的內容，和明代稗乘所載張鐵冠之預言勘對，劉伯溫的預言顯然脫胎於前者的《蒸餅歌》故事。例如今刊《燒餅歌》開頭一段，說明太祖一日身居內殿，食燒餅，方啖一口，忽報劉伯溫軍師入見，太祖以碗覆之，然後召入，問碗中有何物，伯溫隨即掐指輪算，稱是食物，開視果然，太祖於是問以天下後事，伯溫一一作答，大都奇中，便是竊取嘉靖、萬曆間所傳託名張中的預言。例如鄭曉《今言》和顧起元《客座贅語》，都載稱鐵冠道人善占卜，如某中秋日言於太祖謂太子將進餅，果爾預中，太祖想犒賞他，但已失去蹤跡，唯見遺下《蒸餅歌》呈獻，據說歌辭於「靖難」、「土木」之事，一一明驗〔後者指正統十四年 (1449) 八月，英宗御駕親征，迎擊蒙古瓦剌族入侵，在土木堡遇伏，喪師蒙塵一役〕。[31] 今本《燒餅歌》所載劉伯溫預測身後數百年的天下大事，

刊行的中國預言書述評〉，刊於 《史藪》（香港：中文大學歷史系，1993），頁 169～201。

31. 此處所採用之《燒餅歌》版本係坊間最通行之《中國二千年之預言》（上海：華夏哲理闡微社，1937），頁 89～95 所收本。鐵冠道人張中《明史》，卷 299，頁 7640 有傳，係取材自宋濂所撰〈張中傳〉，載《宋學士文集》（《四部叢刊》本），卷 9，頁 4 上～5 上。詳細研究，見拙著：

姑無論何者淵源於《蒸餅歌》，顯然是取材自明清稗乘所傳錄伯溫的預言故事，如「靖難」之變，建文遜國，萬曆子孫繼立，李自成亡明等，因此所謂「應驗」，實在不過是「事後孔明」的調侃之辭。至於劉伯溫推斷清代以後事，大概因為缺乏實在的史事案件，所以隱晦恍惚，似出杜撰者私臆，以「拆字」方式掇成詩句出之，而後來的注家，即依當世時事牽強附會，說明預言之靈驗。這一類夾注，時代愈早的刊本愈簡略，愈後出的愈贍詳，由此可見這本預言書的晚出。

今本《燒餅歌》作者究竟為誰，撰於何時，因為資料貧乏，不易輕下定論。這本書的製作可能經過幾個階段，並非出一人之手，但是從卷末的預言來看，殿筆者顯然是響應革命的會黨分子。原因是書裡嫁名劉伯溫的讖語，都是預測滿清的覆亡和國運的更新，其中最顯著的幾句說：「手執鋼刀九十九，殺盡胡人方肯休」，無疑隱喻革命軍殺盡滿人。還得注意的，這兩句出現於光緒二十九年 (1903) 刊行的鄒容名著《革命軍》終卷，借重劉伯溫的讖語肯定革命成功。由此觀之，劉伯溫《燒餅歌》與革命黨的關係便

"The Prophecy of Chang Chung: The Transmission of the Legend of an Early Ming Taoist," *Oriens Extremus*, 20. 1 (June 1973): 65～102。有關張中撰作《蒸餅歌》與《燒餅歌》的關係，見王柳門：《劍青室隨筆》，收入《南京文獻》第 2 輯（南京：南京市文獻委員會，1947），有金嗣芬甲子年 (1924) 序，此條見頁 14。又見鄭曉：《今言》卷 6（北京：中華書局，1984），頁 179～180；顧起元：《客座贅語》〔傅春官輯：《金陵叢刊》本；光緒三十年 (1904)〕，卷 2，頁 3 上～3 下。

昭然若揭，難怪民初掌故家柴萼，在他的《梵天廬叢錄》曾說：
「辛亥秋革命軍起，滬濱有印諸葛亮碑文及《燒餅歌》等同出售
者。」[32] 至於杜撰者何以要依附劉伯溫的大名以廣宣傳？這顯然
是由於歷史的特殊因素，到清中葉以後，伯溫已被排滿的祕密會
黨崇祀為「反清復明」的神靈，因此革命分子也自然地把他高舉
為民族英雄，去鼓動推翻滿清肇創民國的大業。

　　依照以上分析，劉伯溫由於博學多才，足智深謀，和歷史地
位特殊，在身後數百年間，逐漸被民眾的英雄膜拜神化，變成跨
地域、超時代、逾界限、感通天人的神祕人物。在這漫長的時間，
民間編造劉伯溫的傳說駁雜紛紜，無奇不有，到現代依然流傳不
衰。歷史上的劉伯溫由是變成傳說的箭垛，既是神算軍師，能呼
風喚雨，奇謀迭出，又是無所不周的活神仙，預測將來，多所妙
中，更又是神格化的民族英雄，翊助朱氏抗元，護佑反清復明，
完成革命大業。這些傳說的媒介亦是多姿多采，有些出自委巷瑣
談，經過口傳及筆錄而傳誦四方，有的源於俗學杜撰的陰陽雜書，
嫁名伯溫以廣流通，有的是民間賣藝者的渲染編造，經過講史、
演劇、說書、唱曲，甚至神祀的揄揚，愈傳愈離奇，愈播愈廣遠。

---

[32] 鄒容：《革命軍》所引《燒餅歌》見原刊本〔光緒二十九年 (1903)〕，頁
　　46。此書有英譯：John Lust, *The Revolutionary Army: A Chinese
　　Nationalist Tract of 1930* (Paris: Mouton & Co., 1968)，《燒餅歌》引文翻譯
　　見 p. 127. 柴萼評語見《梵天廬叢錄》卷 20（上海：中華書局，1925 序
　　刊），頁 3 下。

劉伯溫建造北京城故事的形成和傳佈，因此與他底神格化傳說的發展，有不可分割的關係；但另一方面，亦可以說這個造城傳奇之盛傳，是構成他的傳說在現代暢行不衰的重要因素。

三、「哪吒城」傳說的剖析

傳說產生的歷史基礎

統觀劉伯溫的神化過程，我們可見到由於各種不同因素的配合，歷史上的劉基變成了民間傳說的箭垛，許多離奇怪誕，超越常理的事情都附會到他身上，使他變成一位通曉古今，無所不周，像活神仙的神祕人物。這一方面表現在前代知識未拓之時，一般民眾對英雄的幻想膜拜，把難以解釋的事情，託諸超凡的智能來作解答，和禱求神靈的庇護扶持以禳除災難。另一方面也可見到，歷史人物如何被時代利用，不但生時侍奉帝王聽由驅使，身後亦為反抗當世政權的激烈分子作宣傳工具。在這樣的情形下，劉伯溫製造「哪吒城」的傳說，便是他從歷史人物演變為傳奇人物一重要產物，與他在民間被視為大預言家同為他之神格化發展的最高峰。此刻我們要探討的是，北京何以產生劉伯溫製造「哪吒城」的傳說，劉伯溫究竟如何跟北京扯上關係，為什麼故事又把姚廣孝、沈萬三等同樣神化了的歷史人物捲入？還有，這個傳說何時開始流行，為何到現在仍然盛傳不衰？

關於首要的問題，北京為何產生劉伯溫製造哪吒城的傳說，一部分答案，已見上節談及元大都建城傳說的起源和發展。依照分析，傳聞劉秉忠開闢大都十一城門，去象徵那吒的三頭六臂兩足，主因在釋教密乘傳統，那吒神曾隨軍援城殄滅外敵，而且有

法力降伏天龍招致甘霖，還有民間傳說他與龍王三太子爭執，劇戰殺死太子，大鬧水晶殿使龍王退避三舍。由於大都是元代的國都，亟需神靈的庇護，而且其地歷來缺乏水源，因此那吒所具備降龍治水的法力，正迎合大都的需要，這就是這個獨特的傳說之起源最合理的解釋。[33] 元朝覆亡以後，「那吒城」傳說在明代依然流行，根據前述，在弘治正德年間，時人所撰元宮詞，還提到此一神異駭俗的故事。這因為除了政治和民俗傳統的深厚，明清兩代仍以北京為首都，同樣需要神靈護佑，而且京師鬧水患的情況並沒有改善，哪吒的重要性，因此不應以朝代更易而被忽視。

事實上，哪吒神在近數百年來北京的民間信仰佔有重要位置，與他們相信龍王盤踞苦海幽州，因而遭受缺水之苦的傳說息息相關。由於這個關係，他們對龍王極端恭奉，在天旱不雨之時，便舉行特別祭儀。明末劉侗、于奕正所撰《帝京景物略》便有以下的記載：「凡歲時不雨，家貼龍王神馬於門，瓷瓶插柳枝，掛門之傍，小兒塑泥龍，張紙旗，擊鼓金，焚香各龍王廟。群歌曰：『青龍頭，白龍尾。小孩求雨天歡喜。麥子麥子焦黃，起勁起勁龍王，大下小下，初一到十八，摩訶薩。』」[34] 因此，北京和近郊的龍王廟星羅棋佈，最著名的莫如位於玉泉山下的一座，其餘散佈城裡城外，香火旺盛，天旱之時信徒特多，目的是禱求水源不匱。此外，明清兩代的京師，每逢乾旱，郊區的農民皆有抬著龍王塑像

---

33. 見〈北京建置的沿革〉注 23.拙著：〈元大都城〉，頁 116～120。
34. 《帝京景物略》卷 2（北京：北京古籍出版社，1980），頁 71。

的祈雨儀式，這種通常在陰曆五月下旬進行的民俗活動，一直維持到民國時代。[35] 同樣地，北京民間亦虔誠崇祀哪吒，冀望神靈鎮壓龍王不使作孽。根據前揭《心史》記載，早在元朝，大都已經舉行慶祝那吒誕日，後代的北京城不但建有哪吒廟（位於外西區之黑龍潭），而且重要的廟宇如在東便門外的東嶽廟，亦設有托塔天王父子的神位。這種民間對哪吒神的供奉，除是出於宗教信仰，必然又因明末以來演義小說的流行所影響愈趨隆盛。[36] 上文

---

35. 明清兩代北京建立不少龍王廟，多在近郊水源之處，參見《宛署雜記》，頁 204～205；《宸垣識略》，頁 161、163、187、208、238、256、295、296；詳見《順天府志》，卷 23，頁 2 下、7 下、20 下、28 下、30 下、31 下、39 上。又見許編：《北平廟宇通檢》上冊，頁 15、54、124、164；下冊，頁 98、99、100。明代北京的氣候狀況略見邱仲麟：〈明北京的地理勢、氣候與都市環境管理〉，《史原》，第 16 期（1991 年 6 月），頁 61～65，及頁 89：「明代北京水旱表」。關於明清以來京師郊區農民抬著龍王塑像巡遊的祈雨儀式，略見常人春：《老北京風情記趣》（北京：北京出版社，1993），頁 83～84。

36. 北京哪吒廟位於右安門內先農壇西之黑龍潭（按黑龍潭有二，此為其一，為祈禱雨澤之處）。此廟係由北平帶行會於乾隆三年 (1738) 置地創建以祀哪吒祖師，故有是名。略見陳著：《燕都叢考》，頁 661、670；痴呆（筆名）：〈哪吒廟〉，載《一四七畫報》，第 3 卷第 8 期（1946 年 4 月 24 日）。參見許編：《北平廟宇通檢》上冊，頁 174，及張編：《北平廟宇碑刻目錄》，頁 81～83。又見多田貞一：《北京地名志》，頁 90。關於東嶽廟所立之托塔天王神位，略見 Anne S. Goodrich, *Peking Temple of the Eastern Park*, p. 221, 261。

〈元代大都城建造的傳說〉中「那吒故事在民間的展開」，已提到他的神異故事經過《封神演義》作者剪裁增飾，變得多姿多采，引人入勝，而其中言那吒與龍王三太子大戰，殺死太子，大鬧水晶殿的情節最是膾炙人口。隨後《西遊記》縷唐三藏往天竺取經故事，又加插許多關於哪吒天神的神魔事蹟，使這些坊間稱為紅孩兒的傳奇，成為民間文學和凡俗信仰的一個重要源泉。由於演義小說渲染誇張哪吒的傳說，而其間情節不少與北京居民實際願望吻合，再加上坊間的演劇、說書、唱曲，甚至神祀等媒介的宣揚，「哪吒城」故事便很容易地摻入大眾階層，流傳廣遠久而不寢。

傳說何故嫁名於劉伯溫？

這個濫觴於元末的傳說，何以在流傳過程中，特別是在明代奠都北京，拓展都城之幾百年後，忽然轉移附會到劉伯溫的身上去？我們不難想像到元朝傾覆以後，由於時移世易，劉秉忠的歷史地位大大下降，所以雖然大都傳說發生的基本因素——借重那吒神護城和伏龍治水，到明代依然存在，這一膾炙人口的傳說，已因為其中的歷史人物與時代需要脫節，頓減光芒。況且，在永樂奠基北京，拓展京城以後，大都已以新面目出現，因此劉秉忠制定「那吒城」傳說，便因為與當世事實失調，看來很難再有從前的吸力。積此二端，「那吒城」傳說雖則客觀上仍有很強的號召（因為京師需要神祇守護和降龍治水），顯然必要增添與時代吻合的新因子，才能維持和爭取民眾的崇信。既然這個傳說，一開始

就以一神化的歷史人物——劉秉忠為先導，說他有神智奇謀徵召
那吒為護城天神，若要強化發揚這一舊說，便很自然地要從更換
歷史人物著手。從這裡推論，我們不難了解民間附會劉伯溫為製
造北京城的英雄，但是為何把大都那吒城的傳說扯到他身上，以
他取代劉秉忠，而且還加插姚廣孝與他競賽繪城圖的情節？我們
固然可以解釋，由於劉伯溫在清中葉後已成為民間信仰中最神祕
的歷史人物，所以很容易變成箭垛的對象，但是編造故事者如何
把各方面的情節配合，把北京民眾深深吸引，使他們樂於接受？

　　在探討這些問題之前，我們需要考察一下劉伯溫的行事和傳
說，俾能了解那方面使他與北京發生關係。從史實來說，伯溫與
永樂建造北京城實在絲毫不相干，因為他在洪武八年已經去世。
劉伯溫平生唯一與北京有關連的，就是在元朝時因為要考進士，
曾到過當時稱大都的京師，留下幾首詩篇，而且後來還流傳一個
神奇故事。據說他在京師時偶訪書肆，見天文書一帙，便取來閱
讀，翌日即能背誦如流，書賈大驚，想將之贈送，伯溫說書已在
其胸中，無事於書矣。[37] 這故事雖不平凡，但也並不驚天動地，
不足發展成傳說。因此，這些劉伯溫建造北京城的故事，基本的
元素是從外邊傳入，後來才與北京的軼聞夾纏一起，輾轉移植到
他身上，形成轟動的傳說。我們若考察前述劉伯溫的神化經過，

---

[37] 此故事此自黃伯生：〈誠意伯劉文成公行狀〉，見《誠意伯劉文成公文
　　集》，卷首，頁 1 上。參見王著：《劉伯溫年譜》，頁 17；郝著：《增訂劉
　　伯溫年譜》，頁 25；與劉輯：《明劉伯溫公生平事蹟拾遺》，頁 6。

很容易發現有三方面與造城有關：一是劉伯溫設計應天南京城而產生的謠傳；二是蒙古流傳伯溫監造北京城的故事；三是伯溫在神化過程中被民眾將其與劉秉忠聯想一起而產生的異聞。三者混合，便把劉伯溫鎔鑄成建造北京「哪吒城」傳說的主人翁。

1.建造南京城的傳説

　　首先，上面已提到，洪武建元前二年 (1366)，朱元璋詔令擴建應天舊城以為新都（南京），主持其事者便是劉伯溫。史稱伯溫卜地，定作新宮於鍾山之陽，在白下門外二里增築新城，東北盡鍾山之趾，延互周圍凡五十餘里。這時建造於宮城、又稱「紫禁城」之內的，主要是前朝三殿（奉天、華蓋、謹身殿）和後廷二宮（乾清、坤寧宮）。到建文元年 (1399)，惠帝諭令在乾清、乾寧二宮之間建省躬殿，然後完成六座大殿。至永樂營造北京城時，「紫禁城」的宮殿門闕，如前所述，根本是中都和南京形制的翻版。宮城內所建的頭三座宮殿（永樂十八年，1420 成）亦命名奉天、華蓋、謹身殿。這三殿未幾燬於火，至英宗正統五年 (1440)始重建，一仍舊稱，並同時又作兩宮和在中間增建一座交泰殿。到了這時，在南北兩京的「紫禁城」中，所有主要宮殿的建築和佈局便完全相同。[38]

　　由於兩京的關係密切，劉伯溫設計南京都城的史實，便很容易令人把他聯想到北京城的建造，而同時使他本身的傳說，特別

---

38. 見〈北京城建置的沿革〉注 33.、39.所揭資料。

是與造城有關的，遷移到北京與當地歷來流傳的混雜一起。例如在明季的稗史裡，有說伯溫在應天京城落成後，隨太祖巡視，曾說城牆雖高，但恐燕子飛入，喻指他日燕王靖難篡奪。又謂伯溫預知建文帝罹難，因留下封密的小篋，著他有危難時啟視，隨後發現是授意剃度為僧以逃大劫。這個劉伯溫留下「錦囊」指示迷津的故事，後來也在建造北京的傳說出現，說伯溫把城圖藏在封密的「小包」裡交給燕王，著他有急需時拆開，燕王果然遵照計畫，於是建起「哪吒城」來。此外，應天營建京城的另一傳說，說富戶沈萬三捐輸建城貲財三分之一的故事，也因為南北兩京關係的密切輾轉傳入北京，和劉伯溫的異聞揉合一起，使建造北京城的傳說變得更生動神奇。例如前節引述劉伯溫在決定造城的地點後，需要錢財資助工程，便托人四處去找沈萬三，找到他後向他要錢，萬三不肯，到熬不住幾次拷打，才陸續供出地下埋藏的銀缸，挖出後始有工本完成建城，便明顯指出應天建都傳說對北京築城傳說的滲透影響。[39]

2.蒙古建城傳說的影響

以上所提出南京和北京的紫禁城的相互關係，雖然可以間接地把劉伯溫與北京城建造的傳說聯想起來，但因為伯溫究竟不是永樂朝人，把他與京都的營建拴在一起到底有些牽強。事實上，在這個傳說的結構裡，劉伯溫之所以與北京城扯上關係，其中一

---

39. 見注 9.、17.所揭資料。

主要橋梁是蒙古相傳關於京城起源的異聞。前面提到在明末清初流行的蒙古傳說裡，永樂是元順帝寵妃的遺子，朱元璋為避免宮闈糾紛，把這個四太子出戍北平府，派他在「南口岔」建造一座城市去防範蒙古寇邊。故事說燕王接到聖旨後，不知所措，想起先前母后曾給他一個封密的函件，叮嚀他有危難時拆視，打開之後，原來是要他請求父王差遣劉伯溫隨行，任他為丞相並聽從他的指示。到達南口關以後，燕王翌日外出，被一黑臉、黑衣、黑騎的異人攔住，取去他的弓和箭，向四方各射一矢，宣稱在箭落的四隅埋有無數金銀珍珠，應該在其地建一座城。同時，他把手中的紅矛交給燕王，央他授予劉伯溫，告知若果缺乏銀子，則命伯溫以矛掘地，珠寶即隨土而出。異人跟著勸諭燕王任伯溫為丞相，在該處監督建城，並且說出一個配合日月星辰時序的城圖作為藍本，隨即逝去無蹤。燕王果然遵照所指，把紅矛交給劉伯溫，吩咐他挖掘地下的寶藏，又令他依照藍圖督工築城，於是一座如黑騎異人所預期的偉大城市便在北京近郊矗立起來。[40]

這個故事顯然是混雜了幾種傳聞，例如說燕王獲得一個密策的封函，指示請劉伯溫為輔佐，便是脫胎於前述伯溫傳授錦囊的故事，只不過是更換主角人物而已。又如謂燕王遇黑臉黑騎異人授議建造城市，如何掘取地下藏鏹，和所言的城圖如何配合日月星辰時序，也是起源於蒙古傳說，只不過未曾在中原流行。無論如何，這個蒙古誌異，對劉伯溫製造「哪吒城」故事的形成有直接關

---

40. 見注 22.、23.所揭論著。

係，因為它首次具體地把劉伯溫、燕王和北京城的營建連貫在一起，作為日後此類傳說的基礎。前面所提到 Werner, *Myths and of Legends of China* 所收錄的「哪吒城」故事，便曾說劉伯溫授予燕王一個封密的「小包」，交待他遇危難時打開，便可得到對策；因此，當永樂帝建造新城遇到困難時，便打開「錦囊」，果然看見劉伯溫留下的「哪吒城」圖樣。很明顯地，這個故事無論直接或間接，都受到上述蒙古傳說的影響，不難看出是從這裡引伸演繹。[41]

3.與劉秉忠混淆的傳聞

最後，有一問題需要解決，這些傳聞雖輕易地把劉伯溫和建造北京城聯結，但是如何把他與「哪吒城」的故事扯上關係，是了解此一傳說發展最重要的關鍵。我們固然會想到由於劉伯溫傳說豐富，編造者可以把任何情節依附於他，但在這一方面，是受到歷史的因素支配，不是無端生事。上文已說過，北京「哪吒城」傳說濫觴於元代大都「那吒城」，主持建造大都城的劉秉忠亦是傳說豐富的神祕人物。劉伯溫不獨與他同姓，且也是翊運功臣，才智與學藝相埒，都擅長天文曆算、陰陽風角之術，因此很容易被聯想在一起。這一想像最具體表現於前揭的《英烈傳》，該作者在介紹劉伯溫時便虛稱他是劉秉忠之孫。根據《英烈傳》的祖本《皇明開運英武傳》，這個臆想始自高鳴鳳的《今獻彙言》[42]，大抵採

---

41. 見〈前言〉注 8.。

42. 《皇明開運英武傳》，卷 1，頁 17 上引《今獻彙言》謂劉伯溫為劉秉忠之

自委巷談藝，藉此提高伯溫的地位，但是現行的《彙言》刊本並無此條。不過無論如何，經過《英烈傳》的宣揚，劉伯溫便與劉秉忠建立「血緣」關係，於是劉秉忠制定大都「那吒城」的傳說便自然地轉移到劉伯溫身上，真是鬼匠神工，天衣無縫。《英烈傳》而後，清初戲曲演劉伯溫故事者，如朱佐朝的〈建皇圖〉，和後來有關劉伯溫的俚俗小說、唱曲，都說伯溫是劉秉忠的孫子。由於《英烈傳》的暢行民間和京師市肆，通過演劇、說書、唱曲和賣藝者之藻飾誇張，劉伯溫與劉秉忠的關係便深入民間，不但加強彼此之歷史地位，而且使劉秉忠制定大都「那吒城」的故事透過劉伯溫口傳，延續生命並且發揚光大，亦是意想不到。[43]

孫，但今本高鳴鳳編之《今獻彙言》係一類書，刻於萬曆年間 (1573～1620)，所收諸書未見此條記載。參見趙、杜校注《英烈傳》，頁 89。實則，劉秉忠為河北邢臺人，劉伯溫為浙江青田人，彼此毫無關連，然而此一附會對劉伯溫傳說的發展有極重要之影響。參見注 12.揭拙作 "Liu Chi in the *Ying-lieh chuan*," p. 35, n. 20。

43. 清初朱佐朝撰〈建皇圖〉見黃文暘編，董康校、洪再豪重訂：《曲海總目提要》（九龍：漢學圖書供應社，1967），頁 1305。《英烈傳》為清代說書所稱評話之一，入「大書類」，與《三國演義》《水滸傳》同列，見陳汝衡：《說書史話》（上海：作家出版社，1958），頁 132。清末民初流行唱曲中演劉伯溫故事者頗眾，如〈千家駒〉、〈遊武廟〉、〈繡花燈〉、〈十三月古人名〉、〈崇禎觀畫鐵冠圖〉、〈劉伯溫〉、〈十二月大將名〉、〈劉伯溫金櫃錦囊〉等，分別敷衍伯溫神機妙算，製造北京城，遺錦囊預言國祚事，對劉基傳說在民間的推廣有極大的影響。以上諸調略見劉復、李家瑞編：《中國俗曲總目稿》上冊（北京：國立北平研究院，1932），頁 86、

　　從上述的考察，我們見到歷史因素是構成這個傳說的主要骨幹，但在發展過程中，無論編織故事者為誰，他們顯然不獨能技巧地、鎔裁劉伯溫和流行的北京城建造傳說，附會到他身上，而且還別具匠心地加以渲染舖張，使之變得更生動神奇。例如，在 Werner 前揭書所述劉伯溫製造「哪吒城」的故事裡，說者除利用蒙古相傳關於永樂帝為元順帝的遺子為背景，還套用明代流傳劉伯溫能未卜先知，預見靖難之變和流寇亡國，留下「錦囊」授計建文及崇禎帝逃生的異聞，創造出劉伯溫遺留封密的函件給永樂帝，指示如何建造「哪吒城」的故事來。大概以這個架構為基礎，近代流傳的劉伯溫製造北京城故事，便愈傳內容愈豐富神奇。例如在元末肇興的、劉秉忠制定大都「那吒城」的傳說，只說大都所以有十一座門，是因為要象徵哪吒的三頭六臂兩足，但在現今流行的劉伯溫製造「哪吒城」故事裡，北京城的形制，除了配合哪吒的頭臚五官和四肢，還將皇城比擬他的五臟和肋骨，使北京城看來像一躺下的活哪吒，好使他能發揮法力，比大都城傳說更進一步。此外，劉伯溫製造「哪吒城」的傳說還有新穎的一面，就是在傳播之間，不知誰人加插了姚廣孝的情節，說劉伯溫與姚廣孝兩位軍師一起奉命畫城圖，二人不約而同地都分別遇到哪吒，因此彼此繪的圖雷同，只不過姚廣孝的圖少了一個角，所以屈當二軍師，頭功還是被劉伯溫奪去。這個節外生枝的故事究竟何來，是憑空撰造，抑或是另有掌故，經過鎔裁而變了面目？[44]

277；下冊，頁 837、838、939、1092、1260；又見朱介凡、婁子匡等編：《五十年來的中國俗之學》（臺北：正中書局，1963），頁 223。

4.與姚廣孝競賽的傳聞

　　一般來說，傳說或小說中講英雄人物，都有兩人一對的模式，以便比較襯托，例如《三國演義》中的諸葛孔明與龐統、《水滸傳》中的吳用與公孫勝，使能凸顯優劣，增加情節的戲劇熱鬧性。哪吒城故事之出現劉伯溫與姚廣孝競賽，其道理也在於此。不過，為何要選用姚廣孝作搭配，這就要從歷史背景找答案。

　　首先，我們要注意，雖然民間擬稱劉伯溫為劉秉忠的孫兒，因而把大都「那吒城」故事移植到他那裡，但實際上北京城的建造是在永樂時代，距離伯溫卒年已三十載，從史實說來不免有隔閡。在這個情形下，要找個陪襯人物最適宜從永樂時代去找。姚廣孝是永樂帝的帷幄輔佐，出身釋門，善風角，有謀略，如劉秉忠之流亞，地位亦與劉伯溫相埒。他雖然並無規劃建城，但長居北平，以高僧侍從燕王藩府，參贊「靖難」功勳顯著，史家論明初人物，大多都把姚廣孝與劉伯溫相提並重。因此，民間談論建造北京城，如要添增熱鬧，找一個人來烘托劉伯溫，便自然會想到姚廣孝，這就是傳說把劉姚二人相配，虛構他們競賽，照著哪吒的身軀模樣畫出城圖的理由。[45] 然而，這一撮合也有歷史先例，很可能是從傳聞中劉伯溫設計南京宮城的故事，如見於陸粲《庚巳編》，與楊儀《高坡異纂》載錄的敷衍而來。根據記載，伯溫年

---

44. 見〈前言〉注 8.、9.。

45. 關於姚廣孝的事蹟，見〈前言〉注 7.所揭資料。

輕時讀書青田山中，一日偶破石壁，獲一天書，不能讀通，於是
遍遊深山古剎訪求異人。久之，遇一老道士，老者稍試其所學，
驚為天才，遂為講解天文書，凡七晝夜伯溫遂窮其旨。伯溫後佐
明太祖定天下，語及道士，即驛召至闕下，時年已八十有餘。適
時方議建金陵宮闕，帝命道士與伯溫及張鐵冠擇地建宮，各為圖
以進，初各不相聞，及進圖所見尺寸皆合，舉座驚奇。[46] 這故事
的後一段最惹人注目，因為據此當日進圖建造南京宮城的，除劉
伯溫外還有此老道士與張鐵冠。張鐵冠即「鐵冠道人」張中，是
明初一位顯著的玄祕人物，通曉陰陽術數，曾撰有預言書《蒸餅
歌》傳世。前節已解釋他的傳說如何與伯溫的混雜，把伯溫神化
為《燒餅歌》作者的大預言家。也許正因為傳聞中進呈金陵城圖
的，除伯溫外還有他人，故此當南京紫禁城的傳說移植到北京之
後，姚廣孝便不期然地填上張鐵冠的位置，與劉伯溫相配，既與
時代背景協調，亦吻合民間傳說。至於何以撤去張鐵冠，除是因
為姚廣孝有更具體的歷史地位外，還因為張中是太祖時人，而且
他的軼事與北京毫無關連。[47] 從這些事例看來，在這個傳說的發

---

46. 關於明太祖嘗召劉伯溫與鐵冠道人張中議擇建宮闕之地，初各不相聞，
　　後來畫圖上獻而尺寸若一的故事，見陸粲：《庚巳編》，卷 10，頁 211～
　　212；楊儀：《高坡異纂》，卷中，頁 1 下；又見王圻輯：《稗史彙編》卷
　　52（臺北：新興書局，1969），頁 15 下～16 下。以上諸條皆當時召進
　　圖建宮闕者仍有一老道士，姓黃名楚望，其圖亦與劉張二人吻合，都是
　　出於當時的傳聞。
47. 張中的事蹟與傳說詳見注 31.所揭資料。

展過程中，其間人物與史事的組合，雖然不免穿鑿附會，但實際上是有根據，並不完全出於冥想撰造。

　　然而很顯明地，在這些傳說故事出現的姚廣孝，其能力與地位，都是低下輸遜於劉伯溫。在第一個「八臂哪吒城」故事裡，永樂帝問他的軍師誰能去擔任修建北京城，已把劉伯溫當作大軍師、姚廣孝為二軍師。這裡說兩人彼此競賽去畫城圖，功勞是不分伯仲——都是照著哪吒的模樣畫出雷同的圖樣，似乎把姚廣孝的地位提高，但其後說廣孝勝不過伯溫，一氣出家當和尚，又把他看作一個狹淺之徒。另外一個故事，雖然講同樣的競賽，就把姚廣孝貶降很多。這裡說兩人都是照著哪吒的模樣繪城圖，可是姚廣孝倒楣，當畫到最後，一股風把哪吒的衣襟吹起一塊，所以他的圖則便在西北角斜了一塊，因此到了皇帝跟前評定高下，燕王就說劉伯溫畫的方方正正，還是當大軍師，姚廣孝畫的斜了一塊，只得當二軍師。[48]（這裡故事嘗試去解釋北京城的西北隅，從德勝門到正直門一段，為何會斜了一角。事實上，如前所述，北京城有此不規則的形狀，主因是明朝成立以後，太祖為要防範蒙古捲土重來，放棄都城北面的城牆，改在其南五里沿積水潭另築新牆，由於積水潭佔據了西北角，而新牆係以海子為界，所以這一段便變成斜狀。故事作此怪誕的解釋，顯然意圖說明為何姚廣孝的圖樣輸遜於劉伯溫的，但是為要照顧事實，所以最後講燕王裁斷，還是把東城照劉伯溫的圖則建造，西城照姚廣孝畫的建

---

48. 見注 5.。

造。）此外，前揭另一關於北京建城，但沒有提到哪吒的故事，說劉伯溫遺給永樂帝一張建造都城的圖，和一封推薦姚廣孝去當修建軍師的信。燕王依計行事，便去找姚廣孝，很久才在一處叫潭州寺的佛院找到，原來他已經出了家。燕王立即請他下山去修建北京城，姚廣孝不肯，但當皇帝把劉伯溫的圖畫擲給他看，廣孝便嚇得渾身直冒冷汗，不敢不服從師父，於是乖乖答應。[49] 這幾個例子說明每逢跟劉伯溫比較，姚廣孝都是短了一截，但是故事如此貶抑他，是否刻意抬高伯溫的地位，或是別有其他因素？在民間傳說裡，凡是把姚廣孝與劉伯溫談在一起，姚廣孝總是以二流角色出現，這固然因為要維持劉伯溫的超越地位，但這也有歷史的淵源。在明代民眾心裡，姚廣孝不獨在才能功業上遜色於劉伯溫，而且受到鄙視醜詆，主因是他參贊翊助燕王「靖難」，篡奪建文帝位。在官修的歷史裡，「成者為王，敗者為寇」，永樂帝和姚廣孝都得到「正統」地位。但是在多數士庶眼中，他們是僭位者和幫兇，因此野史稗乘所見的姚廣孝多是歹角，遭到謾罵唾棄。[50] 由於這個緣故，在這些北京城建造的傳說故事裡，劉伯溫是個大軍師，不但道藝比姚廣孝高超（因此前述的一故事說廣孝

---

49. 見王文寶：《北京風物傳說故事選》，頁 1～11。

50. 有關明人醜詆姚廣孝的傳聞故事，見都穆：《都公譚纂》（《叢書集成》本），卷上，頁 15；董穀：《碧里雜存》（《叢書集成》本），卷上，頁 21～23；梅村野史 (?)：《鹿樵紀聞》（《臺灣文獻叢刊》第 127 種，臺北：臺灣銀行經濟研究室，1961），頁 54 等。詳細分析，見王著：《明靖難史事考證稿》，頁 39～41。

是伯溫的徒弟，故此只能當二軍師），而且是個堂正的君子；反之，姚廣孝不獨造詣輸遜，還是個心胸淺狹的小人。這般厚此薄彼，並不純然出於一己的好惡曲說臆造，實則反映明代以來，民眾對這兩位歷史人物的評價。

5.傳説的形成與傳播

此刻我們遇到最棘手的問題，就是這個傳說從醞釀到完成，經過哪些階段，故事何時才定型，創造者和宣揚者是誰，傳播的媒介又為何？這許多的問題，由於文獻匱乏，只能作有限度的蠡測。簡言之，這些劉伯溫製造「哪吒城」故事，基本上是元大都「那吒城」傳說的延續，因此胚胎已在元末明初形成，以後依附哪吒本身故事的演變而衍化，到後來與傳入北京的劉伯溫傳說混雜，再加裁剪藻飾而定型。如前所述，後者的發展跨越明清兩代，因此，要推測北京建造「哪吒城」故事的形成，需要了解劉伯溫傳說的傳播大概。根據上節分析，這些傳說基本上出於委巷瑣談，渲染虛構，由口傳而至筆錄誇飾，從江南地區輾轉流傳到京師和其他城市。在這些過程中，劉伯溫的軼事野聞，輕易地於某時某地與新的因子融合，如舁陋之徒杜撰天文陰陽猥書借重其名以傳，說書唱曲者誇大敷衍其才智勳業，又如反清復明的祕密會黨崇祀為神靈以求護佑，陸續產生許多離奇怪誕的傳說故事。同時，在某時某地，由於各種因素，這些傳說如滾雪球般又與地方性的傳聞，或與其他歷史人物的誌異混淆一起，形成更複雜離奇、膾炙人口的傳說來。然則這些紛雜的劉伯溫傳說，如何流傳到北京，

與當地的傳聞融會而產生獨特的「哪吒城」故事？依上推測，這大概有幾個途徑。首先，這些傳說在當地形成後，有口皆碑，便透過遷徙和行旅至北京的江浙民眾、奉調的衛軍和軍戶家庭、到京師供職出差的官宦、或是上京考試的生員、北上販賣的商賈，漸次在京都散播。其次，當劉伯溫的傳說摻入北京後，逐漸與當地的傳說（如蒙古相傳關於都城的起源）、或與其他歷史人物（如姚廣孝與沈萬三）的軼聞混合，因而產生新穎的傳說。總括言之，劉伯溫既然成為一國膜拜的歷史英雄，而北京自明清以來向是首都，為帝王所居，官宦屯聚、商賈麇雜、人文薈萃、四通八達的都會，故此劉伯溫的傳說與北京城的傳說融會一起，乃係歷史環境使然，並不是偶然的結合。

在這個大前提下，我們可以推斷劉伯溫製造北京城傳說形成的時期，揣測誰是故事的創造者和宣揚者，和利用那些媒介來傳播？關於這個傳說的模型，依據上面考察，應該肇始於清末民初之際，不可能太早完成。這不僅是因為前此的文獻，並無載錄此一類故事，到民初始見，而且因為這個傳說，是劉伯溫神格化最高峰的呈現——這一發展，按照前述，乃是清中葉後至民國初年的事情。以上揣測，雖然資料不足徵，但以劉伯溫傳說發展的階段，作為推斷製造北京城故事出現的時間，相信不致謬之千里。至於誰人編織，按照上面分析劉伯溫傳說的形成和傳播，這些作者顯然是長居北京，深通掌故，有相當文化修養，和擅於創作的無名平民文藝家——如說故事的、演劇者，或是歌唱的賣藝者，鎔鑄現成的材料而加以剪裁藻飾，以口述方式傳佈於市肆、廟會

等公眾活動場所，娛樂普羅大眾，輾轉相傳而散播四方。

　　這一推論，是基於以下的考察：其一，清末民初北京市肆（如天橋），廟會場所說書賣藝者林立，各皆以獨特的才藝技巧談天說地，有口皆碑，而所傳誦的講史小說，除《三國演義》、《水滸傳》而外，有《封神演義》、《西遊記》和《英烈傳》等等，因此紅孩兒哪吒與軍師劉伯溫的故事無疑甚為流行。其二，民國初年流行北京的民間說唱俗曲，數量形式繁多，不少詞調來自他省，據劉復與李家瑞所蒐錄的，有十餘闋演劉伯溫軼事，其中有提到〈劉伯溫製造北京城〉，可見這一類故事亦為歌謠習用的資料。[51] 其三，現今流傳的劉伯溫製造「哪吒城」故事，多係根據賣藝者口述筆錄，如前揭之《北京風物傳說》所採一則，即係來自蟠桃宮廟會某老藝人的憶述，由此可見這些北京城傳說的出現和散播，與迎合大眾之娛樂要求，因而虛構編造故事的密切關係。不過，尤要注意，北京城居民從歷史時代開始已遭受水患的困擾——天旱缺雨，泉水供應不足，河道淤塞，影響漕糧運輸，直至近數十年來政府大力發展人工水庫才能解決問題。這些直接影響民生的客觀環境的長期存在，對哪吒城傳說的滋生和流傳不衰無疑起著很大的作用。[52]

---

51. 見劉復、李家瑞：《中國俗曲總目稿》，上冊，頁 277（〈繡花燈〉）；下冊，頁 837、838（〈十二月古人名〉）；頁 1060（〈十二月大將名〉）。關於近百年來北京說書流行的情況，略見張著：《人民首都的天橋》，頁 152～157；又見陳著：《說書史話》，頁 153～155。

　　綜觀以上，這些膾炙人口的劉伯溫製造北京城故事，顯然是出於民間無名文藝家的創造，透過說書、評話、演劇、歌謠，或是市肆廟會賣藝，各種娛樂方式傳播出來。然後一傳而再，有口皆碑，不脛而走，使上至有道之士，文人墨客，下至販夫走卒，老嫗孺子，皆耳濡目染，無不知曉。更者，其間酷愛掌故之士，販文為業之徒，相繼筆錄於報章通俗刊物，再加推廣作為茶餘飯後，酒酣耳熱之談助。因此，自民國以來，這類故事諒必多見於北京報章副刊與民間文學讀物。到了中華人民共和國成立，從1950 年代開始，北京市文藝工作者，熱烈響應「社會主義」的民俗研究的號召，以「無產階級」的觀點為領導，多方採錄宣揚口述之民間傳說，於是出現許多經過加工的劉伯溫製造「哪吒城」故事。在這樣的情況下，此一駭俗神奇、膾炙人口的傳說故事，不但增添大量研究資料，而且透過文字的記錄、文藝工作者的藻飾，進一步推廣流行，為新時代、新社會的文化活動服務，沾染著政治教條的氣息，豈是那些始作俑者之談天說地、道聽塗說之流所能料及！

---

52. 關於歷代北京城的水源及供水問題，詳見〈北京建置的沿革〉注 6.揭侯仁之著收入《歷史地理學》論文；蔡著：《北京古運河》；段著：《燕水古今談》有關章節，及王偉傑、任家生等著：《北京環境史話》，第 2、3 章等。

餘

論

傳說詮釋的理論架構

　　從各方面探討，我們雖不能把劉伯溫製造北京「哪吒城」傳說故事的演變的每一環節，每一階段加以辨認和解釋，但總可以對它的發展過程及來龍去脈，有一較科學性，推理的敍述和分析。這裡包羅的史實和人物，其中故事組合的精密，戲劇性的豐富，和所籠蓋的時間和空間之廣闊，隱隱然佔據北京城七百年歷史（從元大都算起），震盪萬千首都居民的心弦，誠是國史上，特別是都城發展史上一偉大神奇傳說。孔子有言：「文獻不足故也，足則吾能徵矣。」我們研究傳說，通常囿於資料，很難作定論，只能排比載籍，有一分資料說一分話而已。然則，這一類半歷史、半文學的研究，對認識中國文化傳統、民俗信仰，有何特殊意義？這個劉伯溫製造北京城的故事，反映出中國歷史文化那些特徵和層面，對研究和了解民間信仰，和民俗傳統的發展有何幫助？

　　很明顯地，這些劉伯溫製造北京「哪吒城」傳說故事，若果套用前面介紹的人類學家雷斐德的理論，活現著中國文化領域中「大傳統」和「小傳統」多元的融會交流。這個理論，如何能幫助了解這一類傳說的發生與演變，我們應先探討它的架構和涵義。雷氏理論的特點主要認為，大傳統是由少數有思考能力的上層人士所創造，如中國的儒家或道家，小傳統則由大多數知識膚淺，或不識字的農民在鄉村生活逐漸發展而成。這個理論極強調大小傳統彼此依存、互相交流的關係，與西方學者一向推想上層與下層的文化或思想，由於社會和經濟結構有異，往往產生對立與衝

突顯然不同。西方學者所以特別注意到大小傳統之別，因為他們在研究地方性的民間文化之時，發現它本身很少有獨立創造性，需要從上層文化（如神學、哲學、科學、藝術）汲取，經過一番通俗化然後定型。同時，他們亦發現大傳統中不少偉大的思想、重要的觀念，也往往起源於民間，慢慢經過選擇提煉而成為上層文化的一部分。雷斐德大小傳統的概念，基本上很受佛斯特 (George F. Foster) 一篇討論這兩個階層文化之間共生關係之經典論文：〈何謂民俗文化？〉("What is folk culture?") 的啟迪。不過，他在發展自己的理論時已吸收中國的經驗，所以立說不但較為完整，而且很適合東方國情，對西方研究中國文化有相當影響。[1]

事實上，這些外國人類民俗學所重視的「新經驗」，在中國是很古老的文化現象；我們先民不但早已自覺到大傳統與小傳統密切關係，而且自始即致力加強彼此的聯繫。中國古代的大傳統當以禮樂為主，而禮樂很多便來自民間。孔子曾說：「先進於禮樂，野人也；後進於禮樂，君子也。」「野人」可解作鄉下的農民，

---

1. 本節所論多採用余英時教授之意，見〈前言〉注 4. 所揭論著。佛斯特的論文刊於 *American Anthropologist*, 55. 21(1953): 159～173。關於近年中國研究學者對雷斐德氏學說之批評與運用，可見 *Popular Culture in Late Imperial China*, eds., Evelyn S. Rawski, David Johnson and Andrew Nathan (Berkeley: University of California Press, 1985), Part 3，與 Shelley Hsüeh-lun Chang, *History and Legends: Ideas and Images in the Ming Historical Novels* (Ann Arbor: University of Michigan Press, 1990), Introduction，及是書所揭示有關此題旨之論著。

「君子」自然指城裡的士人。古代又有「禮失求諸野」的諺語，就是指上層的大傳統滲透到民間的小傳統，在那裡得到保存發揚。大傳統必須從小傳統汲取經驗，中國古代不乏例證。例如《詩》、《書》所載，三代已有「采詩於民間」；而《左傳》襄公十四年下又說：「史為書，瞽為詩、工誦箴諫，大小規誨，士傳言，庶人謗。」兩漢樂府亦采諸閭里，因此《漢書‧藝文志》嘗言：「故古有采詩之官，王者所以觀風俗，知得失，自考正也。」這種大小傳統聯貫性關係的觀念，到明清之際仍然活躍。例如劉獻廷曾說：「余觀世之小人，未有不好唱歌看戲者，此性天中之詩與樂也；未有不看小說聽說書者，此性天中之書與春秋也；未有不信占卜祀鬼神者，此性中之易與禮也。……」[2] 在另一方面，古人又關切如何將大傳統貫注、散播到閭里去改造小傳統，這就是孔子所謂「道之以德、齊之以禮」，歷代統治者所注意的教化和移風易俗。中國大傳統的扶持和發揚，除師儒外，多得力於地方循吏的辛勤教化，故此能散播遐邇，垂諸永久。從中國歷史來看，大傳統包含極廣，儒家而外，道釋二教亦是其中成員，而民間多元的小傳統往往也是揉雜二者而成。由於大傳統經常受到小傳統的感

2. 以上引文出自《論語》，卷6〈「先進」第十一〉，見朱熹：《四書集注》（《四部備要》本），頁1上；杜預注、孔穎達疏：《春秋左傳注疏》（《四部備要》本），卷32，頁10上；班固：《漢書》卷30〈藝文志〉（臺北：中華書局，1962），頁1708；劉獻廷：《廣陽雜記》（《叢書集成》本），卷2，頁98。參見〈前言〉注蝨揭余英時論著，頁13〜14。

染，而小傳統亦不斷被大傳統浸潤，二者有時很難辨認，如《道藏》的《太平經》，敦煌出土的《老子想爾注》，便是彼此長期交融匯合的產物。同樣地說，民間小傳統的許多作品，如小說、戲曲、變文、寶卷、善書之所謂「俗文學」，以思想內容而論，仍然脫不了大傳統的忠孝信義，善惡報應等觀念的範疇。因此，大傳統源源滲透於民間，而小傳統基本上是大傳統在民間的變相，二者關係密切，交融頻仍，成為中國傳統文化活動的重要創造力。[3]

傳說所見大小傳統的交融

依上觀察，這些神奇駭俗、戲劇性濃厚的劉伯溫製造北京城傳說故事，一方面顯示中國大傳統中的若干典故、價值觀念，陸續滲透到民間的小傳統；另一方面，又表現小傳統如何汲取大傳統，透露閭里對上階層政治和文化的態度，和對固有價值的觀感。在這個傳說故事裡，大傳統所貫注到民間，在小傳統變相呈現的，是經過長時間和逐步的抉擇，盡量與下階層社會的心意和願望協調。因此，在民間盛行關於北京城建造的談藪，並不是《周禮》所揭櫫皇城象法天地，經緯陰陽，體現儒家與陰陽家揉合的天極至尊，皇權神授的政治理論。反之，流傳不衰的是一些神化了的

3.　《太平經》有王明校本，題名《太平經合校》：（北京：中華書局，1960）。《老子想爾注》之敦煌寫本早有專著，見饒宗頤師：《老子想爾注校證》（上海：上海古籍出版社，1991）。

歷史人物顯露超凡才智的故事，和已經通俗化的釋教天神展現魔力奇能的事蹟，借此透露庶民對艱鉅建城的感受，和託諸神祕力量去解釋難以思量的工程之傾向。在這一傳說的發展過程中，小傳統汲取了大傳統的若干資料和價值觀，但同時在下階層的半知識界，亦不斷的技巧地融會創造，編織成空前膾炙人口的故事來。不過我們必須注意，這個故事最後的產品，雖然具備小傳統的特殊色彩，仍然被大傳統的基本形態與價值觀所影響，明顯地表現彼此的共生關係，和源源互相交流的情況。

　　綜合來看，這個傳說故事的根源是北京地區，從古代的薊城開始，已鬧著水患，不是天旱缺雨，河道淺窄不足供水，就是洪流汎濫成災。到了金元兩代擴建都城為京師，人口暴增，河水灌注入城不足供應居民需求，情況更加嚴重。在這種環境下，智識未拓的民眾，很容易接受自古流行祀龍祈雨的傳說，相信北京水患之苦，是由於孼龍盤踞都城的湖泊，控制水源，因此龍王的傳說便在燕都滋生。自從傳說展開，龍王的故事有不少變化，這是由於人們為了解除水患，一方面禱求龍王施恩，但另一方面，又冀望有超然的神祇下凡，去降伏龍王，於是想像愈來愈豐富。在這當兒，釋教密宗的經典故事在中土盛行，其中最膾炙人口的，是一位已經通俗神化的托塔天王李靖第三子那吒的事蹟。他不但擁有超凡魔力，曾經率領天兵防援唐朝河西邊城，而且具備心明咒語降伏天龍使降甘霖，消除天旱災害。北京自金朝以來已成為京師，亟需天神護佑，而且由於屢遭水患，更要神祇扶持；積此二端，民眾就很容易傾向膜拜那吒神，冀望解決倒懸之困，這些

意念就在元大都城建造的傳說表露出來。

　　然而，這個在元末胚胎的傳說，並不向那吒神挺身而出鎮服龍王的一面直接發展，而是把民間心目中的建城英雄——忽必烈的輔佐謀臣劉秉忠——加以神化，想像他有超凡的才智技能，由是差使那吒去除難消災。因此，故事便說劉秉忠開闢大都城十一座門，以象徵那吒神的身軀，俾使龍王畏懼不敢恣虐。這樣的發展便將傳說進一步神化，顯現民眾祈求神力護佑去禳除災難的心願，但實際上，故事亦反映中國大傳統中崇拜英雄意識，認為任何艱難事情，只要有超越的智慧，特殊的才能與毅力，就可至成功。這類絕代英才的能力，甚至超逾天命所鍾的皇權，所以從元至明的皇帝，都要依靠這些卓異英雄去建造都城。我們不可忽視這以人為本位的中國文化特徵的意義——因此傳說中差遣那吒效勞的是超群的英才，不是法力更高的天神，若不如此，古代許多傳說便會以鬼力神怪為中心，與古希臘和印度的傳統沒大殊異。元大都居民把劉秉忠神化，作為膜拜對象，正象徵民間對歷史英雄的崇敬，和冀望有領導才幹的賢能去解除苦難；這一來，大傳統和小傳統的價值觀便不謀而合，彼此交融，相得益彰。[4]

　　這個神奇駭俗的大都建城傳說，經過五百多年的沈寂，到本世紀初突然以新面貌出現，產生膾炙人口的劉伯溫製造北京「哪吒城」故事。其中原因和過程，前面已經詳細交代。此刻要申述的，就是雖然傳說的基本事實，如北京城頻遭水源匱乏之患，民

---

4. 參見〈北京城建置的沿革〉注 23.、〈明代北京城建造的傳說〉注 23.所揭拙著。

間謠傳龍王作孽，需要那吒神來鎮壓等說法仍然存在，但是故事之所以能繼續流傳和發揚光大，主要因為它滲進了強而有力的劉伯溫傳說。自從蒙古統治為朱明取代，由於政治和人事的改變，劉秉忠作為傳說的主角已漸漸失去號召，那吒城軼聞也可能慢慢被遺忘，但是經過民間文藝家技巧性地將叱咤一時的明初大英雄劉伯溫的傳說與之配合，整個故事由是大大生色，廣泛吸引民眾的注目，變成家喻戶曉的談薈。因此，從這一轉變來看，北京城傳說的中心，依然環繞著民間對英雄的膜拜，冀求超凡的才智神力降世去消弭災難，這便可以理解為何傳說流行不衰。劉伯溫所以從明太祖的輔佐功臣，搖身一變為近代著名的神祕傳奇英雄，大眾膜拜的活神仙和無所不周的預言家，上面已有詳細考證。他規劃應天南京城和其他行事所產生的異聞，如何北傳成為北京城傳說的一部，反映出中國民間信仰，特別是北京城民俗的發展，亦已有扼要闡述。此刻要考究的，就是這一傳說故事，有什麼特殊意義，對研究大小傳統的交流融會關係有何啟示？

　　首先，從傳說的整體發展來看，劉秉忠規劃大都城的故事，能夠搖身一變為劉伯溫製造北京城，繼續發揚光大，震盪京都居民心弦，誠然與後者本身的傳說之發展，有不可分割的關係。我們可以說因為劉伯溫演變成民間的神奇人物，大大凌駕劉秉忠，引起好事者虛構他設計北京城的故事。但是，反過來說，也正因為有了這個故事，劉伯溫的傳說就變得愈離奇玄怪，流播遐邇。這些傳說，無論事實為何，依然流露著民間對英雄膜拜的意識，認為唯有超凡出眾，奇才異能的絕代人物，始能解除他們的苦難

災禍。劉伯溫因為博學奇才,足智多謀,所以被民間神化,被反清的革命份子渲染塑造,變成蓋世神算軍師,逆知未來的大預言家。民間編織他製造北京城的故事,固然受了大都城傳說的影響,但若果劉伯溫不是如此神奇駭俗,故事便不會暢行當世。由於劉伯溫的傳說日益開廣,附會他在北京城作種種活動的故事也愈來愈多,增添了不少人物和情節,不但包括輔佐永樂帝的姚廣孝、傳奇人物沈萬三,而且還增加了虛構的高亮趕水,和更多豐富熱鬧的劉伯溫與龍王鬥爭,阻止它壅斷水源的故事。[5]

　　其次,這個傳說之所以有如此悠長的歷史,內容積蓄如此豐富,流傳如此廣遠不衰,與北京貴為幾代王朝,四方輻輳,人文薈萃的都城,有深厚文化傳統,和不斷受到外來媒介的衝擊浸淫,有絕大關係。上面已經提及京師民眾崇信那吒神的法力,能夠守護國王百僚,防援都城、殄滅外敵,和降龍祈雨,解決水源匱乏,是孕育傳說的基本因素,然而傳說所以能擴大發展,主要因為北京數百年來俱是王朝的京師。例如,劉伯溫能夠取代劉秉忠為「哪吒城」傳說的主角,是因為他規劃南京新都所產生的談薈流傳到北京,變成北京城傳說的一部分。其中最主要的因素,是北京的紫禁城係根據南京的形制仿造,由是許多有關後者建城的故事和人物(如沈萬三的傳說),都被閭里委巷渲染敷衍,作為充實北京傳說的資料。更且,北京城的歷史背景,特別是前身為蒙元帝國的都城,而元亡後仍有大量蒙古軍兵眷屬留駐京師,對這個傳說

---

5. 參見〈明代北京城建造的傳說〉注 12.、30.所揭拙著。

的發展也有很大影響。上節所言蒙古人流傳關於北京城的起源，便有講到劉伯溫主持建城。這些故事顯然是麇居京畿的蒙古人所熟習，所以後來就很容易與漢人相傳的混合，使傳說日趨成熟和擴大流傳。此外，這個傳說從雛型發展成為完整的故事，前面已提過是得力於民間文藝家的創造，而這樣的故事之所以產生，又與京師的庶民生活形式，趨向娛樂趣味的渴求有關。在這個發展過程裡，北京作為全國的首都，人文薈萃，商賈行旅雲集，川流不息的中樞，無疑為傳說故事的形成和流傳，提供極重要的有利條件。由於種種關係，南京建城的傳說、劉伯溫在江浙的軼聞，可以源源傳到京師，與當地原有的傳聞融會一起。這些多元混合的傳說，為創造故事者提供資料，而到故事成型後，又透過往來京師的四方官宦、文士商賈庶民，輾轉放射到各個地區，發展成全國性的傳說故事。

傳說研究的現代意義

　　最後，我們可以略談這些「哪吒城」傳說故事，在中國文化中大傳統和小傳統交流融會的表現，與對這種理論的啟示和闡發，以便進一步了解民俗傳統在現代的發展。上面已經詳述北京的民間文藝家，如何技巧性地利用永樂帝詔建新都城的事實，以流行不衰的大都「那吒城」誌異為骨幹，揉合膾炙人口的劉伯溫傳說，編織成家喻戶曉、傳播遐邇的劉伯溫製造北京城故事。這些傳說故事的價值觀，雖然每一時代有異，但大致說來，都是反映民眾

對王朝統治者之迎拒態度，對英雄人物的歌頌崇拜，作為表露他們心聲的途徑，以及閭里茶餘飯後之談助。從雷斐德的大小傳統互相交流的理論來看，這些劉伯溫傳說故事，足以表現大傳統和小傳統對帝王輔佐、軍師一類型人物作英雄式的崇拜歌頌，把他們看作既是左右君權的宰執，又是能感通天地、禳除萬難的異才。在大傳統裡，這些人物以道德學藝，才能謀略稱著，但是小傳統不獨吸收上層的價值觀，而且將之渲染誇飾，同樣的人物因此活現得更神化奇異，而各種不同的傳說故事，經過選擇提煉，就慢慢成為大傳統人物塑型的重要資源。[6]

　　此刻我們需要補充闡述的，就是在以儒家為基礎的固有中國文化裡，由於大傳統根殖深厚，上層因子滲透於民間成為小傳統，遠較小傳統（尤其與大傳統隔閡的）昇華到高層為容易。一般來說，這些文化因子從下至上的發展，很需要迎合當世統治者的意識形態與價值觀，或甚至依傍統治階級的力量與影響，才能夠蔓延和發揚。在古代帝王主宰時代，這類例子屢見不鮮，而在現代中國亦顯而易見。在當今中國，自從共產黨一黨專政以後，代表舊社會以儒家為中心的大傳統，便被馬列主義、毛澤東思想所籠蓋支配，受到重新估價和批判。在 1950～1970 年代間，偏激極左思想橫行的時代，國家領導以窮除「封建」殘餘意識，建立「無產階級」的社會主義文化為神聖任務，許多舊社會孕育的歷史傳說，頓然成為封建統治民間迷信的「糟粕」，都被劃入肅清之列。

---

6. 參見〈前言〉注 4.、本篇注 1. 所揭論著。

然而，這些膾炙人口的劉伯溫製造北京城故事，由於歷史悠久，深入廣大民間，不但沒有受到排斥，而且更為文藝工作者採用無產階級的文藝理論加以評價改造。他們將北京城的各類傳說稱之為「勞動人民」創造的口頭文學，展出首都世代勞動人民的生活樣相。因此，編寫劉伯溫製造北京城故事的，都把都城的建造，歸功於廣大群眾的血汗勞動，而將劉伯溫看作是設計建築北京城的許多無名英雄的總代表。這種解釋的主觀性姑且勿論，然而由此一變，舊社會最重視的個人英雄崇拜，遂為歌頌群眾集體智慧所取代，而小傳統的民間傳說，便被改造成與當代官方認可的意識形態所操縱的大傳統配合。劉伯溫製造北京城的一類傳說故事，由是透過政治教條的力量，獲得推動廣大宣傳，這是意想不到，並不是雷斐德等西方人類民俗學家所能料及。[7] 隨著 1980 年代以來的經濟改革開放，中國大陸的官方意識形態逐漸放鬆，或甚有意外的轉變；這些變革，如何影響民俗文藝觀，會否產生對傳統多元化的詮釋，且拭目以待。

　　總括上述，通過縝密的歷史鑽研和文獻勾稽，我們可以看到這個暢行當代，家喻戶曉，老幼咸知的劉伯溫製造北京城傳說故事的形成，和傳播的錯綜複雜，多姿多采的過程。不但如此，亦足以窺見這個神異駭俗的傳奇，所蘊藏著代表以儒家為基礎、天人合一的人倫社會價值觀念。由此可見，若果我們從這方面深入

---

7. 參見〈前言〉注 5.、9.所揭近年在北京流傳的〈劉伯溫製造北京城〉故事，又詳見〈附錄：資料篇〉所揭。

研究，大可以發現不少正統文獻記錄所未涉及的前人活動，社會
各階層多元化的意識形態和價值觀，為研究歷史和社會民俗學擴
大範圍層面，增加認識了解的深度。中國舊籍保存極豐富的民俗
資料，環繞著神化的歷史英雄相關傳說故事亦不勝紀，可以作為
深具意義研究的題材，是書對劉伯溫與北京城傳說的索隱，不過
是對這些資料探賾的一得而已。

附錄：資料篇

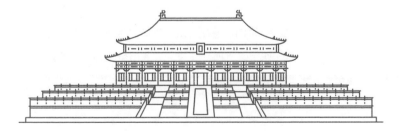

按：本篇所收資料分兩部分：甲篇（一～四）是關於劉伯溫建造北京城的
故事；乙篇（五～二二）是劉伯溫在北京城作其他活動的故事。各篇皆照
下列原書迻錄，並無任何更改。所附注釋，亦係出自原書。所有資料皆已
取得諸編者或作者同意轉載，謹此申謝。

甲　篇

一、八臂哪叱城[1]（一）

　　人人都說北京城是個「八臂哪叱城」。人人都說只有八臂勇哪叱才能鎮服得了「苦海幽州」的孽龍。北京城究竟怎麼樣修造的這一座「八臂哪叱城」呢？這在北京就傳說下來一個民間故事。

　　皇帝要修一座首都北京城啦，就派了工部大官去修建。工部大官慌啦，趕忙奏明了皇帝，說：「北京這塊地方，原來是個苦海幽州，那裡的孽龍，十分厲害，臣子是降服不了的，請皇上另派軍師們去吧！」皇帝一聽，這話也有道理，沒有上知天文，下知地理，上能知神，下能知鬼的「能人」，是不能修建北京城的。當時，皇帝就問這些軍師們。「你們誰能去給我修建北京城呢？」好多軍師們，都是你看著我，我看著你的不敢答話，時間長了，實在不好不答話啦，大軍師劉伯溫說：「我，我去吧！」二軍師姚廣孝緊接著也說：「我也去！」皇帝老兒高興啦，準知道這兩位軍師

---

1. 北京內城是元朝至元四年（公元 1267）修建的。明朝洪武元年（公元 1368）把北面城牆拆掉，縮進五里，重建了北面城牆。永樂十七年（公元 1419 年）把原來的南面城牆拆掉，往南推展了一里多，重建了南面城牆，就成了現在北京內城的樣子。北京外城是明嘉靖三十二年（公元 1553 年）修建的。

是能「降龍伏虎」了不起的人，就派了他們去修建北京城。

劉伯溫、姚廣孝領了「聖旨」，就到了現在北京城這塊地方來啦。劉伯溫、姚廣孝到了北京這塊地方，打下了公館以後，就天天出去採看地形，琢磨怎麼修建讓孽龍搗不了亂的北京城。大軍師劉伯溫是看不起姚廣孝的，二軍師姚廣孝是也看不起劉伯溫的，劉伯溫說：「姚二軍師，咱們分開了住吧，你住西城，我住東城，各自想各自的主意，十天以後見面，然後坐在一起，脊背對脊背坐著，各人畫各人的城圖，[2] 畫好了再對照一下，看看兩個人的心思對不對頭。」姚廣孝明知道劉伯溫是要大顯才能，獨奪大功的，就冷笑了一聲說：「好吧，大軍師說得有理，就這麼辦！」當下，兩個軍師就分開住啦。起初兩天，兩個人雖然沒住在一起，也沒出去採看地形，可是兩個人的耳朵裡，都聽見一句話：「照著我畫，不就成了嗎？」聽這句話，像個孩子的聲音，清清楚楚地說個沒完，這是誰說話呢？怎麼看不見人呢？照著你的「話」，你的「話」是什麼「話」呢？劉大軍師琢磨不透，姚二軍師也琢磨不透。到了第三天上，兩個軍師都各自出去採看地形去啦，劉大軍師走到哪裡，他總看見有一個穿紅襖短褲子的小孩子，在他前面走，劉伯溫走得快，那小孩子也走得快，劉伯溫走得慢，那小孩子也走得慢，劉伯溫起初也沒覺出特別來，後來他也有些疑心啦，就故意停住腳步，咦！真奇怪！那小孩子也站住啦，劉伯溫琢磨這個小孩子是幹什麼的。另外，那姚二軍師呢？也是碰見了

---

2. 北京人都知道，都傳說：「劉伯溫、姚廣孝脊梁對脊梁畫了北京城。」

這麼樣的一個小孩子，姚廣孝也琢磨不透這個小孩子是幹什麼的。劉伯溫、姚廣孝各自回到各人公館以後，耳朵裡就又聽見了那句話：「照著我畫，不就成了嗎！」劉伯溫在東城想，姚廣孝在西城也這麼想：難道這個紅襖短褲子的小孩，就是哪叱不成？不像啊！哪叱是八條膀臂呀！劉伯溫在東城想：明天再碰見這個小孩子，我要細細瞧瞧他。姚廣孝在西城也想：明天再碰見這個小孩子，我要細細瞧瞧他。

　　一夜過去了，是兩個人約會的第四天啦，劉伯溫吃完了早飯，帶了一個隨從出去蹓躂去了，他為什麼今天要帶隨從呢？為的是：叫隨從也幫助他看看是不是哪叱。在西城住的姚廣孝，也是這個心思，也帶了一個隨從出去找哪叱。兩個軍師，雖然一個住在東城，一個住在西城，可是心思都是一樣，聽見的話都是一樣，碰見的孩子都是一樣，今天他們又都碰見那紅襖短褲子的小孩子啦。劉伯溫、姚廣孝今天碰見的小孩子，還穿的是紅襖，還穿的是短褲子，只是紅襖不是昨天那件紅襖了，這件紅襖很像一件荷葉邊的披肩，肩膀兩邊有浮鑲著的軟綢子邊，風一吹真像是有幾條膀臂似的。劉伯溫看了，心裡一動：這不是八臂哪叱嗎？趕緊往前就追，他想揪住這個小孩子，細細瞧瞧，沒想到劉伯溫追得快，那小孩子跑得更快，只聽見一句：「照著我畫，不就成了嗎！」那小孩子就跑得沒影沒蹤啦，再也瞧不見啦。劉伯溫的隨從，看見軍師爺在大道上飛快地跑起來，他不知道是怎麼回事，他在後面直喊：「軍師爺！軍師爺！您跑什麼呀？」劉伯溫聽見了喊聲，就停住了腳步，問他的隨從：「你看見一個穿紅襖短褲子的小孩子

嗎?」「沒有啊!咱們走了這麼半天,不就是我跟軍師爺嗎!一個人也沒瞧見呀!」劉伯溫心裡明白:這一定是八臂哪吒啦。那姚廣孝呢?姚廣孝也碰見了這麼一個小孩子,也追那個小孩子來看,也聽見了那麼句話,他的隨從也沒看見有什麼人,他也明白了這一定是八臂哪吒啦。

劉伯溫回了他的東城公館,姚廣孝也回了他的西城公館。劉伯溫想:照著我畫,「畫」一定是畫圖的「畫」字,不是說話的「話」字,八臂哪吒要我照他的樣子畫城圖,那一定是能降服得住苦海幽州的孽龍啦,好!我看你姚廣孝怎麼辦?我看你姚廣孝畫不出城圖來,怎麼配當軍師爺!那在西城住的姚廣孝,也是這麼想來著:看你這個大軍師,「大」字得搬搬家!在第九天上,劉伯溫就通知了姚廣孝,明天正午,在西城的中間,脊背對脊背畫城圖,請姚二軍師準時到場。姚廣孝答應啦。

第十天正午啦,在城中一個大空場上,擺下兩張桌子,兩把椅子,椅子背對椅子背,劉伯溫來啦,姚廣孝也來啦,劉伯溫說:「二軍師朝哪面坐呢?」姚廣孝說:「大軍師住在東城,就朝東坐,小弟朝西坐。」兩個人落了座,有隨從給擺好了紙、筆、墨、硯,兩位軍師拿起筆來,唰、唰、唰地一畫,太陽剛往西轉,兩個人的城圖就都畫完啦。姚廣孝拿起大軍師畫的城圖來看,劉伯溫拿起二軍師畫的城圖來看,倆人都哈哈大笑起來,原來兩張城圖都是一樣,都是「八臂哪吒城」。姚廣孝請大軍師給講講怎麼叫八臂哪吒城?劉伯溫說:「這正南中間的一座門,叫正陽門,是哪吒的腦袋,腦袋嘛,就應該有耳朵,他的甕城東西開門,就是哪

叱的耳朵；正陽門裡的兩眼井，就是哪叱的眼睛；正陽門東邊的崇文門、東便門、東面城門的朝陽門、東直門，是哪叱這半邊身子的四臂；正陽門西邊的宣武門、西便門、西面城門的阜成門、西直門，是哪叱那半邊身子的四臂：北面城門的安定門、德勝門，是哪叱的兩只腳。」姚廣孝點了點頭說：「嘔，是了。這個哪叱沒有五臟，空有八臂行嗎？」劉伯溫紅了臉，說：「哪裡有沒五臟的哪叱呀？死哪叱鎮服得了孽龍嗎？」說著，急急地一指城圖：「老弟你看，那城裡四方形兒的是『皇城』，皇城是哪叱的五臟，皇城的正門——天安門是五臟口，從五臟口到正陽門哪叱腦袋，中間這條長長的平道，是哪叱的食道。」姚廣孝笑啦，慢條斯理地說：「大軍師別著急呀，我知道您畫得挺細緻，那五臟兩邊的兩條南北的大道，是哪叱的大肋骨，大肋骨上長著的小肋骨，就是那些小胡同啦，是不是？大軍師畫得挺細緻！」劉伯溫叫姚廣孝逗的急不得，惱不得的，反正「八臂哪叱城」的「北京城圖」，是畫出來啦，大軍師劉伯溫沒奪了頭功，二軍師姚廣孝也沒奪了頭功，劉伯溫還不怎麼在意，姚廣孝是越想越難過，就出家當了和尚，專等看劉伯溫怎麼修造北京城啦。

　　劉伯溫這麼一修造北京城不要緊，沒想到惹得孽龍煩惱起來，這才又引起「高亮趕水」一大串故事來。

（金受申：《北京的傳說》，頁 3～8）

二、八臂哪吒城（二）

北京人說，北京是一座八臂哪吒城。

北京城的修建，是明朝初年的事。那時的皇帝叫燕王，他在永樂四年，下令開始修皇城和宮殿，分遣了大臣到四川、湖廣、江西、浙江、山西等地去採木料。到永樂十四年，又集議營建北京全城。傳說當時，燕王手下有兩個軍師，大軍師叫劉伯溫，二軍師叫姚廣孝。燕王命令他兩個人設計北京城的圖樣。他倆領了旨，就出去察看地形。

他倆來到城中心，從南到北畫了一條線。然後兩人背對背站在這條線上，一個往東走，一個往西走，各走五里地，就算城邊。走完以後，按照他們走過的地方又畫一條線，和南北那條線相交，形成了一個十字。然後他們兩個人又背對背地站在十字上，一個往南走，一個往北走，各走七里地，就算南北的城邊。他們就按這個里數畫出一個框子，然後各自回去了。

第二天，兩個人又出來了。大軍師劉伯溫心想：城地已經步量好了，該畫圖了。這圖要是畫出來，可是立了一份頭功。憑我大軍師的本事，怎麼也得比你這二軍師強得多。因此畫圖這事，不能一塊兒做，還是各畫各的。二軍師姚廣孝也想：我和你劉伯溫在一起，我畫出來了，人家也說是大軍師的本事。我不能和你在一塊兒畫。兩個人走到一起，劉伯溫就對姚廣孝說：

「姚二軍師，咱們地方也步量好了，該畫圖了。我看，咱們分開，各想各的主意，七天以後，在這兒見面。到那時，咱倆脊

背對脊背，當場畫，各畫各的，你看怎樣？」

姚廣孝一聽，正合他的心意，就說：「行啊。大軍師說得有理，就這麼辦吧。」兩個軍師就分開了。

劉伯溫住在東邊。他回去以後，吃也吃不下，睡也睡不好，腦子裡老想著這畫圖的事。可是想了三天，也沒想出個道道來。姚廣孝住在西邊。他回去以後，也是吃不下，睡不好，老琢磨這北京城該畫成個什麼樣子。他們兩個人，各想了三天，誰也沒有數。

後來，兩個人都熬得不行了，就都迷迷糊糊地睡了起來。劉伯溫睡著睡著，好像聽見有人說話。他仔細一聽，這話音好像是「照著我畫，照著我畫」。醒來一看，什麼也沒有。姚廣孝呢？睡著睡著，也聽見有人說話。仔細一聽，話音也是說「照著我畫，照著我畫」。可是醒來一看，什麼也沒有。

一晃又是三天過去了，剩下最後一天，得到現場畫圖了。大軍師劉伯溫走出來，腦袋沈沈的，一路走，一路心裡還在琢磨。忽然，看見有一個紅孩子在他前面走著。他走得快，這孩子也走得快；他走得慢，這孩子也走得慢。他想，這紅孩子到底是誰？就緊追了上去。二軍師姚廣孝往前走，也看見一個紅孩子。這紅孩子也在他的前面走。他走得快，這孩子也走得快；他走得慢，這孩子也走得慢。於是，他就緊緊追著這個紅孩子。兩個軍師追著追著，碰到一塊，一看，正是原來約定的地點。劉伯溫說：「現在咱倆可以分頭畫了。」姚廣孝順口答應一聲，兩個人就背對背地坐在一起。劉伯溫面向東坐著，姚廣孝面向西坐著。兩個人拿出紙來，鋪在面前，就開始畫。他們凝神靜思，看看畫紙。忽然

兩個人的眼前，同時出現了那個紅孩子的模樣：頭上梳著小抓髻，半截腿露著，光著腳丫，穿的還是紅襖、紅褲子。這件紅襖很像一件荷葉邊的披肩，肩膀兩邊有浮鑲著的軟綢子邊，風一吹真像是幾條臂膀似的。兩人一想，這不就是八臂哪吒嗎？兩個人同時一陣高興，可是誰也不言語，都各自照著畫了。

　　劉伯溫這邊，先照著從頭上畫起，然後畫胳膊，畫腿。一筆一筆全畫下來了。姚廣孝呢？也從頭照著一筆一筆畫了起來。可是畫到最後，來了一股風，把哪吒的衣襟吹起了一塊，他也就隨手一筆畫了下來。

　　畫完了，兩個人手遞手交換了圖樣。姚廣孝拿起大軍師畫的城圖，劉伯溫拿起二軍師畫的城圖。兩個人一看，同時笑了起來。原來，兩張圖全一樣，都是八臂哪吒城，只是姚廣孝這邊，在西北角上往裡斜了一塊。

　　姚廣孝要劉伯溫給講講怎麼叫八臂哪吒城？劉伯溫說：「這正南中間的一座門，叫正陽門，是哪吒的腦袋；甕城東西開門，就是哪吒的耳朵；正陽門裡的兩眼井，那就是哪吒的眼睛；正陽門東邊的崇文門、東便門、東面城的朝陽門、東直門，是哪吒這半邊身子的四臂；正陽門邊的宣武門、西便門，西面城的阜成門、西直門，是哪吒半邊身子的四臂；北面城的安定門、德勝門，是哪吒的兩只腳。

　　姚廣孝又問：「那麼，哪吒的五臟呢？」

　　劉伯溫忙說：「那皇城就是五臟。」

　　姚廣孝還想問些什麼。劉伯溫一看這架勢，知道他想找岔兒，

忙拿起圖，指著姚廣孝畫斜的地方，說：「這就是你的不對了。城哪能斜一塊呢？」姚廣孝說：「大軍師有所不知，哪吒的圖形就是斜的。」兩個人爭來爭去，只好拿了圖樣去見燕王。燕王一看，正是八臂哪吒城，說：「好，你們不愧是我的軍師。劉伯溫畫的方方正正，還是當大軍師。姚廣孝畫的斜了一塊，還是當二軍師。」

劉伯溫說：「那修城時，以哪個為準呢？」

燕王指指圖說：「東城照你畫的修，西城照姚廣孝畫的修。」

就這樣，就動工修起城來。修成以後，一看，姚廣孝畫斜了的那一筆，正好是德勝門往西到西直門這一塊。直到今天，北京城西北面城牆還是斜的，缺著一個角呢！

（金受申搜集）

（張紫晨、李岳南編：《北京的傳說》，頁 1～5）

三、劉伯溫建北京城

說起來這還是燕王掃北時候的故事哩。燕王原在南京城裡住，他打算在北方重新建一座京城，就找來大臣劉伯溫，問他把京城建在哪裡好。劉伯溫說：「請讓大將軍徐達辦這件事吧。」燕王命人叫來了徐達。劉伯溫對徐達說：「憑著你的神力往北射上一箭，箭落在哪兒，就在哪兒修建京城。」徐達答應著來到殿外，搭上箭拉開弓，朝著北方把箭射了出去。劉伯溫趕緊帶著人坐上船，順著大運河往北追來。

這一箭射得可真不近，一直飛到了如今北京南邊二十多里遠

的南苑。當時那裡住著八家小財主。他們看見箭落下來都慌了神，唯恐在這兒一建京城，他們的房產、地畝全被佔用了。其中有個財主出主意說：「咱們把它再射走不就得了嗎！」大家都認為這個主意很好，就轉手一箭往北射去。這枝箭又被射到了如此的後門橋這個地方。聽人們講後門橋下有塊石碑，上面刻著「北京城」三個字，石碑下面就是當初落箭的地方。

劉伯溫帶人追到南苑，掐指一算，箭應當落在這兒。他派人找來八家財主，逼著要箭。財主們一看瞞不住了，只好認賬。他們不住地向劉伯溫求告說：「只要不在這裡建京城，您要什麼條件都行。」劉伯溫想了想說：「好吧，我可以不在這裡建京城，你們射出的箭落在哪兒，我就改在哪兒修建。但是修建京城用的錢由你們出。」財主們一核計，我們有的是錢，建個京城也不算什麼，就答應了。

劉伯溫找到落箭的地方，就拿出早準備好的圖紙，找來工匠開工了。最先建的是西直門城樓，所用的費用全都找南苑的財主們要，沒想到一座城樓還沒修完，八家財主已經傾家蕩產，窮得吃不上飯了。怎麼辦呢？劉伯溫又掐指算了算，然後叫來手下人說：「你們出去給我找一個叫沈萬三的人。」手下人轉了兩天果然把沈萬三找來了。沈萬三被帶到什剎海來見劉伯溫。那時候什剎海、北海、中南海這些地方都是平地，根本沒有水。這個沈萬三是幹什麼的呢？原來是個要飯的。只見他渾身又髒又破，胳肢窩底下夾著個破瓦盆，又用一根繩子繫在了脖子上。劉伯溫見到沈萬三就說：「我建北京城沒有錢用了，你給想想辦法吧。」沈萬三

一聽就嚇壞了，囉囉嗦嗦地說：「我是個窮要飯的，哪兒有錢啊！」劉伯溫把眼一瞪：「沒錢不行。來人哪，給我打。」手下人拿著棍子朝著沈萬三身上劈哩啪啦地打起來。開始沈萬三還連聲哀求，後來實在被打急了，就把腳一跺，指著說：「這地底下就有銀子，你們挖吧。」劉伯溫派人一挖，發現下面埋著一口口大缸。打開蓋一看，裡面全是白花花的銀子。劉伯溫就叫人拿這些銀子接著修城。沒過多久這些銀子也用完了，就又把沈萬三找來，接茬兒打他。沈萬三被打急了，又往地下一指說：「這裡有銀子，你們挖吧。」大家一挖，果然又有銀子。就這樣一而再，再而三，北京城建了起來，北京城建了起來。可是城裡被挖出許多大坑。後來劉伯溫派人把水引進坑裡，就成了今天的什剎海、北海、中南海。

　　當初劉伯溫坐船往北追箭，快到北京的時候，水面突然起了波浪，從水下鑽出來一只大王八。只見它把兩只前腳往船幫上一搭，船就歪了一半。劉伯溫急忙走出艙來，看見王八，一眼認出它是龍王變的，就問：「你找我有事嗎？」龍王說：「你是要在這兒建京城嗎？這兒是我的地盤兒，你佔了它，給我什麼好處？」劉伯溫說：「等燕王在這兒定了都，一定好好謝你。」龍王搖搖頭說：「不行，你得講真格的。你們要想在這兒建京城，必須把我的九個兒子、孫子在京城安排個職位。」劉伯溫心想，讓你的龍崽子佔了京城，那把要當真龍天子的燕王往哪兒放啊？又一琢磨：不如先應下，到時候再說，就答應說：「好吧，到時候我一定安排。」龍王聽了很高興，就說：「那我等修建完了城再找你。」然後

一翻身鑽進了河裡，波浪也就平息了。劉伯溫的船這才往北開來。

北京城修完了，劉伯溫把燕王迎到了這裡。燕王坐了龍廷，當了萬歲皇帝。這一天有人來報，說有個老頭帶著幾個孩子來到皇宮門口，吵著要見劉伯溫。劉伯溫抬腳走出皇宮，一看是龍王帶著九個兒孫在那裡站著呢。一見劉伯溫，龍王就問：「劉伯溫，你答應過給我的兒孫安排職位，我現在帶他們找你來了。」劉伯溫呵呵笑著說：「我早就給你安排好了。」這劉伯溫真厲害呀，他把龍子龍孫有的分派到華表上，有的分派到柱子上，有的分派到房檐上，有的分派到影壁上。安排完了，他一喝令：「你們都歸位去罷。」九條小龍騰空而起，飛到被分派的地方，一個個都貼了上去。這一下，歡蹦亂跳的活龍都變成了石頭刻的、磚瓦燒的、油漆畫的死物件了。這可把龍王氣壞了，就要跟劉伯溫拼命。劉伯溫把眼一瞪說：「我南征北戰，打了多少仗，憑我能掐會算，呼風喚雨的本事還能怕你嗎？」龍王心裡盤算，要論打架還真不見得是他的對手，就氣狠狠地說：「劉伯溫你等著，我不讓全城人都死光了，決不罷休。」說完他轉身走了。

第二天早上，劉伯溫剛剛起來，報事的差役就跑進來說：「稟報大人，今天大清早全城井裡河裡的水都乾了，老百姓沒水喝都亂營了。」劉伯溫立刻掐指一算，知道這是龍王攪的鬼。他把軍士們召集來，問：「誰敢去追龍王，把水奪回來？」隊伍裡站出一個大漢，兩手一抱拳說：「我願意去。」劉伯溫吩咐他：「你出西直門一直往西追，追上那個推小車的，就用槍把左邊的水包扎破，然後轉身往回跑。我在西直門城樓上等著給你開城門。記住往回

跑的時候千萬不要回頭看。」大漢答應著轉身走了。

　　這大漢是誰呀？他的名字叫高亮。高亮拿著長槍出了西直門，甩開大步往西追去。一口氣跑出二十多里地，遠遠地看見大道邊上停著輛小推車，離小推車不遠的樹下坐著一個老頭和一個老太婆在歇涼，這兩個人正是龍王和龍婆變的。自打劉伯溫把龍子龍孫都給弄死以後，龍王怒氣沖沖地回到龍宮，見到龍婆，把事情說了一遍。龍婆心疼兒孫嚎啕大哭，催龍王快想辦法報仇。龍王說：「咱們從這裡把家搬走，把水也帶走，讓北京城沒有一滴水，用不了幾天全城的人就都得渴死，咱們的仇不就報了嗎？」龍婆聽了，覺得這個主意真不錯，也就不哭了。第二天大清早，龍王和龍婆就忙活開了，他們把全城的水分裝在兩個水包裡，又把水包捆在車上，推著水出了北京城。他們倆不停地走了兩個時辰，感到有些累也有些熱了。龍婆說：「歇息一下，落落汗再走吧。」於是龍王和龍婆就來到大樹底下坐下。沒多久高亮也趕到了。高亮悄悄地向水車跑去，他怕龍王發現，不由得有些心慌。到了水車旁不問青紅皂白，用槍使勁地朝一個水包扎去，拔出槍後他轉身就跑。這下可懷事了，休扎破的是右邊的水包。車上有兩個水包，左邊裝的是甜水，右邊裝的是苦水。後來北京城裡苦水井多，據說就是因為高亮扎錯了水包的緣故。那麼左邊的那個水包呢，後來變成了玉泉山，打那裡流出的水甜絲絲的，可好喝呢！

　　再說龍王正在樹下歇息，猛聽得水響，抬頭看見高亮扎破了水包撒腿往回跑，氣得破口大罵道：「好小子，看我不淹死你！」龍王把手一揮，就見從水包裡湧出翻滾的大浪，朝著高亮沖去。

高亮聽到身後隆隆的響聲像打雷似的，可嚇壞了，他頭也不敢回，拚命地奔跑。

跑著跑著，遠遠地可以看見西直門了，這時高亮的心才踏實下來。他想：我後面到底是怎麼回事，回頭看一眼大概不會出什麼事吧。於是他轉過頭去。這麼一來，他的腳步不由得變慢了。就見身後三丈高的水浪撲天蓋地沖來，一下把他淹沒了。高亮沒有聽劉伯溫的話，葬身在大水之中。後來人們為了紀念他，就在他被淹死的地方修了座橋，起名叫高亮橋。

劉伯溫在城樓上看到大水淹沒了高亮又翻滾著向城門湧來，擔心它會淹了北京，當即命人把城門緊緊關閉。大水進不了城，有一部分就順著河道往南流走了，還有一部分從地底下流進了北京城。城中的井裡、河裡又都滿了水。全城人非常高興，這下再也渴不死人了。

龍王的計策被劉伯溫破了，他怎麼會善罷甘休！他從城外順著地下水道進了城。當時北京有不少海眼，但大都讓劉伯溫用東西給鎮住了，像北海瓊華島上的白塔，白塔寺的白塔等，都是鎮海眼的。龍王在北新橋一帶找到一個海眼，這海眼是一口井。他帶著水往上湧，非要用水淹城不可。人們聽到井裡的水嘩嘩作響，飛跑著去報告劉伯溫。劉伯溫掐指一算，又明白了。就派人找來沈萬三，一起到了井邊上。劉伯溫對沈萬三說：「你想辦法把龍王給我治服了，把水給我壓下去。」這回沈萬三可真急哭了：「我是個要飯的，怎麼治得了龍王爺啊！這不是要我的好看嗎？」劉伯溫又瞪起眼睛說：「治不了龍王，還得打你。」沈萬三連聲說：

「別打別打呀，讓我想想轍。」他低著頭在地上轉起磨磨來。這時井裡的水響聲越來越大，眼看水就快到井沿了。劉伯溫在旁邊一個勁地催命。突然沈萬三嘴角一咧，說道：「有主意了。我有個要飯的破瓦盆，用它試試行不行。」說著話，他從脖子上把繫著瓦盆的繩子解下來，攥著繩子頭，把瓦盆口朝下往井裡扣去。誰知這一扣，就見井裡的水慢慢地退下去了，嘩嘩的響聲也越來越小了。被壓在瓦盆底下的龍王使勁地嚷著：「劉伯溫，你把事都做絕了。你把我壓在下面，總得讓我有個出頭之日呀！」劉伯溫回答說：「可以讓你出頭。這井不遠有一座橋，什麼時候橋舊了，你就可以出頭了。」龍王想：這橋就是新建的也得有舊的時候，看來我還有出頭的日子，到時候再淹北京吧。於是就不再言語，在海眼裡等著去了。沈萬三的瓦盆也跟著深深地扣在了井裡，繫盆的繩子變成了又粗又長的鐵鏈。沈萬三把手裡的鐵鏈頭捆在了井臺上，這條鐵鏈子多少年來一直在這兒捆著。也曾經有幾個好奇心勝的人試著往出拉過，但是沒拉幾下井裡的水就嘩嘩響起來了，這幾個人嚇得趕快把鐵鏈放了回去，水聲才停止住。從此沒人敢動它，誰不怕龍王再跑出來呀！

那劉伯溫給井旁的橋起了個名字叫「北新橋」，意思是這橋永遠也舊不了，你龍王永遠也甭想再出來了。那個沈萬三呢？此後再也沒人見過他。

〔講述：蟠桃宮廟會老藝人。記錄時間：1961 年 4 月（農曆三月初三）

整理：張伯利〕

（中國民間文藝研究會北京分會論：《北京風物傳說》，頁 1～7）

四、北京城是怎樣修起來的？

　　傳說燕王最妒忌劉伯溫，總想找個差兒殺了他。一天，燕王問劉伯溫：「我這次要去北征，你說打到哪兒停下來，最合適呢？」劉伯溫說：「到了人吃血米、泥鍋造飯，草做鍋蓋，你就該罷兵了。現在，我這兒給你一張圖、一封信，等到一休戰，就可以取出來看看。」

　　古時候北京叫做幽州。燕王打到幽州邊塞以後，士兵都受不住了。他們吃了紅高粱米做的飯，屙不出來，許多人生病死了。燕王沒辦法，只好罷兵。原來所說「血米」就是紅高粱米。這兒沒有鐵鍋造飯，都是用沙鍋煮飯；沒有鍋蓋，只用槁杆當蓋。劉伯溫說的話全應了，燕王找不到理由殺他，也就無可奈何了。

　　這時，燕王打開劉伯溫的圖一看，原來是一張修建北京城的圖，那會兒北京叫北平，劉伯溫勸燕王改建為都城，把城名叫做北京。燕王看完圖，又拆開信一看，劉伯溫還推薦一位修建北京城的軍師呢！這位軍師名叫姚廣孝。信中告訴燕王說：他很有辦法；沒有錢，你甭操心，找沈萬三吧。

　　到哪兒去找姚廣孝、沈萬三呢？

　　燕王是個烈性子的人，動不動就打人、殺人。許多被派去找尋姚廣孝的臣子，找不著時就都給殺了。這樣，找了有幾個月，也沒個著落。燕王只好暫時把這事擱在一邊了。

　　燕王很喜歡打獵，他每天出去打獵。有一天，燕王來到京西，走到一處地方，見山上古木頂住天，雲霧在樹上打轉，流水咕嚕

咕嚕響著，就想在這個山谷中歇一會兒。原來這裡不是別處，正是潭州寺。寺裡老老少少的和尚，聽說燕王來到，趕忙披好袈裟，到山門外拜迎燕王。這時鐘鼓齊鳴，連百草也都變成神仙，在歡迎千歲爺哩！在人群當中，有個老和尚，穿戴得最整齊，手裡擎著九連杯，跪在地上，口稱「臣僧姚廣孝拜見千歲爺」。這位僧人原本叫姚廣慧，是太祖時的中大夫，因與同僚不和，退隱歸山了。這會兒，他怕說出真名來又惹禍生非，就改稱姚廣孝啦！燕王一聽「姚廣孝」三個字，一骨碌跳下馬來，左手把姚廣孝一箝，兩人就往寺裡走去。

　　姚廣孝本來為燕王準備了寶座，可這會兒燕王不坐，卻讓給他自己坐了。燕王轉身就拜姚廣孝，並說：「現在，您就是我的軍師了，我要請您出山去修建北京城啦！」姚廣孝一聽，連忙跪下磕頭，執意不肯出山。這時，燕王就把劉伯溫的那張圖往地上一扔，「你瞧瞧！」姚廣孝給嚇得渾身直冒冷汗，沒法兒推辭，只得答應出山了。——原來劉伯溫就是他的師父，怎敢不服從呢！

　　有了姚廣孝，可是沒有錢還是造不了北京城呀。這會兒就得去找沈萬三了。燕王便派了兩位小官，專門管找沈萬三的事。限定三個月，如果交不出人來，就得殺頭。日子一天天過去了，不覺三個月快到期了，這小官罵兵士不賣力，用鞭子打他們，還殺了好幾個，可就是找不著沈萬三。剩下最後三天了，小官心裡攪得像「十五個吊桶打水——七上八下」的，怕砍腦袋；還是沒有著落。一天，這小官想出外去解解悶兒，就信步來到東華門。這裡是皇城，一般是不准做買賣兒的，可這東華門除外。這兒「下

肩兒的」挺多，他們都是給皇家搬運糧食、珍寶或出差的。皇上又不給他們飯吃，便准許一些小商小販在這兒做點兒買，有打豆腐的，做油條、燒餅生意的，人倒不少。那些「下肩兒的」只要付上幾個銅子，就可以吃上幾根油條或幾個燒餅。

這天，在這皇城裡，有一個上身光著脊背的「下肩兒的」大漢吃了燒餅，把嘴巴一抹就要走了。小販便大嚷起來：「喂！那些『下肩兒的』，你吃燒餅不給錢就溜了！你吃哪一個的？」這大漢掉轉臉來，眼一瞪，說道：「你瞎眼了，我沈萬三還白吃人家的？我向來吃東西就是先給錢的。」小官聽說是「沈萬三」，不覺喜從天降，「原來在這兒，找得我好苦呵！」連忙從兜裡掏出一把銅錢代他交了賬，一邊對他說：「你就是沈萬三嗎？差一點兒要我的命！我找了你三個月，也沒找到。快跟我走，王爺要你進宮去。」沈萬三一愣，說：「我是個『下肩兒的』，王爺找我有什麼用？我不去！」小官怎麼勸他，他也不去。最後叫兵士給帶上鎖，送進宮去了。

燕王聽說這個光著上身的黑大漢是沈萬三，感到很驚奇：「這窮光蛋哪一點像個財神呢！」但他還是親自給沈萬三解下鎖；接著就向沈萬三要錢修北京城。沈萬三說：「王爺您這不是拿我開心嗎？我一個『下肩兒的』，手裡得的就是口裡吃的，連衣衫都沒得穿，哪會有錢藏在家裡呢？」燕王眉毛一翹，大聲說道：「不把你的金銀交出來，就別想活命！」沈萬三還是回答說沒有。

「沒有，怎麼辦呢？」燕王望了望姚廣孝，下令拷打沈萬三，打得沈萬三皮開肉綻，還是說沒有。燕王急了，恨不得一刀殺了

他；又怕殺了更沒了指望。他就叫人給沈萬三帶上大枷，讓他手裡提一面鑼，由兵士押著游街示眾。他們每到一處，便要他高聲喊道：「別學我沈萬三一樣，不拿錢出來修建北京城啦！」接著「噹、噹、噹！」打了三下鑼。這樣，游了三天街，也沒結果。

這天，兵士又押著沈萬三游街，從北面出了地安門以後，沈萬三被折磨得半死不活的，有氣沒力地走著，不一會兒便昏倒在地上了，兵士還要拿鞭子抽他。他頭枕東北方向，腳踏西南，怎麼著也起不來。一位白髮的老頭走來了，吆喝了一聲，說：「這個人只能來軟的，你們盡來硬的，怎麼行？」說罷掏出自己的煙袋，讓沈萬三抽煙。可是，沈萬三哪裡還有氣力抽煙呢？他不抽煙，把煙袋擱在地上，對那位老頭說：「我就在這兒了吧！」——他的意思是說：「反正就死在這裡吧！」可是那些兵士一聽說「這兒」兩個字，趕忙報告給大官說：「沈萬三有口供了，他說『在這兒』，想必沈萬三的金銀就在這兒。」一會兒，兵士們都忙起來了，拿起鋤頭，直往地裡挖，挖出了四十八萬兩銀子來。

這下子可把燕王樂壞了。他說：「原來一打就有！」又命令兵士：「快跟我押著他走。」走不了幾步，沈萬三又昏倒了。兵士們拿起鋤頭又挖，又挖出了十窖銀子，總計得四百八十萬兩。從此，地下就留下了十個坑，這十個坑積滿水以後，就成了「十窖海」。又不知從多咕又叫成「什剎海」了。

燕王得了這些個錢，還嫌不夠。他們又押著沈萬三從南面出天安門游街，走到虹橋西邊兒金魚池那地方，沈萬三又昏倒在地。大伙兒又挖，挖出了一個金缸，裡面全是金條，不多不少合銀四

十八萬兩。等到沈萬三醒來，又用鞭子抽他；再等他昏過去時又挖，總共挖出了九缸金條。打這兒以後，就有了「九缸十八窖」的傳說（早些年還可以看這九個坑呢）。因為這地方出金銀，就叫「金銀池」，以後時間長了，池裡有了金魚，就傳成「金魚池」了。

燕王得了金銀，打算造城牆，造城的老百姓都召來了，就是找不見「築城泥」。軍師姚廣孝說：「山西才有築城泥。」山西離北京有多遠！八百頭大馬騾去馱築城泥也不夠用，怎麼辦呢？燕王命令老百姓一個挨一個，相隔三五步，從北京一直接到山西，一筐接一筐，將築城泥從山西遞到北京。據說山西有三百三十三個山頭，都挖平了，城牆上還差三尺泥土。姚廣孝鋪開劉伯溫畫的北京圖一看，城牆四周圍有一道線，他就告訴燕王，把城牆四周圍的土挖起來，往城上推。就這樣，城牆築成啦，城四圍就有了一道護城河。

（路工、李孟回、周詒謀整理）

（王文寶編：《北京風物傳說故事選》，頁 1～6）

乙　篇

五、高亮趕水

不知道幾百年、幾千年啦，北京的老爺爺、老奶奶們都這麼說：當初北京可苦啦，那時候，北京是一片苦海，誰都管它叫「苦海幽州」，苦海幽州的人，都躲在西面、北面的山上去住，把這片

苦海讓給了龍王。龍王和他的老婆龍母，帶著兒子、兒媳、孫子、孫女，就佔據了苦海，在苦海裡自己稱了王爺，鬧得那時候的人，躲到山上去過苦日子，苦到什麼份兒上呢？苦到用泥做鍋，做斗量柴。[1] 人們的日子過得苦極啦。也不知道又過了多少年，出來這麼一個穿著紅襖短褲，名字叫哪吒的小孩子，真有本事，來到苦海幽州，就跟龍王、龍子打起來啦，整整打了九九八十一天，哪吒拿住了龍王、龍母，逃跑了龍王的兒子、兒媳、孫子、孫女。龍王、龍母被拿住了以後，水就平下去啦，慢慢地露出陸地來，哪吒封閉了各處的海眼，把龍王、龍母封閉在一處頂大的海眼裡，上面砌了一座大的白塔，叫龍王、龍母永久地看守白塔。苦海幽州的水平下去了，就不再叫苦海啦，光叫幽州啦。叫了幽州，就慢慢地有人在這裡蓋房子，在這裡住起來。有了人家，就有村子，有了村子，就有集鎮。逃跑了的龍子，這時也稱了龍公啦，他的老婆也稱龍婆啦，他們帶著兒子、女兒躲在西山腳下一個海眼裡，一聲不響的過日子，他們越看苦海幽州的人家，一天比一天多，就一天比一天氣悶，總想出來搗搗亂，總想出來發發水淹沒那這時已然不叫「苦海」的幽州。

　　這一天，龍公聽來一個信息：幽州要蓋北京城，他更氣惱啦。他想：我們的龍宮，你們人給平啦，你們還在這裡蓋城，叫我好惱！後來，跟著又傳來一個信息：劉伯溫跟姚廣孝，脊梁對脊梁

---

1. 「泥鍋造飯斗量柴」，是北京流傳很久的口語，泥鍋指的是沙鍋，斗量的柴指的是煤。

畫了北京八臂哪吒城圖，並且北京正修八臂哪吒城哩！他跟龍婆說：「這可糟心啦，這可恨透了人啦，幽州這地方，要修起來八臂哪吒北京城，咱們就甭想再翻身啦！」龍婆說：「算了吧，他蓋他的城，咱們住咱們的海眼龍宮，別找麻煩吧。」龍公一跺腳，說：「這叫什麼話？我不能瞧著他們過好日子！我得趁著八臂哪吒城沒蓋起來的時候，把城裡頭的水收回來，叫他們蓋不了城，叫他們活活地渴死！」龍婆情知攔是攔不住啦，只好聽她丈夫的話吧。

龍公、龍婆算計好了主意，第二天一清早，龍公、龍婆帶著龍子、龍女，推著一輛獨輪小車，小車上裝滿了青菜，扮做鄉下進城賣菜的模樣。龍王推著小車，龍婆拉著小絆兒，龍子、龍女在後面遠遠地跟著，就這樣混進了北京城。龍公推著車子進了北京城，他哪有心情賣青菜呢？他找了個僻靜地方，就把青菜全倒在地上啦。龍公、龍婆帶著龍子、龍女，在城裡轉了一個圈兒，按著算好了的法子：龍子把城裡所有的甜水，都給喝淨啦；龍女把城裡所有的苦水，都給喝淨啦，然後，龍子、龍女變成了兩只魚鱗水簍，一邊一個，躺在車子上，龍公推著車子，龍婆拉著小絆兒，揚長地出西直門去啦。

這時候，劉伯溫呢？他修造的八臂哪吒城，城是蓋齊啦，他正帶著監工官、管工官修皇宮呢，忽然有人滿頭大汗地跑來回報他：「回稟大軍師，大事不好！現在北京城裡的大大小小的水井，一齊都乾啦，請大軍師趕緊想主意！」劉伯溫一聽，也著了慌啦，他心裡一琢磨：準知道這座八臂哪吒城，招了龍王、龍母的兒子龍公的嫉恨，本來嘛，八臂哪吒城修好了以後，一窩子大龍、小

龍，就不能翻身了嗎！劉伯溫當下趕緊派人，分頭到各城門查問，問問管門的門領官，今天有什麼特別樣子的人出門沒有？許多人奉了大軍師分派，都騎著快馬，飛也似地到各城門查問去啦。不大功夫，全回來了，各門都沒有差樣的人出城，只有到西直門查問的人回來說：「在西直門看見一個羅鍋兒身子的老頭兒，推著一輛獨輪車，前邊還有一個老婆婆拉小絆兒，車上放著水淋淋的兩只魚鱗水簍，前一個時辰，出西直門去啦。」門領官還說：「因為這魚鱗水簍很特別，所以多看了幾眼，看著分量不大，可是那老漢推著車子還像很費勁呢！」劉伯溫聽了，點了點頭，說：「好一個狠毒的孽龍！現在的辦法，就只有派人去把水追回來。」監工官說：「怎麼個追法呢？」劉伯溫說：「追回水來，也難也容易：難呢？是追的人如果被孽龍看出來，性命就保不住啦，就會叫他放出來的水給淹死！說容易呢？只要一槍兩槍扎破魚鱗水簍，不管後面有什麼響動，千萬不要回頭，急忙跑回來，到了西直門就平安沒事啦。」大伙兒都搖頭說：「好玄！真不容易！」劉伯溫急得直跺腳，說：「事情可緊急啊！等到孽龍把水送進海眼裡，就追不回來啦！哪位去追呀？」大官小官你瞧著我，我瞧著你，誰也不答腔，可把大軍師急壞啦！這時候，只聽一聲清脆響亮的答話聲：「大軍師，我願意追孽龍去，一定能趕上孽龍，一定能扎破他的魚鱗水簍，一定能把水追回來！」劉伯溫一瞧是一個二十多歲的年輕工匠，大眼珠子，臉上透著精神，劉伯溫高興啦，就問：「你叫什麼名字？」這人說：「我叫高亮，是修皇宮的瓦匠。」劉伯溫點了點頭，馬上打兵丁的兵器架子上，拿起一條紅纓槍來，

遞給了高亮，說：「你一切要小心，我帶著人在西直門城上給你助威。」高亮接過來紅纓槍，答應了一聲：「大軍師放心吧！」頭也不回，飛也似地追孽龍趕水去啦。

　　高亮跑出了西直門，可為難啦，往北是北關，通西北的大道，可以到玉泉山；往西是西關，通西南的大道，可以到西山的「八大處」；往南是南關，通正南的大道，可以到西直門南邊的那座阜成門，往哪裡追呢？高亮想了想，這可是打閃認針的時間啊，高亮就想出主意來啦，他想：劉大軍師不是說了嗎？孽龍不是打算把水送進海眼裡去嗎？海眼，只有玉泉山有海眼，往西北追！高亮拔起腳來，往西北就追下去啦。高亮托著紅纓槍，眼睛裡冒出火似的光亮，往西北急急地追了下去，追了沒有多大功夫，眼前出現了一道夾溝子，兩旁高高的土坡，中間一道窄窄的夾溝，只能對對付付地通過一輛小車去，馬拉大車都走不過去，兩旁可是也有兩條路，孽龍走哪一條路呢？這時候，土坡子上有幾個種地的農民正說話呢，一個人說：「這兩隻水簍子很特別，怎麼一閃一閃的像龍鱗哪！」一個人說：「我真納悶，玉泉山那邊有多少甜水啊，為什麼老天拔地的推著兩簍子水往西北跑？」又一個人說：「真難為這老漢，老婆，推著這麼兩簍子水，這麼快就過了咱們這個『車道溝』，那麼大年紀，真有把子力氣！」高亮聽了這個句，情知孽龍是過了夾溝子往西北去啦，他一聲沒響，托著紅纓槍就穿過夾溝子，往西北一直追了下去。又追了不多遠，眼前又出現了一片大柳樹林子，樹林子把路給岔成了兩股小道，高亮，不知道孽龍往哪條道兒去啦。他正在發愣的時候，柳樹林子裡有

小孩子說了話：「咊！拿大扎槍的哥哥，等給我們練一趟呀！」高亮一瞧，大樹底下有幾個小孩子，拍著手朝他樂，高亮心裡一動，馬上高了興，說：「小兄弟們，我回頭給你們練槍，請你們先告訴我，有一個老大爺，一個老大娘，推著水車子，打這兒往哪條道兒去啦？」幾個小孩子搶著說：「往西邊那條道兒去啦！」高亮說了一聲勞駕！就往這條道兒趕下去啦。後來，這個地方就叫了「大柳樹」。高亮往前追著追著，發現了一片沒有水的泥塘，四外水痕還顯著濕漉漉的，泥塘中間有水車子印兒，高亮端詳了一下，心裡明白啦：這一定是池塘，孽龍車子誤在這兒啦，真歹毒，他把這點水都不留，也給取了走啦，好可恨的孽龍！——這個地方，後來叫南塢。高亮扎槍點地，騰身越過了池塘，為了追回城裡的水源，血奔心的直追了下去，不大功夫，又碰見了這麼一處泥塘——這個地方，後來叫中塢——車子印兒也深了，腳印兒也多啦，高亮知道：孽龍一定是勞乏啦，不然哪會踩這麼多、這麼深的腳印兒，趁這時候快追，一定能追得上。高亮腿上使足了勁，往前直追，追了沒有多遠，玉泉山就在眼前啦，高亮仔細一瞧，遠遠果然有一個裝著兩個魚鱗水簍子的小車子，一個羅鍋兒身子的老頭兒，一個老婆婆，正坐在地上擦頭上的汗呢，這一定是龍公、龍婆了，這龍公、龍婆顯然是勞乏啦。高亮這時候，心裡又高興，又怦怦亂跳，他矮著身子，鑽進了高粱地，繞到龍公、龍婆的後面，猛然一長身子，遞槍就扎，一槍就扎破了一隻魚鱗水簍子，水嘩一下就流下來啦。高亮還要扎那一只水簍，哪裡還有水簍，只見一個凸著肚子的小伙子，滋溜一下就鑽進玉泉山海眼

去啦。又瞧龍婆抱起來叫高亮扎破了的水簍，往北就飛過了北面的山頭，投奔黑龍潭去啦。這都是同時的事，都是急如閃電的事，還沒等高亮想：扎破一個水簍子，怎麼交差，就聽龍公大喝一聲：「破壞我大事的小伙子，你還想走嗎？」高亮打了一個機伶，轉身提槍就跑，後面像漲潮一樣的水聲，就追下來啦。高亮緊跑水緊追，慢跑水慢追，眼看到西直門了，也能清清楚楚地看見西直門城牆上的劉伯溫啦，他心裡一高興，沒留神回頭一看，水就把高亮捲走啦。打這兒，北京城裡的井，又有了水，可大部分是苦水，[2] 甜水呢？甜水叫龍子給帶到玉泉山海眼裡去啦。龍公呢？「北新橋」故事裡再講。後來，人們在高亮死的地方，修了一座橋，就叫高亮橋。[3] 有人瞧見這座石頭橋，就也會傳說下這個故事來。

（金受申：《北京的傳說》，頁 14～21）

---

2. 北京沒有洋井，有自來水以前，甜水井很少，大部份是苦水井，也有半甜半苦的二性子水井。那時候，一般人家都預備三種水：苦水洗衣服、二性子水做飯，喝茶才用甜水。由於那時候北京苦水多，所以「高亮趕水」的故事，說的也就比較普遍起來。

3. 高亮橋在西直門外北關，水從玉泉山流出來，過了昆明湖，就到了長河，長河往東南流，經過動物園、北京展覽館的後面，往東就是高亮橋，水過了高亮橋，分別流入護城河，流入北京城裡，在永定河引水工程沒完成以前，幾千年來就是北京地區的主要水源。長河古代叫「高梁水」，橋也叫「高梁橋」。從有了「高亮趕水」的民間傳說，才有人叫它高亮橋。

六、高亮趕水

北京西直門外，靠近火車道有一條河，叫高亮河。河上有一座橋。這河和橋都是為了紀念趕水英雄高亮留下來的。可是天長日久，人們把這條河叫成了高梁河，把這座橋叫成了高梁橋，已經忘記了這個趕水英雄了。

傳說，這是明朝修北京城時候的事。

北京當初是一片苦海。明朝以前是元朝。元朝的皇帝，住在苦海幽州府。幽州府修了大都，有天橋有太廟，原指望能一代一代傳下去。沒想到燕王發兵掃北，把他掃跑了，留下苦海幽州。燕王到了這個地方也要修個都城，造一個金鑾殿。可是他沒有看中大都，他選了北邊的沙河，修了九門九關，哪知不合劉伯溫的心意。劉伯溫指著一片墳地說：「這十墳有九墳是有錢的。有錢的人多，誰抬轎子呀。沒有抬轎子的，誰來侍候你呢？」就這樣，把沙河拋開了。

劉伯溫帶著燕王往南走，找了現在北京城這塊地方。他倆站在高坡往南一瞧，果然不錯，明燈亮燭，一片金光。燕王說：「這放光之處是什麼地方？」劉伯溫說：「這是聖上安邦立業的地方。」燕王看看這片金光，越看越高興，說：「走，到近處看看！」他們倆就奔著這片金光來了。可是走了一段，金光還是那麼遠；再走一般，金光也還是那麼遠。一直追到快天亮了，才追到這片金光，仔細一瞧，原來就是那片苦海。燕王涼了半截，和劉伯溫說：「這是一片苦海，怎麼能修都城呢？」劉伯溫笑了笑！

「請燕王放心，我自有辦法。」於是就在這裡動工修城了。

要修城，就得先治水。要治水就得和龍王打交道，劉伯溫就把龍王請來了，命令龍王讓出這塊寶地，把水搬到別處去。龍王一聽，知道這是燕王要佔地盤啊，就滿心地不痛快。可燕王是一朝之君，不願意也不行啊，就搬到了外城。這樣，北京城就修起來了。接著修外城，外城還是一片苦海，劉伯溫又把龍王找來了。他對龍王說：「北京城不能光有內城，沒有外城。你這外城的水也得給我弄走！」老龍王一聽就火了。心想：我讓一讓二，不能讓三讓四，就說：「要我搬走龍窩辦不到！」劉伯溫一看，這老龍王還挺硬，就說：「你搬不搬，你不搬我們也得修。限你三天，如果不搬，那可就怪不得我們了！」

老龍王回到了龍窩，和老龍母一說。老龍母也氣炸了。「就是不搬，看這牛鼻子老道能怎麼著。」

劉伯溫等了三天，不見動靜，就下令修城，把老龍王和老龍母住的二龍窩給壓在了哈德門底下。這下，老龍王可嚇壞了，就和老龍母商量對策。老龍母說：「北京沒有咱們站腳之地了，趕緊走吧。」老龍王說：「沒有那麼容易，要走，也得把水全帶走，給他來個滴水不留。」於是弄一輛小車子，一邊掛上一個魚鱗水簍，把水裝上。老龍王變成個白鬍子老頭，推著車子。老龍母變成個貧婆，在車上拴條繩子，在前邊拉著，吱扭，吱扭，往西上了大路就走了。

這時候，劉伯溫正帶著人在修城。忽然有人跑來稟報，說：「大軍師，不好了，現在北京城裡的大大小小的水井，一齊都乾

了。」劉伯溫一算計，心想：這準是老龍王搞的鬼。當下，他趕緊派人，分頭到各城門去查問，今天有沒有什麼特別樣子的人出城。不大一會，查問的人都回來了。到其他幾個城門去查問的人，都說沒有，只有到西直門去查問的人說：「西直門看見一個白鬍子老頭，費力地推著一輛小車。一個穿得破破爛爛的老婆婆在前面拉著。車上有兩只水淋淋的水簍，剛出城門不久。」劉伯溫沒聽完，就說：「城裡的水就是這老龍王搬走的。現在要趕快派人把水追回來。」可是派誰去追呢？劉伯溫選來選去，最後就選到了山東大漢高亮的頭上。

　　高亮原是一名左偏將，大個兒，身材魁梧，勇敢善戰，一身好武藝。劉伯溫說：「高亮聽令，我命你去追龍趕水！」高亮心裡一怔，心想，在戰場上我追趕過千軍萬馬，可我沒追過龍趕過水呀！劉伯溫說：「可惡的孽龍，把北京城的水全搬走了，你趕緊跨馬提槍把水追了回來。」高亮說：「遵命！」劉伯溫下令，給他挑了一匹千里馬，備上雕花金鞍。大漢高亮手提一支滾龍花槍，翻身上馬，說：「軍師還有什麼吩咐？」劉伯溫說：「老龍王和老龍母是推著小車子往西去了，車上有兩個水簍，你追上它，把槍刺它右邊的水簍，因為這是甜水，左邊的水簍是苦水。你刺完以後，就往回跑，百步之內，不要回頭。我帶人馬到西直門城樓接應你。」高亮答應一聲，躍馬提槍，一溜煙地追了上去。

　　高亮出了西直門，一看是個三岔路口。往北是北關，往南是南關，往西是西關，往哪裡追呢？他想起軍師說往西追的話，就奔了西關大道。追了一會兒，來到一棵大柳樹下。這棵柳樹長的

真是出奇，樹葉參天，有好幾摟粗。高亮籠馬，繞樹一周，看見地上好像有人坐過。心想，這老龍王沒有走遠。高亮追著追著，一追追到南塢，發現了一片沒有水的泥塘，泥塘中間還有車子印。他知道，是老龍王的車子推過這裡，把這裡的水都取走了。高亮氣壞了，立刻跨馬越過泥塘，發誓要追回城裡的水。高亮又追了一段，追到中塢，看到了老龍王的背影。

再說這老龍王，開始走起路來還真快，它雙手駕著車把，吱呦吱呦地朝前走，就像一陣風。慢慢地，就走得不那麼快了，到大柳樹下，還歇了一會呢。這時，剛到中塢，老龍王早累得直喘著大氣，老龍母也不停地擦頭上的汗。高亮見了，大喊一聲：「站著！」老龍王理也沒理，還是拚命地推。高亮急了，把馬一縱，來到老龍王跟前，攔住了車子。老龍王抬頭一看，就知道是劉伯溫派來的。他想轉車逃跑，可是已經來不及了，只好先探探來意，就說：「將軍，有何貴幹？」高亮說：「大膽龍王，你竟敢把北京的水搬走！」說著，就舉槍要刺。這時老龍母也說了話：「水是我們的，我要搬那兒就搬那兒，與你何干？」高亮不願多和它們搭理，舉起長槍，對準老龍母吼道：「住口！看槍！」

老龍母一看不好，急忙把身子向右一躲，水車也隨著斜了過去。高亮兩手端槍，用力過猛，一下扎倒左邊的水簍上。這時只聽嚇——」的一聲，這水「哇——」就下來了，接著就像山洪一樣滾了起來。

高亮本想去扎右邊的水簍，沒想到錯扎了，再想回槍，水已成河，越流越猛。高亮只好勒馬往回跑。這時天也陰了下來，霹

雷閃電，洪水咆哮，緊緊跟在他的身後。

高亮一口氣跑到了大柳樹，眼看快到西直門了。他想，也許夠一百步，可以回頭看看了。他猛一回頭，只見一丈多高的水頭向他撲來，一個大浪便把他打了下馬。

正在這時，站在西直門城頭上的劉伯溫，向高亮呼喊：「將軍，不要回頭！」可是已經晚了，高亮被水冲走了。

從此，北京城又有了水。人們為了紀念高亮，就給他修了一座橋。他趕回的水，冲成的河，也就叫了高亮河。

不過，由於高亮扎錯了水簍，所以北京城就全是苦水，沒有甜水。甜水呢？甜水叫老龍王倒在了玉泉山。

高亮刺破它的左簍以後，老龍王和老龍母就拼命地拉著那個水車，往西北跑。車子重量不平衡，只能歪著走。吱扭吱扭，一步一歪，越推越費勁。到了玉泉山，老龍王說什麼也推不動了，便連車帶簍扔在了玉泉山下。所以，現在玉泉山的水特別甜。

那時的皇帝總是派車出西直門，到玉泉山拉甜水吃。要不，西直門怎麼成了水門呢！

（張紫晨、趙日升搜集）

（張紫晨、李岳南合編：《北京的傳說》，頁 9～15）

七、高亮橋名稱的由來

在北京西直門外，往北不遠，有一條長河。河上有一座石橋，通著南北大路，人們通常把這座橋叫做「高亮橋」。這座橋有一個

傳說。

　　明朝洪武年間，軍師劉伯溫修好了北京城以後，忽然有人來稟報，說城裡許多水井都乾涸了。劉伯溫掐指一算，當時變了臉色，馬上傳下將令，集合起大小將官，他說：「現在有一件關係北京人死活的事情，必須有一個膽大心細的人去做。幹好了，真是一件了不起的大功；幹壞了，成千上萬人的性命就難保！不知那位願意去做這件大事？」

　　一些武將聽了，都面面相覷，心裡在盤算著。這時，有一員年輕的小將，挺身出來，對劉伯溫說，他願意去做這件事。這員小將的名字就叫高亮。

　　劉伯溫見他年紀雖輕，志氣卻很高，心裡非常喜歡。於是就把高亮單獨叫到一旁，對他說：「這件事情極重要，也極秘密；在沒有做好以前，千萬不要對別人說！」高亮滿口應承。劉伯溫這才說：「高將軍，你明天上午吃過飯，要和往日上陣一樣，全身裝束起來，揀匹上好的快馬，出西直門往西北跑去，不久就會看見前面的一輛小車；一個老頭推著，一個老婆拉著，車上有兩個桶。那個老頭就是龍王，那個老婆就是龍母；車上的兩個桶，裝著全北京城的水。因為北京城，原先是一片苦海，現在填平了海，修上了城，龍王和龍母沒地方待了，他們就想把北京城的水都給帶了走。真的要把這裡的水都帶走了，我們北京人不都要渴死了嗎？所以你看見了他們，也不要說話，趕快在兩個桶上各戳一槍；戳完之後，拔回馬來，快往回跑，不論身後有什麼聲音響動，千萬不可回頭。等馬跑過了一百步，再回頭就不要緊了。這一點必須

牢牢記住。現在就回家預備預備吧。」

　　第二天，高亮吃完了午飯，穿上盔甲，提著一枝長槍，挑了匹快馬騎上，直奔西直門外，往西北方跑去。跑了些時候，果然見前面不遠，一個老頭推著一車輛小車，一個老婆拉著，車上放著兩只桶，吱吱扭扭的往前走著。高亮這時心裡有點慌張了，但是他一想到城裡成千上萬的人都要吃水，立刻鎮靜下來。拍馬向前跑了幾步，逼近小車，猛的舉起槍來，對準兩只桶，「噗」「噗」就各刺一槍，他趕緊拔回馬就跑。聽到後面山崩地裂一聲響，接著萬馬奔騰似地隨後追來。高亮記住劉伯溫的話，頭也不回，拼命的往回跑。一步、兩步……十步……五十步……一邊跑，一邊數著步數。他只記得跑過一百步，再回頭就沒有事了；但是心裡又急又慌，數著，數著，不覺少數了一步——把九十九步當成了一百步。他就回頭一看，啊呀，可不好啦！只見洪濤滾滾，白浪滔天，登時一個浪頭把高亮連人帶馬打得沒影沒蹤！

　　高亮淹死以後，水流的聲勢也慢慢緩和下來，北京城的水源才保住了。相傳昆明湖、玉泉山的水，就是龍王推的那兩只桶裡流出來的。

　　高亮死了以後，大家想起他這個功勞，為了感謝和紀念他，就在他死的那個地方，修了一座橋，名字就叫做「高亮橋」。

（林炳華搜集整理）

（王文寶編：《北京風物傳說故事選》，頁 12～14）

八、北新橋（一）

　　北京從東直門到鼓樓，有一條東西五里長的大街，從崇文門到北城根，有一條南北十里長的大街，這兩條大街交叉點的十字路口，叫北新橋。名字叫橋，可是沒有橋，更沒有橋翅，這就又有了民間傳說啦。

　　北新橋精忠廟裡有一口井，井裡鎖著一條龍，鎖龍的時候，是這樣告訴過龍的：「這裡有座橋，你就看守這座橋吧。多咱橋舊了，有了橋翅了，你就可以出來啦，橋是永遠不會舊的啦。老爺爺們給孩子講故事的時候，說完了鎖龍的故事，總再補這麼幾句話：「這是『真』事啊。在我爺爺聽我爺爺的爺爺說過，他老人家那個時代，有一個渾楞的小伙子，想瞧瞧龍是什麼樣子，就去拉鎖鏈子，捯的鎖鏈子都有半地了，就聽井裡有唿唿的風聲、嘩嘩的水聲，還有哞哞像牛叫一樣的聲音，這小伙子駭怕一撒手，鎖鏈子就都回到井裡去了，打這兒沒人敢再捯鎖鏈子啦。這是『真』事啊，孩子們。」像這樣講北新橋鎖龍的故事，不知道有多少位老爺爺、老奶奶說過啦，我也是這麼聽來的，我也這麼說。

　　這個故事，是接著「高亮趕水」的故事來的。高亮不是一槍扎破一只龍女變的水簍嗎？當時龍婆是帶著受傷的女兒逃到山北黑龍潭去啦，在那裡安了家業，到現在黑龍潭還有一種能撞石頭的奇怪小魚，說故事的人，說這是「龍種」，這就是龍婆的子子孫孫。高亮扎破水簍以後，龍公急啦，不是帶著波浪滔天的大水，追趕高亮來著嗎？高亮死了，水也還原啦，龍公這口氣，實在咽

不下去，可是又惹不起劉伯溫，就帶著龍子和龍子那一肚子甜水，順著玉泉山泉眼，鑽下了地底下去啦，要不玉泉山的泉水怎麼那麼多、怎麼那麼甜呢。龍公的心意：劉伯溫，劉伯溫！我惹不起你這牛鼻子，就罷了嗎？北京城你有個修完，修完北京你有個走，你劉伯溫走了，那就該聽我老龍的啦！龍公、龍子就在地底下泉眼裡，住了下來。

　　一天兩天，一月兩月，好多月北京八臂哪叱城修完了，劉伯溫要回去見皇帝交差去啦，他忽然想起那搗亂的孽龍來。他想：這可惡的孽畜，保不齊我走了他還搗亂哪！唉，要有姚廣孝在這裡坐鎮，也好一點，他又當和尚去啦，這怎麼辦？劉伯溫只好先找姚廣孝吧。這一天，劉伯溫在西南城外一個廟裡，找到了姚廣孝，說明了他的心意，並且還說：「八臂哪叱城圖，是咱們兩個人畫的，我回去交差的時候，就說修北京也是咱們兩個人修的，你還是二軍師爺。」姚廣孝答應了，劉伯溫就打點行李、帶著隨從，離開北京，去見皇帝交差去啦。

　　那龍公聽說劉伯溫走啦，走遠啦，就帶著龍子，順著地下的泉道，往北京這邊走來啦。他父子到了北京城地底下，看見一處是海眼，他父子往上一撞，不行，上面有「鎮物」，不但沒撞出去，每個龍頭上，還撞了一個大包，龍公恨透了劉伯溫啦。這麼說吧，龍公、龍子，海眼是碰了好幾處，腦袋都撞腫啦，也沒撞出去。這一天，走到北京城的東北方，又看見了一處海眼，龍公帶著龍子又一撞，沒想到這回一撞就撞出了地面。說故事的人，說這個地方，就是後來的北新橋。龍公龍子撞出了海眼，龍公變

了一個老公公，龍子變了一個年輕小伙兒，帶著水就上來啦。海眼的水，還不屬害嗎？一眨眼的功夫，北新橋的一南、一北、一東、一西，全成了大河啦。住戶老百姓是哭喊連天的了，只有這一老一少的龍公、龍子，踩在水皮上，走來走去的，透著那麼揚揚得意似的。這時，早有人報告二軍師姚廣孝了，姚廣孝一聽，心裡說：劉伯溫是真有兩下子，他料到孽龍要搗亂，孽龍就真搗亂來啦！姚廣孝換好了衣服，拿著一把寶劍，就飛快地奔北新橋來啦。他到了北新橋，用劍一指，三劃兩劃，就把水制止住，不再往上漲啦，跟著騰身一躍，也跳在水皮上，喊了聲：「孽畜，還敢發水淹北京城嗎！叫你們瞧瞧二軍師爺的屬害！」龍公也是吃了一驚，心想：劉伯溫明明是不在北京啦，怎麼又出來一個二軍師？這二軍師，也實在不軟，寶劍一劃，水就止住不漲啦，我父子倒要防備他！想著，就對龍子使了個眼色，父子各自亮出一把青龍劍來，一句話不說，惡狠狠地朝著姚廣孝就扎，姚廣孝是急架還迎，只見一片冷森森的劍光，三個人就殺在一處啦。單憑一個龍公，姚廣孝是制服得了的，單憑一個龍子，姚廣孝更是手到擒來，就可以拿著他的，可是父子爺兒兩個一合力，姚廣孝就吃不住啦。姚廣孝一劍比一劍慢，眼看是殺不過龍公、龍子了，就在這個緊急時光，眼前一片雲光一閃，只聽龍公哎喲！一聲，就躺在水皮上啦，大腿上直流鮮血，這事來得很快，亞賽打閃認針一般，不但姚廣孝不知道是怎麼回事，就是龍子也怔住啦。姚廣孝正往對面尋找人影的時候，就聽有人大喊了一聲：「姚軍師，趕快拿小龍！我乃大宋朝的岳飛是也。」姚廣孝一聽，心裡高興，

一邊向龍子遞劍，一邊高叫：「岳元帥留步！」岳元帥沒有回聲。小龍卻在這惴惴的時候，被姚廣孝扎倒啦。龍公、龍子都被姚廣孝鎖起來啦，北新橋一南、一北、一東、一西的水，也就都落下去了，並且永遠也不會再漲起來啦。

　　姚廣孝把龍公、龍子鎖起來以後，倒為了難啦，把這大小兩條孽龍，放在哪裡呢？他想來想去，想了一個好法子：就決定把龍公鎖在北新橋的海眼裡，海眼上修起一個深深的井筒子，拴上長了又長的大鎖鏈子，井上還修了一座三間大殿的廟宇，廟裡供什麼神像呢？姚廣孝想起來啦：幫助拿住龍公的，不是岳元帥嗎？就供岳飛吧。在龍公馬上就要鎖在海眼裡的時候，龍公就問啦：「姚軍師，難道關我一千年一萬年嗎？我什麼時候才能出來呀？」姚廣孝說：「你只等這座橋舊了，這座橋修起橋翅兒（橋欄）來，就是你出頭之日啦。」打這兒起，這裡就叫了北新橋，北新橋從來也沒有過什麼橋翅兒。姚廣孝又把龍子鎖在崇文門簋橋（注：簋念吊，城門外護城河上的橋叫「簋橋」）下海眼裡，龍子也問啦：「姚軍師，難道關我一千年一萬年嗎？我什麼時候才能出來呀？」姚廣孝說：「你只聽見開城門的時候一打鍠，你就可以出來啦。」打這兒起，崇文門開城，關城不打鍠，改為打鐘啦。老年人都說：「北京城（指的是內城）九門八鍠一口鐘啊。」人們看了橋北邊還有一座鎮海寺，就更信這個傳說啦。

（金受申：《北京的傳說》，頁 22～27）

九、北新橋（二）

北京東直門里有個北新橋。這個橋和別的橋不一樣，它沒有橋欄杆，是一個無翅兒橋。傳說這座橋下邊是個海眼，海眼底下鎖著一條龍，叫興元龍。旁邊有個廟，廟裡有個井，井裡有個鐵柱子，柱子上掛著一條鐵鏈子，是鎖這條龍用的。廟裡還專有一個老和尚管著這條龍，一聽井裡水響，水往上冒的時候，老和尚就往井裡撒麵。撒了麵，水就下去了。北新橋就是為鎮住這個海眼修的。橋叫北新橋，意思就是叫它老也不舊。橋一舊，這條龍就該出世了。

這條龍原來是苦海幽州的老龍，它佔據北京這地方不知有多少年啦。自從燕王修北京城，它呆不住了，叫劉伯溫趕到南海。可是它到了南海，還是呆不了，南海龍王不要它。它無路可走，就又偷偷回到北京。到北京一看，全成了宮殿了，連過呆處也沒有，它就生氣了。心想，好哇，把我趕走，你們住得倒挺舒服，我給你們發一場大水，叫你們也住不成。於是就在北新橋下這個海眼發起水來，一眨眼的工夫，這水就漫了北京城。

大水淹了金鑾殿，燕王受不了啦，就和劉伯溫商量。劉伯溫一算，這是孽龍搗亂。皇上說：「得想法治住它呀。」劉伯溫說：「要治住它，得姚少師出馬。」燕王說：「為什麼得他去呢？」劉伯溫說：「姚少師本是降龍羅漢，他一出世就是要降龍的，天下的龍都怕他。」燕王把姚廣孝請來，對他說：「姚少師原來是降龍羅漢。好，我就封你為護國禪師，你趕快給我把這個孽龍治住。」

　　姚廣孝得了令，就去捉龍。

　　老龍不怕劉伯溫，就怕姚廣孝。姚廣孝一出來，它就跑，它一跑，姚廣孝就追。一追追到北新橋的海眼。老龍說：

　　「姚少師，我和你無仇，我要淹的是劉伯溫。是他把我弄得無家可歸。」

　　姚廣孝說：「住口，你要淹了整個北京城，就淹了全城的黎民百姓，還不快快束手就擒。」

　　老龍心想，不淹北京城，那能淹著劉伯溫，不淹劉伯溫，怎能出我這口氣。它和姚廣孝說：

　　「叫我就擒，沒那麼容易，除非劉伯溫親自前來。」

　　姚廣孝見它不聽，就說：「看劍！」抽出劍來就向老龍砍去。

　　老龍一看，姚廣孝動了劍，騰身一跳，就鑽到海眼裡去了。

　　姚廣孝現出羅漢金身，也跟著跳進了海眼。老龍見姚廣孝也下了海眼，就順著海眼往東跑。原來這海眼底下是一條水道，越走越大，越走越寬。姚廣孝走著走著看見一片淺水海灘，在這兒又和老龍扭打起來。姚廣孝抓住龍鬚，正要猛揍，老龍一抽身，來個蒼龍擺尾，把姚廣孝打了一個跟頭。姚廣孝翻身起來，抽下腰帶，往空中一扔，立刻變成一條長長的鎖鏈，直奔老龍而來。老龍見姚少帥祭起了鎖鏈，知道無處可跑，便跪下求饒。姚廣孝哪裡肯放，鎖上老龍的脖子，牽上就回到了海眼。出了海眼，提上老龍，一下就把它鎖在旁邊的一口井裡。這口井很深，沒有井欄杆。鎖好鎖，往哪兒拴呢？姚廣孝東看看、西看看，找不著東西，順手一摸，寶劍在身，抽出寶劍一下插到井裡。這口劍立刻

變成一個直插井底的大鐵柱子。鐵鏈子就拴在這鐵柱上了。

鎖完老龍，姚廣孝又在旁邊修了一座橋。這座橋蓋在海眼上，底下沒有河，所以也用不著修橋翅，是個無翅橋。

橋修完了，老龍對姚廣孝說：「姚少師，我多會兒能出世呢？」

姚廣孝說：「等橋舊了，你就可以出去了。」

打這兒就叫了北新橋。橋老也不舊，老龍也就老也出不了世了，北京城也就不再發水了。

有時，人們好奇，還去看看這條龍，拉拉鐵鏈子。可是一拉就得半天，把拉出的鐵鏈子擺了半間屋子，才能聽見井裡的動靜。先聽見「唿唿」一陣風聲，接著就是「嘩嘩」一陣水響，過一會又聽見「嘩嘩」幾聲叫聲，人們就不敢再拉了，你一撒手鐵鏈子稀啦嘩啦，就又都回到井裡去了。

（搜集：李岳南、禾波等；整理：葛弘）

（《北京風物傳說》，頁 8～10）

十、崇文門「九門八鑰一口鐘」

北京城原來分內城、外城。內城是明朝修的，外城是清朝建的。城門也多，有「裡九外七皇城四」的說法。裡九是說內城的九個門。這九個門是東直門、朝陽門、崇文門、正陽門、宣武門、阜成門、西直門、安定門、德勝門。在過去，九個門上，都按一定時辰打鑰，早上打鑰開城門，晚上打鑰關城門。可是，後來九

個門只有八個門打鏾，有一個門變成打鐘了，這個門就是崇文門，也叫哈德門。北京人管這叫「九門八鏾一口鐘」。這是怎麼回事呢？

傳說，在很久以前修北京城的時候，孽龍作怪，到處發水，不是這兒打不起牆，就是那兒挖不了土，弄得劉伯溫每天要抓龍治水。那時，北京城這地方是九龍口，有九條龍作亂。劉伯溫抓住一條處置一條，有的鎮在白塔寺下，有的壓在北新橋底，有的鎖在井裡，有的趕到山上。最後剩下一條龍，十分兇惡，從南城跑到北城，又從東城跑到西城，怎麼也抓不住。劉伯溫是個牛鼻子老道，把鼻子都氣歪了。

這天，忽然有人來報，說老龍鑽到了後門橋下，由什剎海又奔了龍潭湖。劉伯溫說：「追！」一追追到龍潭湖。早已不見了。過一會兒，又有人報，到了六里橋。劉伯溫說：「追！」一追追到六里橋，又不見了。過了一會，又有人報，說到了崇文門，把城牆給掃倒了一片。劉伯溫可急了，轉身去找托塔李天王去了。

他拿上七星寶劍，借著一股仙氣，上了天宮。托塔天王李靖正和二郎神下棋呢！劉伯溫說：「大明護法軍師劉伯溫求見。」李靖說：「什麼事？」

「監造北京城，老龍作孽，特請天王護佑！」

托塔天王李靖說：「我是天神，不管地下。」

劉伯溫說：「不須天王下界，只要借寶塔一用。」

李靖想，寶塔本是我鎮魔神物，怎能輕易借給你？想到這裡就說：「神塔重有千斤，你如何拿得走？」

劉伯溫說：「我自有辦法。」

　　托塔天王從袖子裡掏出寶塔，口念一聲：「大！」只見寶塔一下大如鐵鐘，聳立地面。劉伯溫不慌不忙，鵝毛羽扇一搖，說：「小！」寶塔又回了原狀。李靖看難不倒他，就借給他了。

　　劉伯溫有了寶塔，就來治龍。一天，他追著老龍，大喝一聲：「孽龍，哪裡逃！」老龍怒目圓睜，尾巴一甩，騰空飛起，頓時雷雨交加，昏天黑地。劉伯溫一看，這龍實在厲害，心想：龍是冬至入蟄，二月抬頭，我等你入蟄再收拾你。

　　到了冬至，老龍蟄居在南海子。劉伯溫到了那裡，沒容分說，把鎮魔寶塔向空中一祭，說：「大！」這塔就大了起來，罩住半個海子，正壓在老龍的頭上，然後用鐵鏈子把它鎖了起來。老龍這回可傻了眼，問劉伯溫：「我什麼時候才能出世？」劉伯溫指指崇文門上的城樓說：「你看這城樓，什麼時候打鏵，你就什麼時候出世！」

　　老龍心想，打鏵還不容易，到晚上關城門不就打鏵了嗎？他滿心高興，安安靜靜地等著。誰知劉伯溫早就派人把崇文門城樓上的鏵換成了一口鐘。到時候只打鐘，不打鏵。這下，這條龍就永世不得翻身了。從此，也就成了「九門八鏵一口鐘」了。

　　那寶塔呢？據說叫劉伯溫砌在了城牆裡，就在崇文門東第二個垛口的下邊，是個九級浮屠八角飛檐的小鐵塔。解放後拆城牆時，人們還見過呢！

（張紫晨、李岳南合編：《北京的傳說》，頁 6～8）

十一、「九門八鈀一口鐘」

　　北京城分內城外城。正陽門以北是內城，正陽門以南是外城。內城是明朝修的，外城是清朝建的。

　　北京城的城門很多。「裡九外七皇城四」，「裡九」就是內城九個門。「外七」是外城七個門。「皇城四」是紫禁城四個門。內城九個門從東往西說，是東直門、朝陽門、崇文門、正陽門、宣武門、阜成門、西直門、德勝門、安定。這九個門，是九道關口，所以有九門九關的說法。在過去，九個門裡，有八個門打鈀，一個門卻敲鐘，這個門就是崇文門，又叫哈德門。鈀是扁的敲起來脆，鐘是圓的，敲起來憨。北京人管這叫「九門八鈀一口鐘」。崇文門為什麼不打鈀，打鐘呢？在北京人裡，流傳著這樣一段傳說。

　　相傳，在很久以前修北京城的時候，孽龍作怪，到處發水。不是這兒打不起牆，就是那兒挖不了土。弄得劉伯溫沒辦法，每天抓龍治龍。那時，北京城這地方是九龍口，有九條作亂。劉伯溫抓住一條鎮一條，有的鎮在白塔寺下，有的壓在北新橋底，有的鎖在井裡，有的趕到山上。最後剩下一條龍，十分兇惡，從南城跑到北城，從西城跑到東城，怎麼也抓不著它。劉伯溫是牛鼻子老道，把鼻子都氣歪了。

　　這天，他正升坐軍帳，忽然有人報告，說這條龍鑽到了後門橋下，由什剎海奔了龍潭湖。劉伯溫說：「給我抓去！」就領著兵將到了龍潭湖。一到龍潭湖，又有人報告，到了六里橋。劉伯溫追到六里橋，又有人報告說回了崇文門，把城牆全給拱倒了。劉

伯溫一看，不行。老這樣追不是辦法，得想個轍。他左思右想，想出一個主意，去找托搭李天王。

托塔天王李靖和二郎神下棋呢。劉伯溫一來就說：「我是大明護法軍師劉伯溫，監做北京城，特請天王護佑。」

托塔天王李靖說：「我是天神，只管天上，不管地下。」

劉伯溫深鞠一躬：「地上孽龍作亂，沒有天王護法，不要說修北京城，就是大明王朝也站不住腳。」

托塔天王李靖聽了，覺得事關重大，就問劉伯溫：「你叫我怎樣盡力？」

劉伯溫笑著說：「不需天王下界，只借寶塔一用。」

李靖想，寶塔是我手裡的鎮魔神物，怎麼能借，就說：「鎮魔神塔重有百斤，你哪能拿得走。」

劉伯溫說：「只要天王肯借，我自有辦法。」

托塔天王李靖瞧瞧劉伯溫，就從袖裡掏出寶塔，托在劉伯溫面前，口喊一聲：「大──」，寶塔一下頂天立地。劉伯溫不慌不忙，用上方寶劍一劃，用鵝毛羽扇一搖，唸一聲：「小──」，寶塔立刻小得像個錐子。李天王見他有點法術就借給他了。

劉伯溫拿上寶塔就來治這條龍。這時這條龍正在興風作浪，弄得牆倒城陷，人人害怕。劉伯溫大喝一聲：「孽龍，哪裡逃走，還不服法！」可是那龍尾巴一甩，一下騰空飛起，隨後風雨交加，霹靂閃電，鬧了三天三夜。劉伯溫想，龍是冬至入蟄，二月抬頭，我等你入蟄再收拾你。

到了冬至，這條龍果然入蟄了。劉伯溫算定它蟄居在南海子，

就帶上寶塔去抓。到了那裡，沒容分說，他把鎮魔寶塔向空中一祭，說，「大——」，這塔一下大了起來，頂天立地，壓住了半個海子，正壓住了這條龍的龍頭。劉伯溫就把這條龍用鐵鏈子鎖了起來。隨口又念一聲：「小——」，寶塔又變成一個小錐子。劉伯溫對著這條惡龍哈哈一笑：「你把我累得好苦啊，這回我看你還有什麼本事。」說完就把他帶回來鎖在崇文門的吊橋之下。從此，北京的城牆就修起來了。

這條龍甦醒過來以後，一看已經全身上鎖也動不了啦，就問劉伯溫：「什麼時候才能讓我出來呀？」劉伯溫指指這崇文門的城樓說：「什麼時間這城樓上打鈸，你就出來了。」

惡龍聽了挺高興，他想，打鈸還不快，不是每天都打鈸嗎！他就安安靜靜地等著。誰知劉伯溫使了個法子，讓崇文門城樓上打鐘，不打鈸。還把托塔天王的寶塔砌在了城牆裡，這下，這條龍就永世不得翻身了。

從此以後，每到黃昏崇文門守城的士兵就拿起大木槌，敲那架上的圓頂大鐘。敲一聲，這條龍就跳一下，可是不管怎麼跳，他也出不來。托塔天王的寶塔在哪兒呢？據說就在崇文門東，城牆的第二個垛口的下邊，是一個九級浮屠八角飛檐的小鐵塔。拆城牆時，人們還見過它呢。可是那條龍呢？卻不知道什麼時候沒有了。

（搜集：周貽謀、禾波等；整理：葰弘）

（《北京風物傳說》，頁 11～13）

十二、三青走到盧溝橋[4]

「大青不動、小青搖，三青走到盧溝橋。」這又是劉伯溫製造北京城的一個故事啦。北京人嘴裡總是說：「劉伯溫製造北京城」，我們就說是「劉伯溫修建北京城」吧。劉伯溫修建北京城，這又和大青、二青、三青有什麼關係呢？這裡就又有了一段民間傳說。

劉伯溫和姚廣孝，打賭畫北京城圖以後，姚廣孝心窄氣量小，一賭氣當和尚去啦，咱們不提姚廣孝吧。單說大軍師劉伯溫，他是個另有心思的人，只是一心一意地修建這個「八臂哪吒城」樣子的北京城。劉伯溫想，修八臂哪吒城，這是一定的了，可是這苦海幽州的孽龍，究竟降得服降不服呢？這叫這位能掐會算的大軍師為難啦。劉伯溫盤算了一天又一天，後來知道了房山縣上方山上，有三塊得道一萬年、五千年、一千年的大青石，專能降龍伏虎。劉伯溫自己一個人想：如果把這三塊「神石」弄一塊來，一定能降服得了孽龍。他又想：這三塊神石，如果把那得道一萬年的「大青石」弄來，這苦海幽州的孽龍，就永遠不會搗亂了，永遠不會翻身啦。劉伯溫又想：這麼重的石頭，又有這麼大的「道

---

4. 盧溝橋是金朝大定二十七年（公元 1187 年）開始修建，明昌三年（公元 1192 年）完工的。盧溝橋上石欄柱頭的石獅，是明朝正統九年（公元 1444 年）重修盧溝橋的時候增加的。盧溝橋東邊的肥城，正名「拱極城」，是明朝崇禎十三年（公元 1640 年）修建的。

行」，怎麼弄到北京城來呢？這得想法子，得用軟、硬兩樣方法才行。不說劉伯溫想什麼法子，單說上方山上的大青、二青和三青，弟兄三個在劉伯溫想主意的時候，就知道劉伯溫的計謀啦，大青說：「反正我不去，我在山裡多麼自在！」二青說：「我也不去，歪鼻子劉伯溫指使不動我，我也不聽他指使！」三青說：「誰願意去呀？就怕歪鼻子弄什麼厲害的手段哪！」大青憤憤地說：「歪鼻子來了再說！」

再說劉伯溫盤算好了要搬這三塊神石以後，就打點了兩套主意，一套是預備了香花神禮，帶上隨從，去用「禮聘」的樣子，請神石下山；另一套，是袖子裡的計謀，他早搬來了許久「天」兵、「天」將，藏在袖子縫裡，為的是嚇嚇大青、二青、三青，讓他們乖乖地下山。劉伯溫打好這個主意，佈置了一下，就帶著一批隨從，浩浩蕩蕩的去到上方山「請」神石，他們離開了北京城，直往西南，過了盧溝渡口，就直奔上方山啦。劉伯溫這位大軍師，到了上方山的山根底下，把平常的大軍師威風收起來啦，老老實實地來到了三塊神石的前面，擺好了香花神禮，恭恭敬敬地說：「三位神石在上，我劉伯溫奉了皇帝的旨意，來請三位神石，駕臨北京，少不得皇帝要封你們鎮國大將軍哩！」大青穩穩地躺在那裡，一動也沒動，二青、三青看了一眼大青，想：大哥既然沒動彈，我們弟兄也就不用動彈啦。劉伯溫一看，香花、神禮都送給你們啦，他們一動也不動，這真太叫人難看啦，叫你看看大軍師爺的厲害！劉伯溫低低地對袖縫裡的「天」將說：「有勞諸位，把這三塊混賬石頭，給趕到北城去，皇帝一定要加封你們！」

「天」兵、「天」將應了一聲，就飛出了劉伯溫的袖子縫，擺刀、槍、劍、戟，上前圍住了三塊神石，喝令三塊神石，快快進北京！大青仍然一動不動；二青被這些「天」兵、「天」將威嚇得不能不動彈一下，它搖了一搖；三青是抵抗不了劉伯溫請來的這些助威的，只好分別兩位哥哥，隨劉伯溫下山去吧。劉伯溫知道自己也搬不動大青、二青的，有了三青，也就可以交了「皇差」啦，就帶著隨從，趕著三青，下了上方山，直奔北京去啦。

不提劉伯溫趕著三青奔北京，單說劉伯溫過盧溝渡口的時候，盧溝渡口的龍王，早接到苦海幽州龍王的兒子龍公的信啦，他們商量怎樣攔阻三青進北京，他們商量妥了一條計策：在盧溝渡口上，修一座「蠍子城」，等劉伯溫趕著三青過來的時候，就讓蠍子把三青螯在這裡，使它不能進北京。他們商量好啦，就先修蠍子尾巴——盧溝橋，一夜的功夫，盧溝橋修成了；他們再修蠍子身子，這就是在盧溝橋東面的「肥城」，肥城東門外的兩口井，是蠍子的眼睛，再東邊一點，南北有兩座小土山，是蠍子的兩只大前爪。蠍子城修成了，劉伯溫趕著三青也到啦，他的隨從報告他：「回稟大軍師令，盧溝渡口，咱們來的時候，還沒有橋，現在不但有了長長的石頭橋，橋東邊還有一座城，請軍師爺查看查看！」劉伯溫聽了這話，心裡暗暗地吃了一驚，趕緊催馬過橋查看，看出了這是蠍子城，這是對三青進京有妨礙的，可是沒法子，走吧，劉伯溫裝出鎮靜的樣子，說，「沒什麼，咱們過咱們的橋。」他又驅趕著三青往前走，三青剛走到橋西邊，就一動也不敢動啦，劉伯溫一方面暗地裡叫「天」兵，「天」將催三青走路，一方面說：

「三將軍快點走吧。過了河就快到北京城啦，快受皇封啦！」三青沒法子，只得嚇溜嚇溜地往前挪，好容易蹭過了盧溝橋。過了盧溝橋，劉伯溫想：不要穿城，不要走蠍子脊背，那是危險的！他就驅趕著三青，繞走城南，劉伯溫以為躲開了蠍子身子，三青就不至於被螫死了，沒想到蠍子尾巴斜著甩過來，一鉤子就把三青螫得永遠不能動彈啦。劉伯溫看了，嘆了一口氣：「嗐！北京城雖然不見得鬧什麼水災，這盧溝渡口的兩岸，可怕保不住啦！」他也就只好重新打算治孽龍的法子吧。

　　肥城南面，從打有了一塊青石頭以後，老百姓就傳說了這麼一個大青不動、二青搖、三青走到盧溝橋的故事。

（金受申：《北京的傳說》，頁 9～13）

十三、三青落在盧溝橋

　　盧溝橋宛平縣城外，南城根底下躺著一只大石龜，渾身都是青的，就是肚上有點白，它的名字叫三青。三青身長八尺，長得壯壯實實。它還有兩個哥哥，一個叫大青，一個叫二青。大青身長有三丈多，高有一丈五、六。二青身長兩丈，高也有七、八尺。它們哥仨的老家都在房山縣白玉堂，可後來各自到了一個地方：大青在房山、二青在石樓、三青在盧溝橋。它們怎麼會在三個地方呢？這裡有個「大青不動、二青搖，三青落在盧溝橋」的故事。

　　原來大青、二青、三青都在房山縣白玉堂石窩裡住。早先它們是一整塊受了日精月華的大青石，經過風吹雨淋崩成了三塊，

後來又由三塊青石變成了三只石龜。每到晚上就到處走，到處看，一到白天就蹲在窩裡不動了。也不知經過了多少年，它們都學到了一點本事。

這天哥兒三個要比比武。大青說：

「咱們今天要爬爬香山鬼見愁，寅時出動，卯時回來，一個時辰打個來回，看誰先回家。」

二青和三青說：「好。」

到了寅時，它們就出動了。大青身子重，走得慢，二青和三青都走在它的前邊了。可是到了鬼見愁，往回走時，三青和二青就不行了，大青倒先到了家，二青、三青好不容易才到了家。大青說：

「你們太浮躁，沒有耐性，也沒有長勁兒，還得好好修煉啊。」

從此，哥兒三個又煉起功來。二青聽了大青的話，又煉出一些功夫。可是三青貪玩，一直也沒有長進。

到了明朝，永樂皇帝要給自己修個墳，墳地上要三只石龜當鎮物，他找軍師劉伯溫來商量。到那兒找三只石龜呢？劉伯溫盤算了好幾天，也沒想出個路來。有一天，他做了一個夢，夢見房山縣白玉堂有三個大石龜。他醒來一算，這三個石龜經過了多年的修煉，能鎮住妖魔，降龍伏虎。而且房山正交午線，必是祥瑞之地。他想，這回可有了鎮物了，就和永樂皇帝說了。

永樂一聽說房山有三個神龜，樂得嘴都閉不上了。他心想，這回有了神龜，我的墳地可以萬年永長了，我的皇運也不怕妖孽來作亂了。於是就讓劉伯溫去請。

劉伯溫裝扮成一個老道模樣，來到了房山縣白玉堂的石窩。

大青、二青、三青見來了個老道，就知道是劉伯溫。它們裝作不知道的樣子，問劉伯溫：

「長老是哪洞神仙，何事到咱這石窩來？」

劉伯溫說：「我乃長眉大仙，特向你們道喜來了。」

大青說：「喜從何來？」

劉伯溫說：「如今燕王掃北，平定天下，立國安邦，要請你們去伴駕。」

三青問：「伴什麼駕？是讓我們當文臣還是當武將？」

劉伯溫說：「比文臣武將還要顯貴。」

二青說：「怎麼個顯貴法？」

劉伯溫從道袍裡掏出一張圖來，說：

「你們看。」

哥兒仨一看，是一張墳圖。前邊是五間六柱十一樓的大牌坊，還有三洞紅牆黃瓦的大宮門，周圍還有垣牆四十里。裡邊有亭、石獸、石馬、石人。後面還有享殿，好不威風。

大青說：「這不是一張墳圖嗎？和我們有什麼關係？」

劉伯溫說：「皇上的旨意，正是要你們哥兒三個在這裡鎮守皇陵，永世伴在君王身邊。」

哥兒仨一聽，可就來火了。它們想：原來叫我們趴在那裡當鎮物去，這沒門兒。

大青說：「謝謝長老，請告訴皇上，我們是山林野物，沒有那個福氣。」

劉伯溫明白：這是不願意去呀。他心裡一轉，又從道袍裡拿出一個紙卷，說：

「大青、二青、三青聽旨。」

大青哥兒仨一看，嗬，聖旨也出來了，就聽著吧。

劉伯溫念道：「朕要修建皇陵，宣大青、二青、三青立即下山進京，不得有誤。」

三青聽了，有點沒主意了；二青想看看大青怎麼樣。大青說：

「我們是得道神龜，聖旨管不著我們。」

劉伯溫沒法，一氣就回了北京。到了皇帝面前，狠狠告了一狀。永樂更是氣得發昏。他想，這些石龜好大的膽子，連我的聖旨都敢不聽了，這還了得！

於是，立刻傳旨，捉拿歸案。

劉伯溫帶著上千的兵將，幾百匹高頭大騾子，浩浩蕩蕩直奔房山來了。

再說大青、二青、三青把劉伯溫氣走以後，心裡十分痛快，可是他們也料到劉伯溫不會善罷甘休，就商量起辦法來。二青、三青沒有主意，專聽大青的。大青說：

「劉伯溫這回可能要動硬的，咱們給他來一個按兵不動。不管他使什麼法兒，咱們就是不走。」

二青、三青說：「好！挺著，看他怎麼著。」說完它們就在石窩裡臥了下來。

劉伯溫帶領人馬到了石窩，看看沒有動靜，就高叫一聲：

「大青、二青、三青，你們違抗聖旨，都給我滾出來！」

等了一會，一點動靜也沒有。他又用足力氣向窩裡大叫：「大青、二青、三青，你們聽見沒有？都給我滾出來！」

聽聽，還是沒有動靜。劉伯溫下令說：「拉！」先用十股碗口粗的大繩，把大青捆了起來，套上騾子就拉。一拉，不動，再拉還是不動。劉伯溫就使了法術，往騾子屁股上吹氣，這幾百頭騾子猛地一蹦，只聽「咔嚓」一聲，十股大繩，一下子全斷了。可大青呢，連一動也沒有動。

劉伯溫沒法，又用十股大繩，把二青捆了起來，套上騾子猛拉。拉了幾次也沒動窩。劉伯溫使了法氣向騾子屁股一吹，這些騾子又是猛地一跳。二青一下沒撐住，搖動了起來。這一搖不打緊，騾子順勢竄了出去。這一竄，足足竄出了五十里地。到了石樓，就在騾子一喘氣的工夫，二青再也不動了。

劉伯溫心想，大青不動，二青總算動了一下，這兩個拉不去，拉個三青也好。於是就去拉三青。劉伯溫用了十六輛鏈子車，又加了一百頭騾子，三青功夫淺，三拉兩拉給拉走了。

說也奇怪，鏈子車、騾子隊開初拉得還挺順利，後來就越來越沈，越來越吃力，一過了蘆溝橋就說什麼也拉不動了。劉伯溫又用法術吹，可吹也不行，牲口蹦不起來了。後來，看看實在不行，就把三青給扔下車去。劉伯溫想，你不跟我走，我也不讓你爬。烏龜怕翻個，劉伯溫就給三青翻過個仰趴腳，放在那裡，再也動不了啦。

從此以後，大青在石窩、二青在石樓、三青就落在了蘆溝橋。

（搜集：北京傳說故事採風隊；整理：晨子）

（《北京風物傳說》，頁 87～91）

十四、「西便群羊」

在北京西南三十里的永定河上有一座很有名的橋——蘆溝橋。傳說它是劉伯溫建北京城時同時修的。

明朝永樂年間，皇上要遷都北京，派劉伯溫來建北京城。工程開始之後，劉伯溫派人從南方伐來大批楠木，但是就是運不到北京來，因為北京西南的永定河波濤洶湧，一沒橋，二沒船，怎麼運呢？西岸的木材堆成了山，急得工匠們直跺腳。

劉伯溫打算修座橋，於是請來了魯班師傅。魯班帶著他妹妹魯姜先到河邊查看了水情。然後對劉伯溫說：「修這座橋只需三天，軍師盡管放心。」劉伯溫聽了十分高興，魯姜在一旁聽了可直埋怨哥哥：「這麼大的橋，只用三天，這不是開玩笑嗎？」原來，魯班這個妹妹，從來不服哥哥。魯班看出了妹妹的心思，微微一笑，並不說什麼。

工程進行得挺快，頭一天就修了一半。就在這時候，問題來了：早先備下的鵝卵石全用完了。魯姜一看理兒可來了，對他哥哥說：「我說不成吧？你非逞能，現在就是去運石頭最少也得十天半月的，三天期限如何保證。」原來，這種鵝卵石，只有「京東」一帶才有，運輸需要穿過北京城，來回最少百十里。魯班卻不以為然，笑著說：「明天清晨石頭便到。」魯姜把嘴一撇：「越發懸了，你我打個賭：你真能天明運到，我便輸給你。」「一言為定，五更為限。」就這樣，兄妹倆擊了掌。

魯班隨即往東運石頭去了。魯姜想：「都說哥哥很有能耐，我

不如偷偷跟著，倒看他有什麼神通。」她走到北京城的西便門外，心想，反正他要在這兒經過，我就在這等著吧！

剛過二更，聽得一陣清脆的鞭聲傳來，魯姜一看：哥哥手拿一根鞭子，轟趕著一大群白花花的綿羊走過來了。魯姜明白了，原來哥哥是把鵝卵石變成了一群羊。看來這個賭算是輸定了。也是急中生智，魯姜忽然裝起了雞叫，這一叫不要緊，附近三里五村的公雞以為天明了，都扯著嗓子叫了起來。再看那群羊，一只只噗通，噗通；都趴在地下不動了，頃刻間變成了白花花的一大堆鵝卵石。後來，這幾堆卵石變成了幾塊白石頭，遠看像幾只綿羊。這個地方就成了京西八景之一：「西便群羊」。

再說蘆溝橋呢？因為鵝卵石沒運到，只好用了當地的青石頭，所以蘆溝橋是兩色兒：西邊為白色，東邊為青色。不過由於年深日久，須細看才能辨認出來。

（搜集整理：鍾振英、彭哲愚、崔墨卿）

（《北京風物傳說》，頁 77～78）

十五、蝦蚣井

北京的老年老老年，不是苦水井多嗎？苦水井多，也並不是說沒有甜水井啊！不過只有不多的甜水井。這樣，人就都對這很不容易喝到一口的甜水，有了情意啦。「蝦蚣井」的故事，就是打這兒傳說起來的。

北京城不是「八臂哪吒城」嗎？高亮趕水以後，不是北京城

的井水，都成了苦水嗎？從打井水成了苦水以後，除了皇帝老兒一家子，每天派水車到玉泉山運甜水，[5] 此外，大官、小官，老百姓就都喝上苦水啦。這天天喝苦水，也是叫人發愁的事，賣茶的茶館兒，簡直的沒有喝茶的茶座兒啦。這一天，一家茶館兒從開門以後，就沒見有一個人來喝茶，掌櫃的坐在桌子後面直打瞌睡，正在這個時候，忽然來了喝茶的啦：「喂！掌櫃的，有開壺沒有？」掌櫃的一睜眼，瞧見打外邊進來一個穿得破破爛爛的老頭兒。來了喝茶的，他還有不高興的，連忙說：「有，有開壺，您喝茶呀？」「沏一壺。」掌櫃的一邊答應，一邊拿過茶壺、茶碗、茶葉來，涮了涮壺碗，就給老頭兒沏上了茶。悶了一會兒，老頭兒倒了一碗茶，看了看真像一碗紅湯子，老頭兒搖了搖頭，端起來喝了一口就放下啦：「喂，掌櫃的，這茶怎麼是苦的？」掌櫃的說：「瞎！北京城現在沒有甜水啦，甜水都叫龍公給帶跑啦，城裡人誰不為這個著急啊！」老頭樂了樂，說：「要是有甜水，你還用苦水沏茶嗎？」「有甜水誰拿苦水沏茶呀！」老頭兒點了點頭，打袖子裡倒出一個三寸多長、金鬍、金銀、十八條腿的金頭蜈蚣來，只見這個老頭兒對著這條金頭蜈蚣，低低的聲音說著話，彷彿像商量什麼事似的，就瞧那蜈蚣先是搖頭，後是點頭，最後聽那個老頭兒大聲說：「那麼，你就去吧！」那蜈蚣拱了拱腰，騰的一下，飛上天空就不見啦。掌櫃的瞧愣啦，也不知道這個老頭兒鬧的什麼把戲，老頭兒也沒說什麼，給了茶錢就走啦。

---

5. 清代皇宮的運水車，到清末才取消。

　　過了兩天，茶館兒掌櫃的聽說：靠皇城東邊，地上鑽出一股甜水來，現在已然治成了一眼井（這說的就是王府井大街大甜水井胡同的那一眼井），[6] 掌櫃的除了高興，也沒想到什麼別的事情上去。又過了三天，茶館兒掌櫃的又聽說：在安定門外邊不到一里地的地方，地上又鑽出兩股甜水來，現在已然治了兩眼井（這說的就是上龍大院的上龍、下龍那兩眼井），[7] 掌櫃的除了高興，也沒想到什麼別的事情上去。又過了五天，也許是七天、九天，反正有這麼一天吧，茶館兒掌櫃的又聽說：豐臺十八村，每個村廟的左邊，都打地底下鑽出一股甜水來，現在已然治水十八眼井，[8] 掌櫃的除了高興，他可有點兒犯疑心啦。他想：打劉伯溫修建了北京八臂哪叱城，城裡城外就沒一眼甜水井，現在怎麼接二連三的有了這麼多甜水井，他想不出個道理來。

　　後來，茶館掌櫃的，在那些喝著甜水沏茶的人，高談闊論的時候，就說了那個老頭兒玩蜈蚣的經過，大伙兒也覺著有些奇怪，也想不出個道理來。不知道經過了多少年月，有那「聰明」的人說：「這是蜈蚣井。上龍、下龍是蜈蚣鬚，大甜水井是蜈蚣頭，豐臺十八村的井是蜈蚣腳，這不是蜈蚣井是什麼？」故事就這麼傳

---

6. 這井是明代十王府裡的井，所以大街也叫了王府井大街。清代這井賣甜水，買主都是大官人家，據老人說，每天能賣一個元寶的水錢。
7. 這兩眼井，大部供應中等人家用的甜水，抗戰期間才停止賣水。
8. 豐臺舊有十八村，每村的井都在廟左。民國後，新增加的四村，現在改了區後，新增加的許多村，村井就不一定都在廟左了。

說下去啦。

（金受申：《北京的傳說》，頁 28～32）

十六、王府井的傳說

　　王府井大街是北京最繁華的商業中心，奇怪的是這裡怎麼以井的名字來命名呢？傳說這裡原來是有名的王爺的住宅，王爺府中有一口有名的水井，它的位置就在原「人民日報」社大樓北頭的地方。當年井上有一座精巧玲瓏的六角亭子，井口是一塊大石頭鑿的圓孔，井沿很高。井的南面就是那座金壁輝煌、畫棟雕梁的王府大院、紅漆大門朝南開，可神氣啦。

　　北京水井很多。由於北京古時是一片海，地下水源很豐富。但到燕王修北京城時，不知怎麼激怒了龍王，龍王生了氣，就用斷水的辦法來報復。它裝成人，權用兩個水簍子，想把北京的水都帶到西山黑龍潭去。當時有個勇敢無比的猛士叫高亮，奉軍師劉伯溫之命，去追趕龍王，眼看龍王快到黑龍潭了，高亮急中生智，舉起手中長茅照著龍王的左邊簍子戳去，只聽「嘩啦」一聲，一簍子水流出來了，北京城這才有水喝。可是龍王帶走了一簍子水，留下來的只是一簍子水，因此只要稍稍碰上天旱，北京就要鬧水荒。

　　有這麼一年，趕上了百年不遇的大旱，北京城裡大大小小的水井差不多都乾了，四個海子也乾得只有墊底兒的水了，街旁庭院裡的草也全枯死了，人們渴得喉頭直冒青煙。這時只有少數幾

口井還冒水，王府井便是其中之一。王府井不但有水，而且這裡水又是甜的，附近還有一口井，叫甜水井哩。乾旱年水比金子還寶貴，富人家用車子去幾十里外的玉泉山運水，窮人家沒有車子去運水，只得靠肩挑，可把人累壞了。還有的人家靠井底淘點泥漿水來活命，一家人一天只有一小罐子水，一人一天只有一小碗水。可王府井這時還出水，可叫王爺威風啦！他說這是他祖宗的福氣大，造化大，房屋和水井都在龍脈上，龍王保佑他家有水喝。這王爺心腸十分毒辣，他眼看大家沒水喝，不但不把水井裡的水分給大家渡災荒活命，反而命令看門老頭，把水井管起來，不准許人家去取水。

　　幸好這個看門老頭兒，雖然給王爺家看門，但心腸卻很善良，他對王爺霸佔著水井不讓窮人們活命十分不滿，便偷偷地給人們不少方便。他趁每天早晚王爺和王爺的親信們睡覺的時候，給胡同口外取水的人們遞眼色發信號，大家便很快地取一點水走了。這看門的老大爺也很機警，有一次王爺發現了有人取水的事，便怒沖沖地把他叫來審問，他笑瞇瞇地回答說：「不錯，王爺，我讓人取了點水，我有罪。可我是為王爺著想呀，王爺家今後免不了還要雇人運糧挑米的，要是附近的人們都喝死了，那還有人給王爺家幹活呢？要是王爺不同意，今後我再也不讓任何人取走一滴水了。」王爺聽他這一番話還有點道理，也就含含糊糊不追究了。人們都十分尊敬和愛戴這位看井的老大爺，這樣，來王府井取水的人越來越多，不僅有附近胡同裡的居民，就是住在遠處的人也聞風前來。

從此，王府井的名字便遠近傳開了，原來不知道有這口井的人，也都知道了。後來人們一提到這一帶地方，就用王府井名字來代稱，如稱王府井北，王府井南，王府井東，王府井西等。後來，東安市場遷到這裡，漸漸變成了繁華的商業區，但人們仍按老習慣把這裡叫做王府井。這樣，王府井的名稱就一直沿襲到今天。

（老工人王德全講述，陳剛搜集整理）

（《北京風物傳說故事選》，頁 31～33）

十七、滿井

北京安定門外，東土城邊上，有一口特別樣子的井：井身比地面高，井水永遠平著井口，大伙兒都管它叫「滿井」。滿井不算什麼稀奇，可是北京這個滿井，卻是名頭很大，四遠聞名。這有兩個原因：第一是明朝末年，那些吃飽了飯沒事做的官兒們，給它寫了好多好多的誇讚文章，人們看了這些文章，就覺得滿井是什麼了不起的風景了；第二是這個滿井有一段民間傳說，在人們嘴裡傳開了，老百姓沒看過官兒們的文章，可也都知道了滿井。官兒們的文章，咱們不用管他，咱們說說這個民間傳說吧。

滿井的水，為什麼永遠是滿的呢？老奶奶告訴了我們她打老老奶奶那裡聽來的一段故事。北京這個苦海幽州，打劉伯溫老爺修造了北京城，高亮趕水以後，北京城的水就缺少了，像那北城外面，簡直是一片荒涼的黃土地，人們想喝一口水，那是千難萬難的，人們愁得不得了！人們也是想挖井，可是不知道挖井的法

子，挖了一個像坑又像井的槽槽，沒出水，扔掉它了；又挖了一
個槽槽，還是沒見水，又扔掉了。這麼說罷，挖的槽槽多了，總
是沒見水，大伙更愁煩了，有的等老天爺下雨，有的哭了起來。
每天只要天一亮，大伙兒就蹲在地邊上等下雨，可是，下雨那會
那麼方便呢！這一天，雞叫了三遍，大伙兒又到地邊上來了，大
伙兒湊在一塊，說什麼呢？說都沒的可說的了，只好悶著吧。這
時候，打西邊來了一個黑鬍子老頭兒，氣昂昂地邁著大步，嘴裡
還叨叨念念的，不知道說的是什麼，大家看了，覺得很奇怪：大
清早起，老頭兒跟誰惹氣了？有那愛說話的小伙子，站起身來問
老頭兒，說：「老大爺，您這麼大年紀，跟誰惹氣了？」還沒等黑
鬍子老頭兒答話，旁邊一個上了年紀的人，揪了這小伙子一把，
嘆了一口氣說：「唉！你還問人家跟誰惹氣了呢？咱們都快愁煩死
了！」黑鬍子老頭兒一聽就是一愣，問這位上了年紀的人，一聽
也樂了：發愁還有湊在一塊兒發的！當時，也就站起身子，對黑
鬍子老頭兒說：「大哥，你是遠方人，不知道我們這裡的事」，說
著，就把這裡怎麼沒水吃，挖井怎麼不出水，說了一遍，最後說：
「大哥，我們怎麼不愁煩哪！」黑鬍子老頭兒聽了，哈哈大笑起
來，說：「諸位鄉親都別蹲著了，起來，我有話說。」大伙都站起
來了，聽黑鬍子老頭兒說什麼吧。黑鬍子老頭兒說：「諸位鄉親，
知道我跟誰生氣嗎？」大伙兒一齊說：「不知道，您說說。」黑鬍
子老頭兒說：「我跟我哥哥惹氣來著。我和我哥哥，都是祖輩家傳
給人家治井的，我們聽說從這往東，東邊的東邊大東邊，離這兒
一千多里地的地方，乾旱得很厲害，我們一同去給人家治井。我

們昨天住在西邊一個廟裡了，我說：『咱們早點睡、早點起，趁早涼好趕路。偏偏那個廟裡的道士愛下棋，我哥哥也是棋迷，倆人殺了一盤又一盤，我都睡醒一覺了，他們還嚷「拱卒」、「跳馬」呢，我賭氣就走下來了。』大家一聽高興了，不用管黑鬍子老頭兒跟誰慪氣了，求他老人家給治治井吧。大伙兒跟黑鬍子老頭兒一說，黑鬍子老頭兒就答應了，並且還說：「我要不是願意給你們治井，我就不說我跟我哥哥慪氣的事了。你們帶我瞧瞧你們挖過的井吧，井嘛，為什麼不出水！」

　　大伙兒這會兒不發愁了，帶著黑鬍子老頭兒，遍地裡一轉悠，黑鬍子老頭瞧了瞧鄉親們挖的井，笑了笑說：「你們這裡遍地是水啊，只是挖的功夫不到，你們難道沒聽說過『井淘三遍吃好水，人受教調武藝高』嗎？其實你們挖的井，只差三鐵鍬，就見水了，快拿鐵鍬來！」當時，有那腿快的小伙子，飛跑著給拿來一把鐵鍬，黑鬍子老頭兒接過鐵鍬，相了相地勢，就在鄉親們挖過的、沒出水的廢井坑裡，左邊一鍬，右邊一鍬，挖了兩鍬，土就潮陰陰、濕漉漉的了，大伙兒鄉親們這麼一瞧，都高興了。再瞧黑鬍子老頭兒，挖完了頭兩鍬，一坐腕子，用力往中間一挖，這第三鍬剛挑起土來，水就往上竄起來了，鄉親們異口同音地喊：「水上來了，水真大呀！」都樂得蹦起來多高。黑鬍子老頭兒跳上井來，在旁邊瞧著，一會兒水就平了井口，一會兒水就流出井來，一會兒水流在平地上就成了大河了。鄉親們沒治過井，不知道是怎麼回事，只見黑鬍子老頭兒一跺腳，滿頭大汗地說：「糟了，糟了，挖到海眼上了！」大伙兒鄉親們也愣了。正在黑鬍子老頭著急，

鄉親們發愣的時候，就聽西邊遠遠地有人喊：「老二，你要捅漏子呀！」大伙兒往西邊看，只見一位白鬍子老頭兒，身上背著過什麼東西，飛也似的向這邊跑來了，走近了才瞧出白鬍子老頭兒背的是一口大鐵鍋。白鬍子老頭兒走上井臺，一句話沒說，瞪了黑鬍子老頭兒一眼，轉手把鐵鍋拿起來，鍋底朝上，鍋口向下，一下子就扔在井裡了。說也怪，鐵鍋扔到井裡以後，水立刻平了下去，只剩了齊著井口的一井清水。白鬍子老頭兒跟大伙兒說：「鄉親們喝水吧，水永遠齊著井口的。」說完了，又跟黑鬍子老頭兒說：「老二，你太性子急，差點惹了漏子。我讓你等我下完了這盤棋一起走，你偏忙，這要把一片土地變成了大海怎麼辦？」「您不是說還有一千多里地嗎？」白鬍子老頭兒笑了，說：「我說的是『遠在千里，近在目前』啊。」黑、白鬍子兩位老頭兒，說著笑著，就走遠了。打這兒起，就有了滿井。滿井的井底不是平的，是凸出來的，人們看了，都說是白鬍子老頭兒扣的那口大鐵鍋。

（金受申：《北京的傳說》，頁 75～78）

十八、什剎海[9]（一）

什剎海在北京鼓樓的西南方，寬闊的水面，四面種著高大的柳樹、槐樹、楊樹，風景好極啦。什剎海夏天可以划船，冬天可以滑冰。解放後，咱們政府又把什剎海徹底，挖了一下子，又在

---

9. 什剎海是北京四海的一個，它是從古來就有的天然湖泊。

岸邊上建立了水泥欄杆，把古老的什刹海打扮得更美麗啦。什刹海的刹宇，在北京人嘴裡念快了，就跟「季」、「窖」差不多了，因為這個，就有了活財神沈萬三[10]挖十窖銀子的民間傳說。

提起沈萬三來，老北京人沒有不知道他的，他是「活財神」。活財神應該是很有錢的了，可是他手裡一個錢也沒有，窮得連衣服都穿不整齊，那麼，他怎麼會叫活財神呢？他呀，他能知道地下哪裡埋著金子，哪裡埋著銀子。那麼，他怎麼不挖點金子、挖點銀子，換換衣裳呢？不行，沈萬三平常說不出來哪裡有金子，哪裡有銀子，要想跟沈萬三要金子、銀子，得狠狠地打他，把他打急啦，他胡亂一指哪裡，挖吧，準有銀子，也許是金子，並且，打得越厲害，從他指的地方挖出的金銀就越多，這麼，人都叫他「活財神」。

可是，誰肯打他呢？他家裡的人，不忍的打他，一般老百姓呢？又沒有平白無事打人的道理。這樣，沈萬三跟那些不肯打他的人，就都窮得吃不飽飯，穿不整齊衣服啦。這一天，皇帝要修

---

10. 原來北京西便門外有一座「白雲觀」，廟觀裡的「財神殿」據道士說：財神老爺就是北京的「活財神沈萬三」。另外傳說：沈是元朝末年蘇州人，名叫沈富，號叫仲榮。因為他在弟兄裡行三，所以人都叫他沈萬三。沈萬三很有錢，是當年江南第一個有錢的人，明朝朱元璋做了皇帝，打算擴建南京城牆，又沒有那麼多錢，沈萬三搶頭替皇帝修了三座城門，皇帝朱元璋心裡很嫉妒這個有錢的沈萬三，後來，抓個差錯，就把沈萬三殺了。這是南京的故事。沈萬三沒到過北京，可是北京卻流傳了沈萬三的故事。

建北京城了，皇帝又不願意把他庫裡的錢拿出來，就跟大臣們商量「就地取材」的辦法，大臣們說：「這一片苦海幽州，哪能弄出這麼多錢呢？」皇帝說：「沒法子也得想法子！」後來，有人把活財神沈萬三的事，告訴了皇帝，皇帝高興了，吩咐馬上把沈萬三抓來。官兵奉了皇帝的「聖旨」，飛快地跑到沈萬三家門口，等到了沈家門前，官兒也笑啦，兵也笑啦，原來是一個很破舊的小門，一個兵樂著說：「活財神就住這麼個小門兒呀！」官兒說：「甭管他門兒的大小，只要把沈萬三抓到了，咱們就交差啦。」一個兵上前敲了幾下門，就見從裡邊出來一個老頭兒，身量不很高，穿著一身破褲掛，他問：「你們這些人找誰呀？」「找沈萬三。」老頭兒說：「我就叫沈萬三。找我有什麼事呀？」官兒說：「皇帝叫我們找你，你跟著我們走吧。」沈萬三知道不去是不行的，就跟著這些官兵見皇帝去啦。

皇帝正在殿上等著沈萬三呢，官兒上來回稟皇帝說：「奉旨抓到沈萬三，現在殿外等候。」「把他帶上來。」沈萬三上殿見了皇帝，皇帝一瞧沈萬三，心裡就犯了嘀咕：就是這麼個窮老頭子呀？他會是活財神？靠不住吧！」「有錯拿的沒錯放的」，這是老規矩，問問他吧：「你叫沈萬三嗎？」「我叫沈萬三。」「你知道那裡有金子，那裡有銀子嗎？」沈萬三說：「我不知道。」「不知道？」「不知道。」皇帝急啦：「你不知道哪裡有金銀，你為什麼叫活財神？」沈萬三說：「那是旁人那麼叫我的，我不是活財神。」皇帝發了火，一拍桌子，說：「你這是妖言惑眾，你是妖人呀！」皇帝吩咐武士說：「把這個妖人拉下去，給我狠狠地打！」武士把沈萬

三拉到殿下，推翻了就打，沈萬三剛一挨打的時候，嘴裡還嚷：「我不是妖人呀！別打啦！」武士說：「只要你說出來那裡埋著金銀，就不打你啦。」沈萬三喊著說：「我不知道那裡有金銀呀！」「不知道就打。」唰！唰！直打得沈萬三肉都翻花啦，血都流出來啦，這時候，沈萬三喊了一句：「別打啦，我知道那兒有銀子。」武士住了手，回稟了皇帝，皇帝說：「帶他挖去，挖不出銀子來，再打！」沈萬三帶著官兵，走到一塊空地上，往下一指，說：「你們就在這裡挖吧。」果然，挖出來十窖銀子來，說故事的人，說的真詳細，說這十窖銀子，一窖是四十八萬兩，總共四百八十萬兩。北京城修起來啦，這埋銀子的地方，就成了大坑啦，大坑後來有了水，就叫了「十窖海」。

　　北京城修起來以後，皇帝還是貪心不足，他想得到更多的金子，更多的銀子，就又把活財神沈萬三抓來啦。這回，皇帝更兇惡啦，見著沈萬三，馬上一瞪眼，大聲向武士們說：「給我加勁打這個妖人，非打出他九缸金子，十八窖銀子來不可！」沈萬三又被打了個死去活來，打得他真急啦，就又帶著一幫官兵，出了安定門，往西北走了不太遠，又是一片大空地，沈萬三說：「這裡有九缸金子，十八窖銀子，可是得有開窖的鑰匙，鑰匙是什麼呢？是馬蘭花，你們找吧。」這幫官兵一想：野外空地上，還能沒有馬蘭花嗎？官兒下了一個令：「趕快找馬蘭花！」說也奇怪，這麼大片空地上，連一根馬蘭花的苗兒也沒有。這時候，官兒也火兒啦，大聲地喝斥沈萬三說：「你這打不死的妖人，你知道這兒沒有馬蘭花，卻偏說馬蘭花是開九缸十八窖的鑰匙，你不想活啦！走！

咱們見皇帝去！」官兵把沈萬三又帶到了皇帝那裡，皇帝知道了
這回事，更氣惱啦，只吼了一句：「把這個賊妖徒，給我往死裡
打！」武士們看看皇帝的臉色，緊一陣慢一陣地打那沈萬三，他
們盼著沈萬三說出九缸十八窖的另外的鑰匙來，好讓他們的皇帝
高興。沒想到，沈萬三歲數大啦，挨了一回又一回的打，實在受
不了啦，只聽得一聲咯兒嘍！沈萬三兩眼一翻，兩腿一伸，活財
神就變成死財神啦。九缸十八窖的鑰匙，到底沒找著。後來，這
塊地方做了給皇帝練兵的教軍場，也沒找著這把鑰匙。現在，這
塊地方蓋了大樓，也沒找著這把鑰匙。可是，直到今天，人們還
說著教場沒有馬蘭花，沒有馬蘭花就開不了九缸十八窖哩！

金受申：《北京的傳說》，頁 51～55）

十九、十剎海（二）

什剎海，老一輩人都叫它十窖海。為什麼叫十窖海呢？原來
他和燕王修北京城的故事連著呢。

燕王是明代坐北京的頭一個皇帝。傳說他掃北勝利坐天下以
後，要修北京城。可是沒有錢。劉伯溫就給他出主意，叫他找沈
萬三要錢。誰叫沈萬三呢？誰也沒有見過。

燕王派了專人，到處查訪，凡是有錢的大戶都找遍了，就是
查不到。

日子一天天過去，當官的都快要急瘋了。三個月的期限快到
了，交不上人，這可不是鬧著玩的。當兵的更是害怕，心裡老是

像十五個吊桶，七上八下的。

　　這天，這幫查找沈萬三的人馬又出來了。滿街穿來穿去，看見個穿好的，就都拿眼睛盯著。可就是找不著叫沈萬三的。到了中午，他們口乾舌燥，無精打采地走到一條街上。這條街非常熱鬧，有做小買賣的，有炸油條、烙燒餅的，有擺攤賣藝的，還有些賣苦工的人。這伙查找沈萬三的人也找個茶攤，喝上了大碗茶。

　　天也熱、口也渴、心也悶，茶攤上人聲嘈雜，來來去去的人也多，他們喝了一陣水，就走了。

　　沒走出幾步，就聽燒餅攤上吵起來了。烙燒餅的指著一個光脊背的黑大漢說：「你為什麼不給錢？」那黑大漢也不示弱：「我這兒就仁半子兒全給你啦，你還要啊。」說著說著，就動起手來。

　　那黑大漢拿起破掛子抽身要走，烙燒餅掌櫃的在後邊喊：「跑了和尚跑不了寺，我知道你小子叫沈萬三！」

　　官兵衙役一聽是沈萬三，全都楞住了。萬歲爺要找的不是大富戶嗎？怎麼是個窮小子呢？當官的心想，管他窮富，只要是沈萬三，就可以交差了。他急忙走上去說：「萬三老爺，您在這兒，可把我們找苦了。」

　　沈萬三也楞住了，心想找我幹什麼？

　　當官的說：「燕王有請，請跟我們走一趟。燕王修北京城，叫你出錢呢。」

　　沈萬三一聽就樂了：「富人嘴上三斤肉，窮人渾身乾骨頭。我連吃都吃不上，還叫我出錢？我要有錢，還不在這兒吵架呢！」

　　兵丁說：「您跟我們說也沒用，還是跟我們走一趟好。」就這樣，

就把沈萬三給帶進宮裡去了。

燕王一看，是一個又窮又破的黑大漢。就問劉伯溫：「這是沈萬三嗎？」劉伯溫說：「是。」

燕王問黑大漢：「你就是沈萬三？」

黑大漢說：「我就是沈萬三。」

燕王心想，既是沈萬三，就得招待呀，修北京城還指望他呢。他上前深深一躬說：「財主沈萬三，我要你合出萬貫金銀，幫我修北京城。」

沈萬三一聽，真是這麼回事，這可就怪了。我連吃都混不上，那有萬貫金銀啊。就說：「啟稟萬歲，我是個窮人。」

燕王看看劉伯溫。劉伯溫說：「不打不出財呀。」

於是就把沈萬三吊起來，一頓毒打。打完以後，再問。不行，再打。最後又押出去游街。在街上一邊走，一邊打。游了三天，還是沒有結果。

這天，又押著沈萬三出來了。這時沈萬三已經被折磨得半死不活。後邊的兵丁還是一個勁兒地打。人們看他這樣怪可憐的，就給他幾口水喝。人們說：「這人窮的這樣，榨碎他的骨頭，能有幾兩油？還能修北京城？」可是說什麼官家也不放他。還是一邊打一邊問：「你的錢到底在那兒？」

沈萬三叫他們打的實在沒有辦法，就一跺腳說：「有，在這兒！」

官家一聽「在這兒」，就把他跺腳的地方給號上了。又走了一段，又打。沈萬三又一跺腳說：「在這兒！」又號上了。一號號了

十個地方，然後就趕緊派人往下挖。說也奇怪，一挖真挖出銀子來了。挖了一窖又一窖，一共挖了十窖，四十八萬兩。就這樣留下了十個大坑，一滲水就連成一片，變成了十窖海了。

可是燕王還嫌不滿足，還是逼打沈萬三。沈萬三走到虹橋西邊金魚池那個地方，實在支持不住，就昏倒在那裡。官家一看，這地方可能也有銀子，就又挖了起來。

一挖，又挖出九缸十八窖。這出金子的地方後來也就成了金銀池了。日子久了，就變成了金魚池。每到夏天還冒金水，要不，怎麼池裡的魚都是金魚呢？

傳說，北京城就是這樣修起來的。現在人們一看到什剎海和金魚池，就要想起這個故事。沈萬三，也就受到人們的同情。其實呢，沈萬三住在吳興，是個江都巨富，朱元璋修南京城時，曾經用過他的錢，後來把他的錢全沒收了。北京還有他籍沒的遺物呢。像過去光祿寺的鐵力木大酒榨，工部的銅櫃，據說都是他家的籍沒之物。

（路工、周詒謀等搜集）

（張紫晨、李岳南合編：《北京的傳說》，頁 57～61）

二十、燕王採墳地

北京十三陵是明朝皇帝的陵墓，這是燕王坐北京以後開始修的。這塊墳地方圓四十里，三面有山，一面是平川，像個簸箕口向著北京城。東邊有龍山，西邊有虎山，峰巒疊障，翠柏參天，

真是一塊好地方。這塊墳地是怎麼選出來的呢？傳說是這樣的。

當年燕王修了北京以後，接著就要修墳地。那時候，皇上一登基就馬上得修墳墓。坐多少年龍廷就修多少年。可是修墳就得先採墳地。這天，他和軍師劉伯溫說：「你帶路，咱們採塊好墳地去。」劉伯溫一聽，這是要修皇陵啊，皇陵得是上等風水好地才行啊，就領著燕王出來了。他們從東走到西，又從南走到北，都沒有選中。就又從北往西折下去了。一走走到一個東莊兒。一瞧，一片核桃樹，還有個黃土嶺，風景很不錯。燕王說：「這兒怎麼樣？」劉伯溫前後左右看了看說：「這兒不成。」「怎麼不成呢？」劉伯溫指了指那黃土嶺兒說：「你看，這是一片高土，存不住水脈。在這兒修陵，江山可要破敗。」燕王一聽說江山破敗，連忙搖頭說：「不成。再找一塊。」他們又轉到西莊。劉伯溫拿手一指說：「皇上你來往北瞧。」兩個人往北一瞧，喝，金光起亮。燕王說：「這塊可是個好地方。走到近處瞧瞧去。」他倆往前一走，就到了錢糧口。站在錢糧口就看見這塊平川地了。他們打錢糧口下來，再往前走，過了個仙人洞，又過了個龍母莊，就到了這個地方。燕王一看，三面環山，坐北朝南，實在不錯，他問劉伯溫：「這回該成了吧？」劉伯溫說：「不錯，這是一塊寶地。你打這兒往南瞧，這兒左有青龍山，右有白虎山，左青龍，右白虎，您這腳下正是臥青龍窩呀。」燕王一聽，說：「好，就在這裡安墳！」劉伯溫拿出一個腕口大的古錢，就埋在土裡了。

埋完了，拿一根銀針一扎，正扎到錢眼兒上。怎麼那麼準呢？這裡因為他有神眼，能入地三尺啊。可是再往下扎，就扎不動了。

劉伯溫一看：「不對，這底下已經有了碑啦，這墳地已經有主啦。」燕王一聽有了主兒啦，心裡一怔，說：「這兒連墳頭也沒有，怎麼有主呢？」劉伯溫說：「在正穴錢眼之下，已經有了碑啦。」燕王起：「有碑也不行，普天之下，莫非王土，這墳地就是我的。」劉伯溫也沒敢言語，就和燕王走啦。

　　走著走著，天就黑了。劉伯溫說：「今兒個回不去了，找個地方住一宿吧。」燕王說：「好。」兩個人就朝南下來了。一過仙人洞，就聽敲鑼打鼓，一陣傢伙響。燕王說：「這是什麼聲音？」劉伯溫說：「這是娶媳婦的。」那時候和現在不同，接親娶親都在晚上。燕王心想，這兒有娶媳婦的，今兒一定是好日子啊，他問劉伯溫：「今兒是什麼日子？」

　　劉伯溫掐指一算，說：「今兒是五鬼的日子。」

　　「五鬼的日子，怎麼能娶親呢？」

　　說著，就見一頂花轎過來了。劉伯溫說：

　　「走，追這頂花轎！」

　　兩個人順著山腳小路就追。只見轎子前面打燈籠，轎子後面吹鼓手吹吹打打，那轎子忽閃忽閃走得飛快。燕王和劉伯溫越追，轎子越快，抬轎人覺得腳有點飄，好像不由自主，也不知道是怎麼回事？原來轎子底下有五個鬼，一看劉伯溫追來了，就使勁往前竄。

　　轎子忽閃地走，燕王和劉伯溫猛力地追，一追追進了村子。轎子一停，五鬼可著了急，在轎底下來回轉。劉伯溫眼睛早盯住這轎底子啦。

這時燕王說：「嘿，這家人客不少，咱們也隨個份子，鬧頓吃喝去！」這一說話，五個鬼嚇溜一下就不見了。

劉伯溫只好跟著燕王走。走到辦喜事的大門口，人家不叫進去，說等下完了親，拜了天地才能進去呢。

兩個人等了一會兒，隨著親友進了院內。院裡客人不少，喜氣洋洋。他們走進賬房，一人掌出五十兩銀子隨禮份子。寫禮賬的先生一看，一人五十兩，嚇了一跳。他想，這是什麼親戚隨這麼大禮份子？這可不能隨便收，得問問東家去。他說：「您二位等等，我找東家來。」說完就出去了。

他找到東家說：「來了兩個人，下了一百兩的禮份子，這是什麼人？東家有這份親戚沒有？」東家正忙得暈頭轉向，客人又這麼亂轟轟的，沒有心思顧這個。他想，管他呢，沒有過往人情，誰能上這兒隨份子，就說：「管他是誰，你就收吧。日後再說。」就這樣胡裡胡塗把一百兩銀子收下了。

可是支客人不能胡裡胡塗啊，他是按禮份子說話呀。他想，我當了一二十年的支客人了，那兒辦喜事我都去，可沒見過這麼大的禮呀。兩人一百兩，這主辦可不簡單，我可不能慢待了。就告訴廚房，預備兩桌八八席，外加四件兒。廚師都是請來的，常幹這個，一聽就明白，這是八碟八碗，四個大件兒，外加四個冷葷。不一會菜就上來了。支客人把燕王和劉伯溫請到上席，一人一桌，也沒找陪客，支客人親自讓酒。這兩個人也不客氣就喝上了。

喝著喝著，燕王說：「你是支客人嗎？」

「是。我是東莊的，幫幫忙，有什麼不周到的地方，請多

包涵。」

　　劉伯溫說：「這日子，是你給選的？」

　　「不是。這是姚先生選的。」

　　「姚先生是誰？」

　　「是姚廣孝，龍母莊人，教書先生。」

　　劉伯溫說：「你知道這是什麼日子嗎？」

　　「不知道。姚先生擇的日子錯不了。這紅喜總得是個喜慶吉利的日子。」

　　燕王和劉伯溫笑了笑，也沒說什麼還是吃。吃完了，讓到客房喝水，支客人就退出去了。他想，附近十里八村的好不錯的人我都認識，沒見過這兩個人哪。這一定是遠道而來的，得找個住處啊。想來想去沒有個合適的地方。忽然想起來了，嗨，就叫他們到姚先生那裡住去吧，那兒他一個人，書館裡也清靜。於是就把燕王和劉伯溫讓到姚廣孝的書館裡去了。

　　一進書館，姚廣孝正坐在書案旁給學生判仿呢。只見他手裡拿著一管朱筆，在學生的仿影上聚精會神地批寫。燕王和劉伯溫進了屋，他連頭也沒抬，還是在那裡判。其實姚廣孝早就算出這是燕王和劉伯溫，可他卻裝做沒事一樣，根本不抬頭。

　　支客人說：「姚先生，給您讓來兩位貴客，今兒晚上和您就宿。」姚廣孝這才瞭起眼皮，看看兩位客人，順嘴說了一句：「好啊，請裡邊坐吧。」支客人說：「對不起，給您添麻煩了。」說完就走了。

　　姚廣孝沏了兩杯茶，一杯先端給了燕王，一杯遞給了劉伯溫。

這是先君後臣哪。

劉伯溫上下打量一下姚廣孝說：「姚先生多少弟子？」

「不多，二十八位。」

劉伯溫一聽，這說的是二十八宿呀。又問：

「先生可懂陰陽八卦？」

姚廣孝說：「粗粗淺淺，一知半解。」

燕王問道：「今天這娶親的日子是你給擇的？」

姚廣孝說：「是。」

劉伯溫說：「你知道今兒個是五鬼的日子嗎？」

姚廣孝笑笑說 ：「日子犯五鬼， 這一對夫妻命裡還犯五鬼哪。」

按過去迷信的說法，犯這兩個五鬼，可是不得了。皇上那時候更迷信。

燕王問：「既知日子犯五鬼，你怎麼給選這個日子呢？」

姚廣孝說：「有解呀！」

「有什麼解？」

「五鬼怕龍虎，龍虎一到五鬼全消啊。」

燕王一聽，心裡就樂了。因為過去皇帝都自稱「真龍天子」啊。劉伯溫呢？更不用說，他當軍師陪伴皇上，自然得是虎啊。姚廣孝說的「龍虎一到」，不正是說的他倆嗎？

燕王故意又問：「龍在何處？虎在何方？」

姚廣孝說：「遠在千里，近在眼前。」

燕王哈哈一樂，說：「好一個姚先生，你真有點眼力。」姚廣

孝一看，到時候了，這才跪下磕頭。

　　劉伯溫想：這姚廣孝還真有兩下子，讓給他採墳地，再看看他的本事。他想到這裡，就說：「姚先生，你有這份本事應該報效國家。如今皇上來採墳地，你給瞧瞧龍脈吧。」姚廣孝也就答應了。

　　三個人說著就往外邊走。外邊一片漆黑。不要說採墳地，就是走路也不敢邁腿。可是姚廣孝好像早就看好一樣，直奔臥龍窩來了。到了地點，姚廣孝說：「這就是龍脈正穴。」劉伯溫一看，和他採的差不多。順手給姚廣孝一根銀針，說道：「請點穴吧。」他心想，你能扎在我那古錢上，那才是真本事。姚廣孝接過針來，繞了兩圈，叭的一針，正扎到古錢眼上。然後，順著銀針，把古錢給扒出來了。劉伯溫看了十分佩服。

　　這墳地一定，就開始修陵吧。可是這裡還有一筒碑呢？這墳地早有主啦。燕王說：「挖！」挖出來一看，是康家的墳地，上寫「康子高墳塋。」。姚廣孝說：「康家已經沒有後代，不過皇上用民家的舊墳墓不算太好。」燕王說：「是寶地就得歸我，管他新舊！」就這樣，把這塊碑搬走了。

　　後來，人們說，燕王姓朱，把康家擠走，豬要離了糠可是越長越瘦。果不然，修了長陵以後，就一個陵比一個陵小了，再也發不起來了。

　　姚廣孝呢？有的說他當了軍師，有的說他出了家，有的又說他騎馬跑到回龍觀一回頭，栽下馬來死了。

（講述：十三陵龍母莊老人；搜集：北京傳說故事調查組郊區組；整理：

葉弘）

（《北京風物傳說》，頁206～211）

二一、狼峪

在密雲城北十二里的東智村，有一條山溝叫「狼峪」。別看這溝名怪嚇人的，可這裡從沒見過一只狼。這條溝土厚地肥，適於種豆，早先人們都叫它「黑豆峪」，「狼峪」是以後改的。

傳說，明成祖把都城從南京遷到北京以後，便派軍師劉伯溫踩大地，看風水，準備修建皇陵。

這天，密雲知縣陪著劉伯溫來到東智。東智這個村三面環山，一面臨水，村南的九個山頭人稱九龍頭，九龍頭的東邊，從山上到山下有一個凸出來的山梁，遠遠看去，像一條巨龍的尾巴從山上甩了下來，一直甩到山底下的「黑豆峪」溝裡，人們叫它龍尾巴。劉伯溫一眼就看準了這是塊風水寶地，決定在此處修建皇陵。

消息一傳開，百姓們可急了，如果這裡修了皇陵，方圓四十里的住戶人家都得走，連密雲城也得挪窩。知縣也傻眼了。密雲上下，不論窮富，人人急得心慌意亂，個個愁得死去活來。

東智村裡有位姓梁的老漢，是位德高望重的老人，他念書雖然不多，知識卻很淵博，有個雅號叫做「賽諸葛」。如今東智附近大小村莊，孩子哭，大人愁，唯獨這位梁老漢就像沒事人一樣該幹什麼還幹什麼。

就在縣衙門傳信劉大人明天親自來劃地定標的時候，老人們都坐不住了，紛紛找上「賽諸葛」的家門。

梁好漢見到大家，放聲大笑，把大伙都笑傻了，然後他止住了笑向大家低言了陣子。有人擔心地問：「縣太爺瞞不住怎辦？」

梁好漢說：「請放心，劉大人一到，大家跟著我行事，保準沒錯！」

第二天，太陽剛發紅，一棒銅鑼響後，村民們都跪在「黑豆峪」溝口，迎接欽差大人。劉伯溫見這裡百姓善良守法，不免誇獎了幾句。知縣也覺得臉上有光。就在這時，只見跪在人群前邊的老漢們，跪行上前，密雲知縣不知出了什麼事，本想上前去攔，劉伯溫卻迎了上來，問道：「什麼事？」

一老漢稟道：「回大人，若選此地修建皇陵，於我主不利。」

知縣一聽，連腿都嚇軟了，生怕欽差怪罪。只聽劉伯溫皮笑肉不笑地問：「為什麼呢？」

老漢道：「溝名犯忌。……」

皇陵採地，百姓遭殃，劉伯溫怎能聽不到風言風語，他想：正好借此機會殺一儆百，所以老漢話沒說完，他把上方寶劍一舉，喝道：「縣志注明，此溝名為『黑豆峪』，正有利於我主，刁民狗膽，竟敢謠言惑眾！萬歲親賜上方寶劍在此，違令者斬！」說罷，抽出寶劍。

在這危急時刻，只見跪在劉伯溫身邊的另一老漢，猛一抬身，一把托住劍柄，高叫：「劍下留人！」

眾百姓偷眼一看，此人正是賽諸葛梁老漢。大家的頭髮根又都豎起來了，心說：賽諸葛呀賽諸葛，智者千慮尚有一失，你平日雖能掐會算，可劉大人這次來者不善，你是凶多吉少啊！正當大家心亂如麻的時候，只聽梁老漢繼續說道：「劉大人，人人讚您明鏡高懸，斷事如神，為何今日如此糊塗！」劉伯溫本想連梁老漢一齊殺掉，聽他說話膽量不小，便問：「為何糊塗？」梁老漢

道：「本地名原為黑豆峪不假，可不久前，忽來一群惡狼，叼豬銜羊，作惡多端，從此更名。」

劉伯溫不信，想聽聽知縣怎麼說。密雲知縣本來怕治下的百姓過於饑苦，沒油水可撈，又聽兩個老人講得實實在在，那顧真假，樂得順水推舟，便也跪下回道：「卑職已有所聞，未見事實，不敢妄報。」

劉伯溫一聽，心就涼了半截，因為大明是朱家天下，狼能吃豬，這還了得。可劉伯溫畢竟是大明朝的開國軍師，豈能輕信兩個老頭的話。他尋思一陣以後，靈機一動，計上心來，把上方寶劍擎在手中，對眾百姓道：「誰敢做證！」眾百姓一齊叩頭，男女老少齊答：「我敢做證！」

劉伯溫聽了眾人回答，出了一身冷汗，慶幸自己遇上了兩位貴人。什麼風水寶地，差點兒成了要命的地方。他越看越有氣，舉起寶劍用力一揮，把一個龍頭劈成兩半。

從此，「黑豆峪」就叫開了「狼峪」，「九龍頭」山也成了個兩半子山。

（流傳範圍：密雲東智一帶；講述：李玉柱；整理：魏秀娟）

（《北京風物傳說》，頁 287～289）

二二、屠家營的傳說

傳說，屠家營原先叫做神樹屯。

明朝開國時，朱元璋是在南京建都的，陵墓建在南京，後來

又遷都北京。朱元璋死後，他的兒子朱棣繼了位。朱棣是甕娘所生。甕娘原是元將陳友諒的妻子，陳友諒被朱元璋打敗，陣亡，甕氏被擄；因甕氏貌美，被封為娘娘。陳友諒，傳說是本縣後所屯人，甕娘娘，是本縣二道河人。朱棣繼位後，他便請了很多風水先生去採訪陵墓寶地。因甕娘娘是延慶人，留戀故人，所以，打算把陵建在延慶（當時叫隆慶）。

　　風水先生來到了延慶，走了很多地方，沒有找到有帝王氣象的地方。最後，來到了永寧的神樹屯（現在的新華營），風水先生一看，這個村的北面，一山環抱，山勢中高，西翼漸低，又忽突起，好像一把巨大的椅子圈。山有九頭，昂首向南，猶如九龍朝陽，故名「九龍山」。山上蒼松翠柏，古木參天。村子的南面和東面一條碧水環繞，像一條玉帶。所以叫「玉帶河」。這種形勢，正是風鑒書上所稱的：「半環青山鍾佳氣，一條玉帶攬乾坤」的帝王陵墓之地。風水先生們看中這些寶地。畫上圖便高高興興地回北京，到皇帝那裡請功受賞去了。

　　皇帝要在這裡修建陵墓的消息很快就傳開了，永寧一帶的老百姓，都非常驚恐。因為古時皇陵之地十里內不準居住百姓。這樣，永寧一帶不知有多少村落就得被拆毀，這裡的百姓就得流離失所，無家可歸。尤其是神樹屯的老百姓，更是家家驚慌，人人發愁，誰也沒個解救的辦法。後來有個人說：「皇帝最忌諱不好聽的字眼，咱們給九龍山的山溝，都用峪字起個名，皇帝聽這裡有這麼多的「獄」，自然就不在咱這建陵了。」於是，起了什麼：酸棗峪、白粉峪、永溝峪、困龍峪、懶龍溝，破鞋掌子等地名。

後來，朱棣派劉伯溫帶人來這裡修建陵墓。一細了解，這裡有這麼多的「獄」，而且，更不吉利的是「困龍峪」、「懶龍溝」、「乾水河」等這些最忌諱的地名，劉伯溫就回北京奏請皇帝朱棣。朱棣一聽火冒三丈，立即把那些風水先生召來，大聲罵道：「你們這些該死的東西，想把我關進牢『獄』，困起來，拉下去都給我斬嘍！」

多虧劉伯溫苦苦講情，朱棣才赦了這些風水先生的死罪，讓他們帶罪立功，到別的地方去尋找「皇陵寶地」。後來，在昌平建了陵，就是現在的「十三陵」。

永寧一帶的老百姓聽說皇帝不在這裡建陵了，都非常慶幸。尤其是神樹屯的老百姓更是歡天喜地。他們為了防備以後皇帝再在這裡建陵，就把原來神樹屯的村名，改為「屠家營」。並在村口立了一塊石碑，上面刻著「屠家營」三個大字。

屠家營，姓朱的多，人們覺得不吉利，解放後就改叫新華營。

（時廣生整理）

（《北京風物傳說故事選》，頁 185～187）

二三、長陵一花槍

長陵，是明十三陵的第一個陵墓，也是明十三陵中規模最大的一座。可是，據十三陵一帶的群眾說，長陵是一座空墳，裡面葬的並不是明成祖朱棣，而是他生前用過的一支丈二花槍。

這個故事，還得從明太祖朱元璋說起。

據說，朱元璋把陳友諒的妻子甕氏奪到手時，甕氏已經身懷

六甲。待朱元璋稱帝封甕氏為娘娘後不久，他便生下了一個男孩，這就是朱棣。可是，朱元璋一直認為他是自己的親生兒子。當時，明太祖朱元璋的原配皇后馬娘娘，已經生了三個男孩，朱棣就算是朱元璋的第四個兒子了。可是，朱棣既然是後娘養的，這也就決定了他在宮中的不利處境和地位。

有一天晚上，朱元璋忽然做了一個「烏龍盤玉柱」的夢。第二天一早，他就讓軍師劉伯溫圓夢。劉伯溫說：「這夢的意思是說，繼承陛下帝業的真龍天子，上天已經明示了。」朱元璋問：「我的四個兒子中，誰能繼承我的帝業呢？」劉伯溫說：「陛下明天上朝時，可把四個兒子都叫去。中間有個穿著黑衣服，老是抱著明柱玩的孩子，就是未來的皇帝。」第三天，朱元璋果真把四個兒子叫到大殿。馬娘娘生的三個兒子，一向嬌慣放縱，所以，穿著鮮艷，到處亂跑。唯獨甕娘娘生的兒子穿著一身黑衣服，因為平時老受欺侮，這時就擔擔憂憂地總是扶著殿內的明柱轉磨磨。劉伯溫當下就指著這個十三、四歲的孩子說：「你看，這就應了陛下『烏龍盤玉柱』的夢。他就是繼承陛下帝業的人。」朱元璋往下一看，這孩子正是四子朱棣。早先，朱元璋也曾耳聞並琢磨過，朱棣可能是陳友諒的後代。所以，平日裡一向和馬娘娘一唱一和，對朱棣白眼相待。現在，當劉伯溫說到將來接他皇位的將是朱棣時，既懊惱不安，又不願意相信。劉伯溫從朱元璋的臉色看出了他的心思，便又說：「陛下若是不信，臣還有一個辦法可以一試：明天一早，四個孩子中誰第一個看見太陽，誰就是下一朝皇帝。」朱元璋似信非信地把這件事告訴了馬娘娘和她的三個兒子，並商

量好了對策。第二天一早，朱元璋和馬娘娘的三個兒子就一齊面向東方，而總是把朱棣往後擠，讓他背向東方。劉伯溫把一切都看在了眼裡，卻裝作不知道，只是和朱元璋閑聊。忽然，只聽得朱棣高興地拍著手叫道：「噢，太陽出來囉！」朱元璋他們不禁大驚失色，忙問是怎麼回事。原來，朱棣那時正往西看，猛地看見西面的山頭上冒了紅，便脫口說出了這句話。

　　從此，朱元璋和馬娘娘對朱棣更加忌恨了。他們決定以封「燕王」為名，把朱棣發往北方。那時，北方邊境經常受到外族的侵擾，在那兒，根本就沒有一個比較固定的疆域。所以，「燕王」不過是個空名而已。馬娘娘暗地裡對朱元璋說：「聽說那兒是個『泥鍋做飯石頭燒火，胳臂上跑馬透亮心，腦袋上開花』[11] 的惡地方，把朱棣發到那兒，他只有一死。那樣，我們的兒子就可以安安穩穩地做皇帝了。」朱元璋和馬娘娘各自滿心歡喜不提。

　　單說朱元璋將朱棣封為「燕王」後，便點給他一千名老弱殘兵，令他立即啟程北上禦敵，因為北方部族昨天又向朝廷遞來了

11.「泥鍋」，是指古代用煤末加黃土用水摻和做成模子，然後鍛燒而成的砂鍋。「石頭」，是指煤塊，京西一帶盛產煤。「胳臂上跑馬」，是指古代官吏服裝上的馬蹄袖。「透亮心」，是指古代兵士號服（軍服）上，前胸和後背正中的元白色補子。「腦袋上開花」，是指古代官吏所戴的帽子上往下墜的穗兒。馬娘娘只知其一，不知其二，以為「泥鍋」就是用爛黃泥做成的鍋，等等。實際上，北方並不像馬娘娘他們想像的那麼荒涼，不開化、生活那麼苦，那兒也不乏眾多的精兵勇將和大大小小的文武官吏，能夠協同治國。

戰表。劉伯溫對朱棣的遭遇，早就心裡有數。他決定在暗地裡助朱棣一臂之力。於是，在朱棣臨行前，便送給他一支箭。朱棣不明白這是什麼意思。劉伯溫對他說：「它日後自有用處，你且把它帶上就是。」

當時，現今的十三陵一帶是一片大海，名叫北海烏龍江。據說，朱棣原是烏龍轉世。所以，烏龍來到烏龍江，正是他施展身子的好機會。這是朱元璋和馬娘娘他們萬萬沒有想到的。等到朱棣轉輾來到北方幽燕之地，一路上歸附他的人已經成了一支精良、強壯的隊伍。那時，北方的游牧部落正佔著這兒的大片土地，朱棣就對他們的一個頭領說：「咱們交戰，我連個地盤都沒有呢！」那頭領說：「給你多大的地盤呢？」朱棣說：「一箭之地足矣！」「一言為定？」「一言為定！」

說著，朱棣拉起滿弓，「嗖」的一聲，把劉伯溫送給他的那支箭射了出去。說也奇怪。一箭射出去，連個箭影兒也沒了。那頭領見了，大吃一驚，認定這個人是神人，這支箭是神箭。他們再也無心交戰，當即退兵走了。從此，朱棣在北方幽燕一帶做起了名副其實的燕王。

燕王朱棣雄心勃勃，決定做一番事業。他發動了「靖難之役」，然後，果然當上了皇帝。這就是歷史上的明成祖。由於他長期鎮守北方，和北方同生死，共患難，深有感情。他為了鞏固帝業，並且開創一個新的天下，終於把都城從南京遷到了北京，同時，又選定在昌平黃土山一帶建造帝陵。永樂末年，北方邊境又受到外來的入侵，成祖皇帝再次御駕親征。說來也巧，前來和他

交戰的正是當年那個頭領。他見了朱棣，嚇得掉頭就走。成祖那裡肯放？所以，敵兵且戰且退，成祖則且戰且追。追著追著，前面忽然出現了一座大山，山坡上有一個石洞。敵兵在慌亂中，一下逃進了洞裡。成祖的部下，一個個奮勇當先，追進洞裡。可是，人是一個個下去了，卻沒有一個上來的。成祖見了，怒從心頭起，親自進洞追趕殺敵。不料，他剛進去，那個石洞就合上了。部下見了，急忙前去救駕。但是，已經晚了，兵士們只搶回成祖皇帝使的一支丈二花槍。成祖就這樣「晏駕」了。接著，就該給他辦喪事入葬。可是，人都沒了，還葬什麼呢？朝廷大臣等幾經商議，決定把成祖的一支花槍葬在長陵，以作了結。

從此，「長陵一花槍」的故事就在民間傳開了。

（《十三陵的傳說》，頁 16～21）

引用及參考書目

（按照作者或書名筆劃排列）

一、書錄

王燦熾：〈北京地方歷史文獻述略〉，《文獻》第 8 輯，頁 134～142。
　　　北京：文獻書目出版社，1981 年 6 月。

王燦熾：〈北京歷史文獻佚書考略〉，《文獻》第 17 輯，頁 193～212。
　　　北京：書目文獻出版社，1983 年 9 月。

王燦熾：《北京史地風物書錄》。北京出版社，1985。

王燦熾 ：《北京地方文獻期刊資料索引——地理、名勝古迹部分
　　　(1904～1949)》。北京：首都圖書館，1985。

張次溪：〈辛亥以來紀述北京歷史風物書錄〉，刊於張靜盧輯注：《中國
　　　現代出版史料》（乙編），頁 390～407。北京：中華書局，
　　　1955。

張次溪：〈紀述北京歷史風物書錄補〉，刊於張靜盧輯注：《中國出版史
　　　料》（補編），頁 514～553。北京：中華書局，1975。

（以上俱收錄 1955 年以前之日文著作）

二、古籍

上官周：《晚笑堂畫傳》。北京：人民美術出版社，1959。

于敏中等編纂：《日下舊聞考》。北京：北京古籍出版社，1981。

《大明玄天上帝瑞應圖錄》。《正統道藏》冊 608。上海：涵芬樓影印
　　　北京白雲觀藏明刊本，1924～1926。

《大清一統志》。乾隆二十九年 (1758) 和坤等奉敕撰。光緒二十三年
　　　(1897) 杭州：竹簡齋刊本。

《太平經合校》。王明校。北京：中華書局，1960。

孔克齊：《至正直記》。伍崇曜輯：《粵雅堂叢書》本，同治元年
　　　(1862) 刊。

王文祿：《龍興慈記》。《叢書集成》本。上海：商務印書館，1937。

王同軌：《耳談類增》。萬曆三十一年 (1603) 刊本。

王圻纂：《三才圖會》。萬曆三十七年 (1609) 刊本。

王圻纂：《稗史類編》。臺北：新興書局，1969。

王泌：《東朝記》，收入孫幼安纂：《稗乘》。《百部叢書》本。臺北：藝
　　　文印書館，1967。

王柳門：《劍青室隨筆》，刊於《南京文獻》第 2 輯。南京市文獻委員
　　　會、通志館編。上海：上海書店，1947。

司馬遷：《史記》。北京：中華書局，1959。

左丘明：《左傳》。《四部備要》本。

永瑢等纂：《四庫全書總目提要》。臺北：臺灣商務印書局，1968。

任自垣纂：《大嶽太和山志》。宣德年間刊刻。此刻本部分卷帙，及萬
　　　曆增補本已影印收入杜潔祥主編：《道教文獻》第 4、5 冊。臺
　　　北：丹青圖書公司，1983。

宇文懋昭（？）：《大金國志》。見崔文印：《大金國志考證》。

朱一新：《京師坊巷志稿》。見張爵：《京師五城坊衚衕集》。

朱熹：《四書集注》。《四部備要》本。

江進等纂：《弘治溧陽縣志》。弘治十一年 (1498) 刊本。

何喬遠：《名山藏》。崇禎十三年 (1640) 刊本。臺北：成文出版社，

1970。

佚名編：《繪圖三教源流搜神大全》。葉德輝序。宣統元年 (1909) 郎園
　　校刊。臺北：聯經出版事業公司，1969。《繪圖三教源流搜神大
　　全》附刊〈外二種〉。上海古籍出版社，1990。

余象斗等著：《四遊記》。上海：上海古典文學出版社，1956。

吳承恩：《西遊記》。北京：作家出版社，1954。

吳長元：《宸垣識略》。北京：北京古籍出版社，1981。

宋雷：《西吳里語》。嘉靖三十九年 (1560) 刊本。

宋濂：《宋學士文集》。《四部叢刊》本。

宋濂等纂修：《元史》。北京：中華書局，1976。

杜預注、孔穎達疏：《春秋左傳注疏》。《四部備要》本。

李贄：《續藏書》。北京：中華書局，1959。

沈榜：《宛署雜記》。北京：北京出版社。1961。

周伯琦：《近光集》，收入《四庫全書珍本》第 2 集。臺北：臺灣商務
　　印書館，1981。

周家楣修，張之洞、繆荃孫等纂：《光緒順天府志》。光緒十一年
　　(1885) 刊本。

房玄齡等纂修：《晉書》。北京：中華書局，1974。

《明實錄》：《太祖實錄》、《仁宗實錄》、《太宗實錄》、《英宗實錄》、
　　《世宗實錄》。臺北：中央研究院歷史語言研究所，1961～
　　1965。

《明實錄類纂（北京史料卷）》。李國祥、楊昶主編。漢口：武漢出版
　　社，1992。

邵遠平：《元史類編》。《掃葉山房》本。嘉慶二年 (1797) 刊。

長谷真逸：《農田餘話》，收入陳繼儒纂：《寶顏堂祕笈》〈廣集〉第 4 輯，1922。

姚廣孝等纂修：《永樂大典》。北京：中華書局，1960。

柯邵忞：《新元史》。天津：退耕堂刊本，1922。

《洪武京城圖志》。洪武年間禮部奉敕纂修。南京：江蘇國學圖書館民國十七年 (1928) 影印弘治重刊本。

《皇明開運英武傳》。萬曆十九年 (1591) 刊本。

祝允明：《野記》，收入李栻編輯：《歷代小史》。上海：商務印書館影萬曆刻本，1940。

《英烈傳》。趙景深、杜浩銘校訂本。上海：四聯書店，1955。

孫承澤：《春明夢餘錄》。香港：龍門書店，1965。

孫承澤：《天府廣記》。香港：龍門書店，1968。

班固：《漢書》。北京：中華書局，1962。

袁文新等纂修：《鳳陽新書》。天啟元年 (1621) 原刊本。

郎瑛：《續巳編》，收入陶珽輯：《說郛續》弓第 14。臺北：新興書局，1964。

高岱：《鴻猷錄》。《叢書集成》本，1937。

高鳴鳳：《今獻彙言》。上海：涵芬樓影明刻本，1937。

張廷玉等纂：《明史》。北京：中華書局，1974。

張昱：《張光弼詩集》。《四部叢刊續編》本，1934。

張爵：《京城五城坊巷衚衕集》。(附朱一新：《京師坊巷志稿》) 北京：北京古籍出版社，1982。

梁億：《傳信錄》，收入姚之駰纂：《元明事類抄》第 3 冊。《四庫全書珍本》初集本。上海：商務印書館，1934。

梅村野史（？）:《鹿樵紀聞》。《臺灣文獻叢刊》第 127 種。臺北：臺灣銀行經濟研究室，1981。

淮陰百一居士:《壺天錄》，收入《筆記小說大觀》第 4 冊。臺北：新興書局，1962。

脫脫等纂修:《遼史》。北京：中華書局，1974。

脫脫等纂修:《金史》。北京：中華書局，1975。

陳開虞等纂:《江寧府志》。康熙七年 (1668) 刊本。

陳壽:《三國志》。北京：中華書局，1964。

陸西星:《封神演義》（作者署名許仲琳）。北京：作家出版社，1955。

陸粲:《庚巳編》。《叢書集成》本，1937。

傅維麟:《明書》。《叢書集成》本，1936。

曾廉:《元書》。宣統三年 (1911) 刊本。

都穆:《都公譚纂》。《叢書集成》本，1937。

《雲合奇蹤》。徐渭（？）改編。萬曆四十四年 (1616) 序刊。

黃溥:《閒中今古錄》，收入沈節甫編輯:《記錄彙編》。臺北：民智出版社影萬曆刻本，1965。

楊允恭:《灤京雜咏》。鮑廷博輯:《知不足齋叢書》本。上海：古書流通處，1921。

楊儀:《高坡異纂》，收入佚名編:《五朝小說》第 52 冊。崇禎刊本。

葉子奇:《草木子》。北京：中華書局，1959。

董穀:《碧里雜存》。《叢書集成》本，1937。

鄒容:《革命軍》。光緒二十九年 (1903) 刊本。

雷銑修、王棻纂:《光緒青田縣志》。光緒二年 (1876) 刊本。

熊夢祥:《析津志》。見《析津志輯佚》。北京圖書館善本組輯。北京：

　　　　北京古籍社，1983。

趙吉士：《寄園寄所寄》。康熙三十四年 (1695) 刊本。

趙爾巽等纂修：《清史稿》。北京：中華書局，1977。

劉侗、于奕正：《帝京景物略》。北京：北京古籍出版社，1980。

劉秉忠：《藏春集》，收入《四庫全書珍本》第 6 集。臺北：臺灣商務
　　　　印書館，1975。

劉基：《誠意伯劉文正公文集》。《四部叢刊》本。

劉獻廷：《廣陽雜記》。《叢書集成》本，1937。

歐陽修等撰：《新唐書》。北京：中華書局，1975。

《論語》。《四部叢刊》本。

鄭玄注、賈公彥疏：《周禮注疏》。《四部備要》本。

鄭思肖：《心史》。上海：支那內學院刊本，1933。

鄭曉：《今言》。北京：中華書局，1984。

蕭洵：《故宮遺錄》。《知不足齋叢書》本。

錢謙益：《列朝詩集》（丙集）。順治九年 (1652) 刊本。

薛居正等纂修：《唐書》。北京：中華書局，1975。

魏徵等纂修：《隋書》。北京：中華書局，1973。

蘇天爵：《國朝名臣事略》。《叢書集成》本，1936。

顧炎武：《昌平山水記》。北京：北京古籍出版社，1982。

顧起元：《客座贅語》。傅春官輯：《金陵叢刻》本。光緒三十二年
　　　　(1906) 年刊。

酈道元：《水經注》。《國學基本叢書》本。上海：商務印書館，1936。

三、近著（民國以後）

・中文・

㈠專書

丁守和、勞允興主編：《北京文化綜覽》，北京師範學院出版社，1990。

卜系舟補述，唐李淳風、袁天罡著：《推背圖》，臺北：書裕出版品開發工作室，1994。

于秀溪：《哪吒傳》，吉林：北方婦女兒童出版社，1984。

于倬雲編：《紫禁城宮殿》，香港：商務印書館，1982。

于傑編：《北京史資料長編》（遼金部分），北京：燕山出版社，1986。

于傑、于光度編：《金中都》，北京：北京出版社，1989。

《中國地方風物傳說選》第 1 輯，上海：上海民藝出版社，1982。

《中國歷代名人圖鑑》，蘇州大學圖書館編，上海：上海書畫出版社，1989。

王大錯編：《戲考》，上海：大東書局，1931～1933。

王文寶編：《北京風物傳說故事選》，福州：福建人民出版社，1983。

王冶秋：《琉璃廠史話》，北京：三聯書店，1963。

王季烈編校：《孤本元明雜劇》，北京：中國戲劇出版社，1982。

王威：《圓明園》，北京：北京出版社，1980。

王崇武：《奉天靖難記注》，上海：商務印書館，1948。

王崇武：《明靖難史事考證稿》，四川李莊：國立中央研究院歷史語言研究所，1945。

王偉傑、任家生等編：《北京環境史話》，北京：地質出版社，1989。

王煥鑣等編：《首都志》，南京：正中書局，1935。

王劍英：《明中都》，北京：中華書局，1992。

王德毅等編：《元人傳記資料索引》，臺北：新文豐出版公司，1979～1982。

王燦熾：《王燦熾史誌論文集》，北京：燕山出版社，1991。

王馨一：《劉伯溫年譜》，上海：商務印書館，1936。

《北京文物與考古》第1～2輯，北京歷史考古叢書編輯組編。北京：燕山出版社。1983，1989。

《北京史》，北京大學歷史系《北京史》編寫組編，北京：北京出版社，1985。

《北京史研究》（一），北京市社會科學院歷史所編，北京：燕山出版社，1986。

《北京史苑》第1～4輯，北京市社會科學研究所編，北京：北京出版社，1983～1988。

《北京史論文集》；《北京史論文集》第2輯，北京史研究會編，北京：北京史研究會，1981～1982。

《北京百科全書·彩圖·地圖集》，北京：奧林匹克出版社、北京美術出版社，1991。

《北京風物傳說》，中國民間文藝研究會、北京分會編，北京：中國民間文藝出版社，1983。

《北京歷史紀年》，北京市社會科學研究所編寫組編，北京：北京出版社，1984。

白鐵錚：《老北平的古典兒》，臺北：慧龍出版社，1977。

多田貞一著，張紫晨譯：《北京地名志》，北京：書目文獻出版社，

1986。

朱介凡、婁子匡編：《五十年來之中國俗文學》，臺北：臺灣商務印書館，1963。

朱偰：《金陵古蹟圖考》，上海：商務印書館，1938。

朱偰：《北京宮闕圖說》，上海：商務印書館，1938。

朱偰：《明清兩代宮苑建置沿革圖考》，上海：商務印書館，1938。

朱偰：《元大都宮殿圖考》，上海：商務印書館，1936。

《江蘇城市地理》，南京師範學院地理系編，南京：江蘇科學技術出版社，1982。

牟復禮、崔瑞德編，張書生、黃沫等譯：《劍橋中國明代史》，北京：中國社會科學出版社，1992。

余士雄編：《馬可波羅介紹與研究》，北京：書目文獻出版社，1983。

余英時：《史學與傳統》，臺北：時報出版公司，1982。

余棨昌：《故都變遷紀略》10卷〈附錄〉1卷，北京：自印本，1941。

吳孟前、楊秉正選編：《劉伯溫的傳說》，杭州：浙江文藝出版社，1984。

吳晗：《朱元璋傳》（增修本），北京：三聯書店，1965。

吳緝華：《明代海運及運河的研究》，臺北：中央研究院歷史語言研究所，1961。

吳濤：《北宋都城東京》，鄭州：河南人民出版社，1984。

呂宗力、欒保群編：《中國民間諸神》，臺北：臺灣學生書局，1991。

李勉民：《中國神話與民間傳說》，香港：讀者文摘遠東有限公司，1987。

李學文、魏開肇、陳文良：《紫禁城漫錄》，鄭州：河南人民出版社，

1986。

汪榮茵、陳伯霖：《紫禁城——紅牆內的宮闈舊事》，天津：南開大學
　　出版社，1989。

狄源滄：《頤和園》，上海：上海文化出版社，1957。

周良霄：《忽必烈》，長春：吉林教育出版社，1986。

《明清北京城圖》，中國社會科學院考古研究所編輯，北京：地圖出版
　　社，1986。

林麗月：《明代的國子監生》，臺北：國立臺灣師範大學歷史研究所，
　　1979。

《武當山的傳說》，湖北省群眾藝術館、中國民間文藝研究會湖北分會
　　編，北京：中國民間文藝出版社，1986。

金受申：《北京的傳說》第 1 集，北京：通俗文藝出版社，1957。《北
　　京的傳說》第 1 集、第 2 集合刊本，北京出版社，1981。

信修明遺著：《老太監的回憶》，北京：燕山出版社，1992。

侯仁之：《歷史地理學的理論與實踐》，上海：人民出版社，1979。

侯仁之、金濤：《北京史話》，上海：人民出版社，1980。

侯仁之等編：《環境變遷研究》第 1 輯，北京：海洋出版社，1984。

侯仁之：《北京歷史地圖集》，北京：北京出版社，1985。

施連方：《北京街巷地名趣談》，北京：中國國際廣播出版社，1992。

柳存仁：《英倫兩大圖書館所見小說書目提要》，香港：龍門書店，
　　1967。

柳存仁：《和風堂文集》，上海：上海古籍出版社，1991。

柴萼：《梵天廬叢錄》，上海：中華書局，1926。

段天順：《燕水古今談》，北京：燕山出版社，1991。

胡漢生：《明十三陵大觀》，北京：中國青年出版社，1993。

孫楷第：《中國通俗小說書目》修訂本，上海：商務印書館，1967。

秦寶琦：《清前期天地會研究》，北京：中國人民大學出版社，1988。

翁立：《北京的胡同》（增補本），北京：燕山出版社，1992。

袁冀（國藩）：《元太保藏春散人劉秉忠評述》，臺北：臺灣商務印書
　　館，1974。

郝兆矩：《增訂劉伯溫年譜》，鄭州：中州古籍出版社，1990。

郝兆矩、劉文峰：《劉伯溫全傳》，大連：大連出版社，1994。

高智瑜主編：《紫氣貫京華》，（高智瑜、陳德義主編：《中國皇城・皇
　　宮・皇陵》系列叢書「北京卷」），北京：中國人民大學出版社，
　　1994。

高樹森、邵建光主編：《金陵十朝帝五州》，（高智瑜、陳德義主編：
　　《中國皇城・皇宮・皇陵》系列叢書「南京卷」），北京：中國
　　人民大學出版社，1991。

崔文印：《大金國志考證》，北京：中華書局，1986。

常人春：《老北京的風俗》，北京：燕山出版社，1989。

常人春：《老北京風情記趣》，北京：北京出版社，1993。

張次溪：《人民首都的天橋》，北京：修綆堂書店，1951。

張江裁（次溪）：《北平廟宇碑刻目錄》，北平：國立北平研究院，
　　1936。

張清常：《胡同及其他──社會語言學的探索》，北京：北京語言學院
　　出版社，1990。

張紫晨、李岳南編：《北京的傳說》，上海：上海文藝出版社，1982。

張肇基編輯：《俯瞰北京》，北京：北京出版社，1990。

曹子西主編：《北京通史》10 卷，北京：中國書店，1994。

曹子西、于德源編：《秦漢魏晉十六國北朝時期薊城資料》，北京：紫
　　禁城出版社，1986。

梁方仲：《中國歷代戶口、田地、田畝統計》，上海：人民出版社，
　　1980。

梁國健：《故都北京社會相》，重慶：重慶出版社，1989。

《清代宮史探微》，清代宮史研究會編，北京：紫禁城出版社，1991。

莊吉發：《清代天地會源流考》，臺北：故宮博物院，1981。

許道齡：《北平廟宇通檢》，北平：國立北平研究院，1936。

郭子昇：《北平廟會舊俗》，北京：中國華僑出版公司，1989。

陳乃乾輯：《元人小令集》，北京：中華書局，1962。

陳汝衡：《說書史話》，上海：作家出版社，1958。

陳宗藩：《燕都叢考》，北京：北京古籍出版社，1991。

陳垣：《釋氏疑年錄》，北京：中華書局，1965。

陳垣編纂，陳智超、曾慶瑛校補：《道家金石略》，北京：文物出版社，
　　1988。

陳衍：《元詩紀事》，上海：商務印書館，1925。

陳高華：《元大都》，北京：北京出版社，1958。

陳高華、史衛民：《元上都》，長春：吉林教育出版社，1988。

陳翔華：《諸葛亮形象史研究》，杭州：浙江古籍出版社，1990。

陳學霖：《宋史論集》，臺北：東大圖書公司，1993。

陳鴻年：《故都風物》，臺北：正中書局，1970。

陶君起：《京劇劇目初探》，北京：中華書局，1962。

陶晉生：《金海陵帝的伐宋與采石戰役的考實》，臺北：國立臺灣大學

文學院，1963。

陶晉生：《宋遼關係史研究》，臺北：聯經出版事業公司，1984。

傅公鉞、張洪傑、袁天才編著：《舊京大觀》，北京：人民中國出版社，
　　1992。

傅惜華編：《元代雜劇全目》，北京：作家出版社，1957。

傅惜華編：《明代雜劇全目》，北京：作家出版社，1958。

喜仁龍著、許永全譯：《北京的城牆和城門》，北京：燕山出版社，
　　1985。

湯用彬等編纂：《舊都文物略》，北平：市政府祕書處，1935。

《紫禁城營繕記》，故宮博物院編，北京：紫禁城出版社，1992。

賀業鉅：《考工記營國制度研究》，北京：中國建築工業出版社，1985。

馮承鈞譯，A. J. H. Charignon 原著：*Le Livre de Marco Polo, 3 vols.*
　　Peking, 1924～1928。《馬可波羅行紀》，北京：中華書局，
　　1965。

黃文暘編：《曲海總目提要》，董康校，洪再豪再訂，香港九龍：漢學
　　圖書供應社，1967。

黃先登編：《北平的傳說》，臺北：常春樹書坊，1979。

《會黨史研究》，中國會黨史研究會編，上海：學林出版社，1987。

楊明顯：《城門與胡同》，臺北：純文學出版社，1982。

楊法運、趙筠秋：《北京經濟史話》，北京：北京出版社，1984。

葉昌熾：《藏書紀事詩》，上海：古典文學出版社，1958。

董鑒泓等：《中國城市建設史》，臺北：明文書局重排本，1984。

趙洛、史樹青：《天安門》，北京：北京出版社，1957。

趙庚奇編：《北京解放三十五年大事記》，北京：北京日報出版社，

1986。

趙景深：《中國小說叢考》，濟南：齊魯書社，1983。

劉伯溫（？）：《燒餅歌》，收入《中國二千年之預言》，上海：華夏哲
　　　理闡微社，1937。

劉志雄、楊靜榮：《龍與中國文化》，北京：人民出版社，1992。

劉東聲、劉盛林等編：《北京牛街》，北京：北京出版社，1990。

劉家駒：《清朝初期的八旗圈地》，臺北：文史哲出版社，1978。

劉復、李家瑞編：《中國俗曲總目稿》，北平：國立北平研究院，1932。

劉德隅：《明劉伯溫生平事蹟拾遺》，臺北：自印本，1976。

劉鳳翰：《圓明園興亡史》，臺北：文星書店，1964。

蔡少卿：《中國近代會黨史研究》，北京：中華書局，1987。

蔡蕃：《北京古運河與城市供水研究》，北京：北京出版社，1987。

《燕京春秋》，北京史研究會編，北京：北京出版社，1982。

《燕都春秋》，北京市社會科學院《燕都春秋》編輯會編輯，北京：燕
　　　山出版社，1988。

蕭一山：《近代祕密社會史料》，北平：國立北平研究院，1935。

蕭玉寒：《天機大俠劉伯溫傳奇》，臺北：耀文圖書公司，1992。

衛聚賢：《封神榜故事探源》，香港：自印本，1960。

閻崇年：《燕步集》，北京：燕山出版社，1989。

薛澄清譯，施格特 (Gustav Schlegel) 著：《天地會研究》，上海：商務
　　　印書館，1940。

謝明江搜集整理：《十三陵的傳說》，北京：中國民間文藝出版社，
　　　1984。

謝敏聰：《中國歷代帝王陵寢考略》增訂本，臺北：正中書局，1979。

謝敏聰：《明清北京的城垣與宮闕之研究》，臺北：臺灣學生書店，
　　1980。

謝敏聰：《明清北京的城垣與宮闕之再研究》，臺北：臺灣學生書店，
　　1989。

《舊京返照集》，北京市文物工作隊，首都博物館編，北京：人民美術
　　出版社，1987。

魏開肇：《雍和宮漫錄》，鄭州：河南人民出版社，1985。

蘇天鈞主編：《京華舊事存真》第1，2輯，北京：北京古籍出版社，
　　1992。

饒宗頤：《老子想爾注校證》，上海古籍出版社，1991。

龔德柏：《戲劇與歷史》，臺北：三民書局，1967。

㈡論文

于德源：〈元以前北京的商業經濟〉，收入《北京史苑》第2輯，頁
　　55～58。

毛希聖：〈金海陵王遷都燕京原因初探〉，刊於《北京史論文集》第2
　　輯，頁124～130。

王之屏：〈劉基之死考異〉，《經世季刊》第2卷第3期（1942年4
　　月），頁59～60。

王北辰：〈元大都興建前當地的河湖水系〉，刊於侯仁之等編：《環境變
　　遷研究》第1輯，頁147～155。

王民信：〈遼宋澶淵之約締結的背景〉，《書目季刊》第9卷第2期
　　（1975年9月），頁35～49；第3期（12月），頁45～56；第
　　4期（1976年12月），頁53～64。

王玲：〈略論北京古代經濟的幾個特點〉，收入《北京史苑》第 1 輯，頁 212～215。

王玲、毛希聖：〈遼代南京（燕京）的歷史作用〉，收入《燕京春秋》，頁 10～20。

王崇武：〈論明太祖起兵及其政策之改變〉，《中央研究院歷史語言研究所集刊》第 10 本（1943 年 5 月），頁 57～71。

王崗：〈遼燕京地區佛教與寺院經濟述略〉，收入《京華舊事存真》第 1 輯，頁 89～108。

王劍英：〈蕭洵「故宮遺錄」考辨〉，收入《北京史研究》（一），頁 128～143。

王劍英、王紅：〈論從元大都到明北京的演變和發展〉，《燕京學報》新 1 期 (1995)，頁 61～109。

王璞子：〈元大都平面規畫略述〉，《故宮博物院院刊》1970 年第 2 期，頁 61～82。

王璞子：〈燕王府與紫禁城〉，《故宮博物院院刊》1979 年第 1 期，頁 70～77。

向燕生：〈隋末唐初幽州史略論〉，收入《京華舊事存真》第 1 輯，頁 77～88。

朱偰：〈遼金燕京城郭宮苑圖考〉，《國立武漢大學文哲季刊》第 6 卷第 1 號 (1936)，頁 50～60。

朱啟鈐、闞鐸：〈元大都宮苑圖考〉，《中國營造學社彙刊》第 1 卷第 2 期（1930 年 12 月），頁 1～117。

吳晗：〈明成祖生母考〉，《清華學報》第 10 期 (1935)，頁 361～346。

吳夢麟、劉精義：〈記研究明代北京營建史的重要誌石「內宮監倪太監

壽藏記」〉，刊於《北京與中外古都對比研究》，北京市社會科學院歷史所編，頁 332～344。北京：燕京出版社，1992。

李江浙：〈薊城前史初探〉，收入《京華舊事存真》第 2 輯，頁 17～39。

李晉華：〈明成祖生母問題彙證〉，《中央研究院歷史語言研究所集刊》第 6 本第 1 分 (1936)，頁 55～77。

李偉國：〈元明異本「搜神記」三種淵源異同論〉，刊於錢伯城主編：《中華文史論叢》第 48 輯，頁 243～257。上海古籍出版社。1991。

李曉菊：〈論金完顏亮遷都燕京〉，《東北師大學報》「哲學社會科學版」1984 年第 6 期，頁 52～56。

汪侗：〈「北平話語匯」及其他〉（上），刊於（美洲）《世界日報》中華民國 72 年 (1983)9 月 22 日「人間閒話」版。

沈德輔：〈從沈萬三的傳記資料論修譜與尋根〉，刊於《第四屆亞洲族譜學術研討會會議記錄》，頁 403～536。聯合報文化基金會、國學文獻館編。臺北，1989。

那波利貞著、劉德明譯：〈遼金南京燕城故城疆域考〉，《中和月刊》第 2 卷第 12 期～第 3 卷第 1 期（1941 年 12 月～1942 年 1 月），頁 58～67，80～90。

周清澍：〈明成祖生母弘吉剌氏說所反映的天命觀〉，《內蒙古大學學報》「哲學社會科學版」1987 年第 3 期，頁 1～18。

季士家：〈明都南京城垣略論〉，《故宮博物院院刊》1984 年 2 月，頁 70～81。

邱仲麟：〈明代北京的地理形勢、氣候與都市環境管理——一個人文角

度的觀察〉，《史原》（臺北）第 16 期（1991 年 6 月），頁 55～99。

侯仁之：〈北京城和劉伯溫的關係〉，刊於《北京日報》1962 年 7 月 31 日。

侯仁之：〈論北京建城之始〉，《燕都》1991 年 4 月，頁 2～4。

侯仁之：〈北京城的興起〉，《燕都》1991 年 4 月，頁 12～14。

姜舜源：〈五行、四象、三垣、二極——紫禁城〉，刊於《清代宮史探微》，頁 251～260。

姚從吾：〈忽必烈汗對於漢化態度的分析〉，收入氏著：《東北史論叢》下冊，頁 263～301。臺北：正中書局，1959。

姚從吾：〈從宋人所記燕雲十六州淪入契丹後的實況看遼宋關係〉，《大陸雜誌》第 28 卷第 10 期（1964 年 5 月），頁 7～12。

姚從吾：〈鄭思肖與「鐵函心史」關係的推測〉，收入《姚從吾先生全集》（七），頁 139～160。姚從吾先生遺著整理委員會編輯。臺北：正中書局，1982。

姚景安：〈忽必烈與儒臣和儒學〉，《中國史研究》1990 年第 1 期，頁 31～39。

《故宮週刊》第 102 期〔民國 20 年 (1931)9 月 9 日〕；第 133 期〔民國 21 年 (1932)4 月 16 日〕；第 140 期（同年 5 月 11 日）。

柳立言：〈宋遼澶淵之盟新探〉，《中央研究院歷史語言研究所集刊》第 61 本第 3 分 (1990)，頁 693～760。

徐泓：〈明初南京皇城、京城的規劃、平面佈局及其象徵意義〉，《國立臺灣大學建築與城鄉研究學報》第 7 期（1993 年 12 月），頁 79～96。

商傳：〈明初著名政治家姚廣孝〉，《中國史研究》1984 年第 3 期，頁
　　119～130。

崔永福、譚列飛：〈漫談歷史上的北京人口〉，收入《北京史苑》第 2
　　輯，頁 343～346。

常潤華：〈隋唐時期幽州的歷史地位〉，收入《北京史論文集》第 2 輯，
　　頁 94～106。

張泉：〈明初南京城的規劃與建設〉，刊於《中國古都研究》第 2 輯，
　　頁 171～202 。 中國古都學會編 。 杭州 ： 浙江人民出版社 ，
　　1986。

張寧：〈記元大都出土文物〉，《考古》1972 年第 6 期，頁 25～31，58。

張寧：〈「馬可波羅行紀」中的元大都〉，收入余士雄編：《馬可波羅介
　　紹與研究》，頁 85～106。

張躍銘：〈試論士大夫在元初政權建設中的作用〉，《北方論壇》1982
　　年第 4 期，頁 89～95。

許道齡：〈玄武之起源及其蛻變考〉，《史學集刊》第 5 期（1947 年 12
　　月），頁 223～246。

陳高華：〈元大都史事雜考〉，收入《燕京春秋》，頁 139～144。

陳陸 ：〈遼幽州市容舉例〉，《中和月刊》 第 2 卷第 9 期 （1941 年 9
　　月），頁 33～48。

陳紹棣：〈明代傑出的建築規劃家阮安〉，《學林漫錄》第 7 輯 （1983
　　年 3 月），頁 243～248。

陳學霖：〈讀劉伯溫「燒餅歌」〉，刊於《壽羅香林教授論文集》，頁
　　163～190。香港，1970。

陳學霖：〈元大都城建造傳說探源〉，《漢學研究》第 5 卷第 1 期（1987

年 6 月），頁 95～127。

陳學霖：〈劉伯溫「燒餅歌」新考〉，刊於《羅香林教授紀念論文集》，頁 1363～1403。香港：珠海文史研究所學會編。臺北：新文豐出版公司，1993。

陳學霖：〈明北京城建造傳說故事索隱〉，刊於《慶祝王鍾翰先生八十壽辰學術論文集》，頁 463～473。瀋陽：遼寧大學出版社，1993。

陳學霖：〈東瀛刊行的中國預言書述評——劉伯溫「燒餅歌」、張中「蒸餅歌」、「鐵冠圖歌」、「透天玄機」〉，刊於《史藪》（《慶祝建校三十週年學術論文集》），頁 169～201。香港：香港中文大學歷史系，1993。

陳學霖：〈「真武神、永樂像」傳說溯源〉，《故宮學術季刊》第 12 卷第 3 期（1995 年 4 月），頁 1～32。

陳學霖：〈蒙古「箭程劃地界」習俗考察〉，《漢學研究》第 12 卷第 2 期（1994 年 12 月），頁 173～194。

傅斯年：〈跋「明成祖生母問題彙證」並答朱希祖先生〉，《國立中山大學文史研究所月刊》第 2 卷第 1 期 (1939)，頁 1～13。

單士元：〈元宮毀於何時？〉，《燕都》1992 年第 6 期，頁 22～25。

賀樹德：〈明清兩代北京人口初探〉，收入《京華舊事存真》第 2 輯，頁 188～192。

黃兆漢：〈玄帝考〉，收入氏著：《道教研究論文集》，頁 121～156。香港：中文大學出版社，1988。

黃芝崗：〈沈萬三傳說考〉，《東方雜誌》第 32 卷第 1 期（1935 年 1 月），頁 91～97。

痴呆（筆名）：《哪吒廟》，載《一四七畫報》第 3 卷第 8 期（1946 年 4 月 24 日）。

萬依：〈論朱棣營建北京宮殿、遷都的主要動機及後果〉，刊於《禁城營繕記》，頁 52～61。

賈二強：〈葉覆明刻「三教源流搜神大全」探源〉，刊於黃永年主編：《古代文獻研究集林》第 2 集，頁 223～239。西安：陝西師範大學出版社，1992。

賈敬顏：〈路振、王曾所記的燕京城〉，刊於《北京文物與考古》第 1 輯，頁 233～239。

趙正之：〈元大都平面規畫的研究〉，《科技史文集》第 2 輯（1979 年 5 月），頁 15～25。

趙令揚：〈明代會同館〉，《大陸雜誌》第 41 卷第 5 期（1970 年 9 月），頁 17～30。

趙鐵寒：〈燕雲十六州的地理分析〉，《大陸雜誌》第 17 卷第 11～12 期（1958 年 12 月），頁 3～7，18～22。

趙鐵寒：〈宋金海上之盟始末記〉，《大陸雜誌》第 25 卷第 7～9 期（1962 年 9～10 月），頁 9～14，14～19，26～34。

劉肅勇：〈論完顏亮〉，《中國史研究》1985 年第 4 期，頁 89～99。

樊恭矩：〈祀龍祈雨考〉，《新中華》復刊第 6 卷第 4 期（1948 年 2 月），頁 36～38。

蔣星煜：〈朱明王朝神化劉伯溫的歷史過程〉，《杭州大學學報》「哲學社會科學版」第 14 卷第 1 期（1984 年 3 月），頁 98～104，119。

蔣復璁：〈宋遼澶淵之盟的研究〉，收入氏著：《宋史新探》，頁 100～

150。臺北：正中書局，1966。

魯琪：〈唐幽州城考〉，收入《北京史論文集》第 2 輯，頁 107～123。

閻文儒：〈金中都〉，《文物》1959 年第 7 期，頁 8～12。

韓光輝：〈清代北京八旗人口的演變〉，《人口與經濟》1982 年第 2 期，頁 51～56。

韓光輝：〈試論清代北京城市人口的增長與控制〉，收入《京華舊事存真》第 1 輯，頁 193～210。

顏吉鶴：〈劉秉忠主持修大都城〉，《學習與研究》1983 年第 10 期，頁 42～43。

顏吉鶴：〈試論劉秉忠的歷史作用〉，《北京史苑》第 3 輯 (1985)，頁 21～32。

羅保平：〈明清時期北京市場初探〉，刊於《北京史苑》第 4 輯 (1988)，頁 242～256。

羅保平：〈劉靖建戾陵遏位置之商榷〉，收入《京華舊事存真》第 1 輯，頁 221～227。

蘇天鈞：〈郭守敬與大都水利工程〉，《自然科學史研究》1983 年第 1 期，頁 66～72。

蘇天鈞：〈關於古代北京都邑的變遷與水源關係的探討〉，刊於《環境變遷研究》第 1 輯，頁 43～52。

・日文・

㈠專書

金受申著，村松一彌譯：《北京の傳說》，東京：平凡社，1976。

高楠順次郎、渡邊海旭編：《大正新修大藏經》，東京：日本大正一切

經刊行會，1924～1932。

前田慧云、中野達慧編：《大日本續藏經》，京都：藏經書院，1905～
　　1912。

望月信亨編：《佛教大辭典》，京都：世界聖典刊行協會，1957。

李獻璋：《媽祖信仰の研究》，東京：泰山文物出版社，1979。

(二)論文

愛宕松男：〈元の大都〉，《歷史教育》第 14 卷第 12 號（1966 年 12
　　月），頁 59～65。

杉山正明：〈クどうイと大都〉，刊於梅原郁編：《中國近世の都市と文
　　化》，頁 485～518。京都：京都大學人文科學研究所。1984。

鈴木正：〈續建文帝出亡說考證〉，《史觀》第 68 號（1963 年 5 月），
　　頁 50～69。

鈴木正：〈沈萬三說話の分析〉，《史觀》第 72 號（1965 年 9 月），頁
　　2～36。

瀧澤俊亮：〈龍蛇と祈雨の習俗について〉，《東方宗教》第 20 號
　　（1962 年 11 月），頁 18～34。

田村實造：〈金の海陵王燕京遷都の──考察〉，刊於《紀元二千六百
　　年紀念史學論文集》，頁 33～53。京都帝國大學文學部史學科
　　編。京都：內外出版印刷株式會社刊。1941。

牧田蹄亮：〈道衍傳小稿──姚廣孝の生涯〉，《東洋史研究》第 18 卷
　　第 2 號（1959 年 10 月），頁 57～79。

和田清：〈明の太祖と紅巾の賊〉，《東方學報》第 13 卷第 2 號 (1923)，
　　頁 278～302。

·西文·

㈠專書

Arlington, L. C. and Wm. Lewisohn. *In Search of Old Peking*. Peking: Henri Vetch. 1935.

Bredon, Juliet. *Peking*, 3rd edn. Shanghai: Kelly and Walsh. 1931.

Chang, Shelley Hsüeh-lun. *History and Legends: Ideas and Images in the Ming Historical Novels*. Ann Arbor, Mich.: University of Michigan Press. 1990.

Igor de Rachewiltz, Hok-lam Chan, Hsiao Ch'i-ch'ing, Peter W. Geier, eds. *In the Service of the Khan: Eminent Personalities of the Early Mongol-Yan Period (1200 ~ 1300)*. Wiesbaden: Harrassowitz Verlag. 1993.

Dudbridge, Glen. *The Hsi-yu chi. A Study of Antecedents to the Sixteenth-century Chinese Novel*. Cambridge, England: Cambridge University Press. 1970.

Dyson, Verne. *Forgotten Tales of Ancient China*. Shanghai: The Commerical Press. 1927.

Farmer, Edward L. *Early Ming Government: The Evolution of Dual Capitals*. Cambridge, Mass.: Harvard University Press. 1976.

Favier, Alphonse. *Peking: histoire et description*. Lille: Société de Saint-Augustin. 1900.

Geiss, James P. *Peking under the Ming Dynasty, 1368 ~ 1644*. Ann Arbor, Mich.: University Microfilms. 1980.

Goodrich, Anne S. *The Peking Temple of the Eastern Peak: The Tung-yüeh miao in Peking*. Nagoya: Monumenta Serica. 1964.

Goodrich, L. Carrington and Chaoying Fang, eds. *Dictionary of Ming Biography, 1368 ~ 1644*. 2 vols. New York: Columbia University Press. 1976.

Liu, Ts'un-yan. *Buddhist and Taoist Influences on Chinese Novels, vol. 1: The Authorship of the Feng Shen Yen I*. Wiesbaden: Otto Harrassowitz. 1962.

Liu, Ts'un-yan. *Selected Papers from the Hall of the Harmonious Wind*. Leiden: E. J. Brill. 1976.

Lust, John: *The Revolutionary Army: A Chinese Nationalist Tract of 1930*. Paris: Mouton and Co. 1968.

Meyer, Jeffrey F. *Peking as a Sacred City*. Taipei: The Chinese Association for Folklore. 1976.

Mostaert, Antoine. *Textes oraux ordos. Monumenta Serica* Monograph Series 1 (Peiping: Catholic University, 1937), pp. 133 ~ 136.

Perckhammer, Heingz v. *Peking, Das Gesicht einer Stadt*. Berlin: Albertusverlag. 1928.

Rawski, Evelyn S., David Johnson and Andrew J. Nathan, eds. *Popular Culture in Late Imperial China*. Berkeley, Calif.: Univeristy of California Press. 1983.

Redfield, Robert. *Peasant Society and Culture: an Anthropological Approach to Civilization*. Chicago: Univeristy of Chicago Press. 1956.

Serruys, Henry. *Sino-Mongol Relations during the Ming* I: *The Mongols in China during the Hung-wu Period, 1369 ~ 1398. Mélanges chinois et bouddhique* Vol. 11. Brusselles: Institut belge de hautes études chinoises. 1959.

Si'ren, Osvald. *The Walls and Gates of Peking: Researches and Impressions.* London: John Lane Ltd. 1924.

Si'ren, Osvald. *The Imperial Palaces of Peking with a Short Historical Account* (中國北京皇城寫真全圖)。Paris and Brusseles: G. van Oest Publisher. 3 vols. 1926.

Skinner, G. William, ed. *The City in Late Imperial China.* Stanford: Stanford University Press. 1977.

Soothill, William E. *A Dictionary of Chinese Buddhist Terms.* Delhi: Matilal Barnarsidars, 1937.

Steinhardt, Nancy S. *Chinese Imperial City Planning.* Honolulu: University of Hawaii Press. 1990.

The Cambridge History of China, vol. 7: *The Ming Dynasty, 1368 ~ 1644* Part 1. Edited by F. W. Mote and Denis C. Twitchett. Cambridge, England: Cambridge University Press. 1988.

Thiele, Dagmar. *Der Abschluss eines Vertrages: Diplomatie Zwischen Sung-und Chin-Dynastie, 1117 ~ 1123.* Münchener Ostasiatische Studien vol. 6. Wiesbaden: Franz Steiner. 1971.

Toynbee, Arnold, ed. *Cities of Destiny.* London: Thames and Hudson. 1967.

Werner, E. T. C. *Myths and Legends of China.* London: George G. Harrap.

1924.

Yan, Chong-nian. Beijing: *The Treasures of an Ancient Capital*. Peking: Morning Glory Press. 1987.

Yang, Gladys. *Peking Legends*. Peking: Panda Books. 1982.

Yu, Anthony C., trans. *The Joruney to the West*. Chicago: University of Chicago Press. 4 vols. 1977 ~ 1983.

㈡論文

Chan, Hok-lam. "Liu Ping-Chung (1216 ~ 1274): A Buddhist Taoist Statesman at the Court of Khubilai Khan." *T'oung Pao* 53. 1 ~ 3 (1967): 98 ~ 146.

Chan, Hok-lam. "Liu Chi (1311 ~ 1375) in the *Ying-lieh chuan*: The Fictionalization of a Scholar-hero." *Journal of the Australian Oriental Society* 5. 1 ~ 2 (December 1967): 26 ~ 42.

Chan, Hok-lam. "Liu Chi (1311 ~ 1375) and His Models: Image-building of a Chinese Imperial Adviser." Oriens Extremus 15. 1 (June 1968): 34 ~ 55.

Chan, Hok-lam. "The Prophecy of Chang Chung: The Transmission of the Legend of an Early Ming Taoist." *Oriens Extremus* 20. 1 (June 1973): 65 ~ 102.

Chan, Hok-lam. "Die Prophezeiung des Liu Chi (1311 ~ 1375): Ihre Entstehung und Ihre Umwandlung im heutigen China." *Saeculum* 25. 4 (1974): 338 ~ 366.

Chan, Hok-lam. "A Mongolian Legend of the Building of Peking." *Asia*

Major, Third Ser. 3. 2 (1990): 63 ~ 93.

Chan, Hok-lam. "Siting by Bowshot: A Mongolian Custom and its Sociopolitical and Cultural Implications." *Asia Major*, Third Ser. 4: 2 (1991): 53 ~ 78.

Dardess, John W. "The Transformation of Messianic Revolt and the Founding of the Ming Dynasty." *Journal of Asian Studies* 29. 3 (May 1970): 539 ~ 583.

Foster, George F. "What is Folk Culture?" *American Anthropologist* 55. 21 (1953): 159 ~ 173.

Foster, George F. "The Folk Society." In *Readings in Anthropology*, pp. 497 ~ 517. Edited by Morton H. Fried. New York: Thomas Y. Crowell Co., 1968.

Franke, Herbert. "Treaties between Sung and Chin."In Françoise Aubin, ed., *Études Song (Sung Studies) in memoriam Étienne Balazs*, ser. 1, pt. 1, pp. 60 ~ 80. Paris: Mouton and Co. 1970.

Friese, Heinz. "Der Mönch Yao Kuang-hsiao (1335 ~ 1418)." *Oriens Extremus* 7 (1960): 158 ~ 184.

Gates, G. N. "A New Date for the Origins of the Forbidden City." *Harvard Journal of Asiatic Studies* 7 (1942 ~ 1943): 180 ~ 202.

Grootaers, Willem A. "The Hagiography of the Chinese God Chen-wu." *Folklore Studies* 11. 2 (Tokyo 1952): 139 ~ 181.

Ho Kin-chung. "Nezha: Figure de l'enfant rebelle." *Études Chinoises* 7. 2 (Autumn 1988): 7 ~ 26.

Liu, Y. Cary. "The Yüan Dynasty Captial, Ta-tu: Imperial Building

Program and Bureaucracy." *T'oung Pao* 78. 4 ~ 5 (1992): 264 ~ 301.

Mote, F. W. "The Transformation of Nanking, 1350 ~ 1400." In G. William Skinner, ed., *The City in Late Imperial China*, pp. 101 ~ 153, 689 ~ 696.

Serruys, Henry. "The Mongols in China, 1400 ~ 1450." *Monumenta Serica* 26 (1968): 233 ~ 305.

Serruys, Henry. "A Manuscript Version of the Legend of the Mongol Ancestry of the Yung-lo Emperor." In *Analecta Mongolica, Dedicated to the Seventieth Birthday of Professor Owen Lattimore*, pp. 19 ~ 61. Edited by John G. Hangin and U. Onon. Publications of the Mongol Society Occasional Papers no. 8.

Bloomington, Indiana: Mongol Society, 1972.

Shaw, J. S. "Historical Significance of the Curious Theory of the Mongol Blood in the Veins of the Ming Emperors." *Chinese Social and Political Science Review* 20. 4 (1937): 492 ~ 498.

Steinhardt, Nancy S. "The Plan of Khubilai Khan's Imperial City." *Artibus Asiae* 44. 2 ~ 3 (1983): 137 ~ 185.

生命史學──從醫療看中國歷史(修訂二版)

李建民／著

「生命史學」即是一段建構醫學體系以及文化內涵的過程。本書從中國醫療史上的幾個議題出發，透過社會風俗、醫療技術、臨床病徵的探討，叩問「什麼是生命？」的核心命題。並期待藉由探索個體生命觀與整體文化不朽活力，將歷史學普及於大眾的內在與生活。

Google 地球與秦漢長城

邢義田／著

本書為秦漢史重量級學者邢義田利用 Google 地球遙觀秦漢所修築之長城的研究成果。作者藉 Google 地球，搭配前人的研究以及史書中的記載，考察出長城的經緯度，也找到許多以往研究及實地調查中未曾報導過的長城遺址，對今後的長城研究及考古發掘有所助益。書中使用了許多經緯度資料、空照圖、地形圖，以及數百張 Google 地球的截圖，以圖像及數據，帶領讀者一探秦漢長城的遺跡。

明朝酒文化(二版)

王春瑜／著

作者以小見大，用酒的角度作為出發點，探究明朝政治社會文化的發展，以酒為墨，渲染出一幅幅鮮活生動的明朝社會生活。當酒變成一種文化之後，就必須得有所講究，圍繞著喝酒的各種規範應運而生，喝酒的杯具材質形制、喝酒的場所、喝酒的禮俗各有不同，酒也是吟詩作對、曲水流觴時的助興之物。不論邁入藝術的境界或者注重其實用性而用於醫學、生活層面，作者都將在這一本書中，帶讀者品一品明朝文化，是甘醇、是冷冽、抑或是清香，就留給讀者仔細回味。

族譜學論集(二版)
陳捷先／著

自古以來，中國就非常重視家族，《堯典》、《周禮》中已對維繫家族精神提出了一些主張。秦漢以後，因歷代世變的影響，中國族譜隨之精進發展，唐宋時期考試制度的嚴格實行與新儒學的建立，中國族譜學有了新內容與新體例，並且漸次傳播到了韓國、日本、琉球等東亞文化圈的國家，清代更是中國族譜學有著更新發展的時代。本書為作者多年來對中國，乃至韓國、琉球族譜深入研究的成果，書中並收集了許多散失在海外的古中國族譜資料，對中國及東亞的譜學研究深具影響，亦希冀在闡揚倫理、安定社會等方面有所貢獻。

清史論集(二版)
陳捷先／著

本書集結作者十篇清代相關研究的論文精華。從清初的三大問題：民族問題、宗教信仰問題和漢化問題，承接到清代中期皇位繼承和肅貪議題。透過精闢的文字，檢討滿洲興起時主政者處理的民族事務；分析滿族早年倡行藏傳佛教的原因；探究清廷理性仿行的漢人典章制度；一窺因承襲漢族傳統而在中衰前夕出現的貪瀆事項。作者根據國內外、滿漢文等多種史料，從不同的角度對清代相關議題提出個人嶄新的想法與見解。

明清中琉關係論集
陳捷先／著

位於日本最南端的沖繩，曾是一個獨立的「琉球王國」。作為明清時期中國的藩屬國，琉球與中國有著密不可分的關係。
長久以來，我們對於中琉關係的認識大多止於「琉球是中國的藩屬」，究竟琉球歷史還有那些精彩之處？中國對琉球的食衣住行造成那些深遠影響？琉球使節來到中國又有什麼樣的行程與活動？
讓我們透過明清史大家陳捷先教授的文字，一同探索中琉之間關係的發展，進而深入認識這個與臺灣相距不遠的鄰居。

知識生產與傳播——
近代中國史學的轉型(二版)

劉龍心／著

在這個巨大的知識轉型過程中，歷史如何被重新書寫？新的歷史知識如何建立？歷史學家們如何操作不同的社會網絡，傳播各種新的歷史觀念給廣大的群眾？因著民族主義、戰爭動員而逐漸趨於單一化的敘事方式，是不是摧折了歷史原本複線多元發展的可能性？本書從知識史的角度出發，將有助於吾人深入了解這些問題，並藉以思考當代史學的新出路。

立體的歷史——
從圖像看古代中國與域外文化(增訂三版)

邢義田／著

從 2D 思維進入 3D 視角，看見前所未有的「立體的歷史」！你有沒有想過，上帝為什麼要給人類兩隻眼睛？難道，研究歷史就只能案牘勞形？古人為我們留下的歷史材料浩如煙海，除了平面的文字資料外，更有琳瑯滿目、豐富多樣的圖畫資料，只有同時掌握兩者，才可以建立不同以往的「歷史」。

國家圖書館出版品預行編目資料

劉伯溫與哪吒城：北京建城的傳說／陳學霖著.——
修訂二版一刷.——臺北市：東大，2023
面；　公分.——（歷史聚焦）

ISBN 978-957-19-3341-2 （平裝）
1.民間故事 2.方志 3.中國 4.北京市

539.5211　　　　　　　　　　　　111019229

劉伯溫與哪吒城：北京建城的傳說

作　　者	陳學霖
發 行 人	劉仲傑
出 版 者	東大圖書股份有限公司
地　　址	臺北市復興北路 386 號 (復北門市) 臺北市重慶南路一段 61 號 (重南門市)
電　　話	(02)25006600
網　　址	三民網路書店 https://www.sanmin.com.tw
出版日期	初版一刷 1996 年 3 月 修訂二版一刷 2023 年 2 月
書籍編號	E620350
I S B N	978-957-19-3341-2

東大圖書公司